"中央高校基本科研业务费专项资金"资助

刘珣 崔永华 总主编

国际汉语教师标准丛书
A Series on *Standards for Teachers of Chinese to Speakers of Other Languages*

中外文化比较与跨文化交际

China and Other Countries: Cultural Comparison and Cross-Cultural Communication

李庆本 毕继万 编著
李 楠 陈 忠

北京语言大学出版社
BEIJING LANGUAGE AND CULTURE
UNIVERSITY PRESS

图书在版编目(CIP)数据

中外文化比较与跨文化交际 / 李庆本等编著. — 北京：北京语言大学出版社，2014.6（2023.8重印）
（国际汉语教师标准丛书）
ISBN 978-7-5619-3849-2

Ⅰ.①中… Ⅱ.①李… Ⅲ.①汉语－对外汉语教学－教材②比较文化－中国、国外 Ⅳ.①H195.4 ②G04

中国版本图书馆CIP数据核字（2014）第126967号

书　　名：	中外文化比较与跨文化交际
	ZHONGWAI WENHUA BIJIAO YU KUAWENHUA JIAOJI
责任编辑：	徐　雁
责任印制：	邝　天
出版发行：	北京语言大学出版社 BEIJING LANGUAGE AND CULTURE UNIVERSITY PRESS
社　　址：	北京市海淀区学院路15号　邮政编码：100083
网　　址：	www.blcup.com
电　　话：	发行部　8610-82303648 / 3591 / 3650
	编辑部　8610-82303647/3395/3592
	读者服务部　8610-82303653 / 3908
	网上订购电话　8610-82303668
	客户服务信箱　service@blcup.com
印　　刷：	北京鑫丰华彩印有限公司
经　　销：	全国新华书店
版　　次：	2014年6月第1版　2023年8月第7次印刷
开　　本：	787毫米×1092毫米　1/16　印张：12.75
字　　数：	249千字
书　　号：	ISBN 978-7-5619-3849-2 / H·14113
定　　价：	40.00元

凡有印装质量问题，本社负责调换。售后QQ号1367565611，电话010-82303590

目 录

总　序 / I
编写说明 / III
本书对应的《国际汉语教师标准》模块及原文 / VII

第一章　中外文明的特点及历史 / 1
　　第一节　文明与文化的内涵及特点 / 1
　　第二节　文化的多样性及其分类 / 7
　　第三节　世界文明的起源及发展历程 / 12
　　第四节　世界历史中的重大事件、重要人物 / 19

第二章　世界重要文化遗产及重要节日 / 35
　　第一节　世界重要文化遗产 / 35
　　第二节　国外重要节日 / 39

第三章　中外政治体制及法律体系 / 51
　　第一节　政治体制 / 51
　　第二节　法律体系 / 56

第四章　世界主要哲学派别及代表人物 / 65
　　第一节　西方哲学派别 / 65
　　第二节　东方哲学派别 / 74
　　第三节　东西方哲学的主要异同 / 78

第五章　国外汉学研究 / 83
　　第一节　汉学与传教士 / 83
　　第二节　各国的汉学研究及汉学家 / 88

第六章　中外社会价值观与世界文化风俗 / 105
    第一节　中外社会价值观比较 / 105
    第二节　世界主要文化习俗 / 109

第七章　文化与跨文化交际 / 129
    第一节　交际、跨文化交际与第二语言教学 / 129
    第二节　跨文化非语言交际研究与对外汉语教学 / 141
    第三节　跨文化适应与对外汉语教学 / 151

第八章　语用学与交际能力 / 173
    第一节　语用学与对外汉语教学 / 173
    第二节　礼貌语言与汉语礼貌语言教学 / 181

总　序

为提高国际汉语教师——在国内外从事汉语作为第二语言教学的教师——的专业素质和教学水平，培养、培训这一领域更多的人才，以满足世界各地日益增长的汉语学习需求，国家汉办组织研制了《国际汉语教师标准》（以下简称《标准》），并于2007年公布。

《标准》总结了国内外汉语教学的实践，借鉴了国内外外语教学，包括TESOL等国际第二语言教学和教师研究的新成果和相关标准，体现了国际汉语教学的特点，为建立一套完善、科学、规范的教师标准体系和国际汉语教师的培养、培训、能力评价和资格认证提供了依据。

《标准》分五个模块、十项标准，描述了从事国际汉语教学工作的教师应具备的知识、能力和素质。模块一"语言基本知识与技能"由标准一"汉语知识与技能"和标准二"外语知识与技能"构成；模块二"文化与交际"由标准三"中国文化"和标准四"中外文化比较与跨文化交际"构成；模块三"第二语言习得与学习策略"由标准五"第二语言习得与学习策略"构成；模块四"教学方法"由标准六"汉语教学法"，标准七"测试与评估"，标准八"汉语教学课程、大纲、教材与辅助材料"和标准九"现代教育技术及运用"构成；模块五"教师综合素质"由标准十"教师综合素质"构成。

《标准》以概括的语言，对上述知识、技能、能力进行了简要的描述。为帮助相关人士了解标准的内涵，我们编写了这套辅导丛书。本丛书可以帮助读者进一步理解标准的内容，学习相关知识、技能，也可作为汉语教师培训、辅导、自学的教材以及参加汉语教师资格考试的备考参考。

本丛书拟分为十个分册，各分册名称与《标准》的对应关系如下：

（1）《汉语基本知识（语音、词汇、汉字篇）》和《汉语基本知识（语法篇）》，内容是标准一中的"汉语知识"，包括汉语语音、词汇、语法、汉字四

I

个方面；

（2）《中国文化常识》，内容是标准三"中国文化"中的中国传统文化；

（3）《中外文化比较与跨文化交际》，内容是标准四"中外文化比较与跨文化交际"；

（4）《汉语语言习得与学习策略》，内容是标准五"第二语言习得与学习策略"；

（5）《汉语要素教学方法》，内容是标准六"汉语教学法"中的语言要素教学，包括语音、词汇、语法、汉字的教学方法；

（6）《汉语技能培养方法》，内容是标准六"汉语教学法"中的语言技能培养方法，包括听力、口语、阅读、写作能力的培养方法；

（7）《汉语课程与教学理论》，内容包括标准七"测试与评估"和标准八的"汉语教学课程、大纲、教材与辅助材料"；

（8）《汉语现代教育技术与汉语教学》，内容是标准九"现代教育技术及运用"；

（9）《汉语教师发展》，内容是标准十"教师综合素质"。

本套丛书由北京语言大学人文学院和北京语言大学出版社合作组织编写，华学诚院长和戚德祥社长做了大量的组织和指导工作。丛书的编写者都是多年从事对外汉语教学和汉语教师培训的具有丰富教学经验的专家，其中有些专家还曾参与《标准》的研制和相关题库的建设。尽管如此，由于对《标准》个别内容的理解可能有差异，又可能受到学识的局限，本丛书肯定存在不足之处，诚恳欢迎读者给予指正，以便再版时更正。

刘珣　崔永华

编写说明

本书是根据国家汉办发布的《国际汉语教师标准》中的"标准四：中外文化比较与跨文化交际"而编写的。

本书撰写的宗旨是帮助国际汉语教师了解中外文化的主要异同，理解跨文化交际的主要概念，以及文化、跨文化对语言教与学的影响，并能够将上述理论和知识应用于教学实践中。我们大家都知道，语言是离不开文化的，汉语作为第二语言教学必然涉及中外文化的比较和跨文化交际问题。我们也同样知道，文化是非常复杂的概念，既有广义与狭义之分，也有共性与个性之别。迄今为止，人们并没有一个统一的有关文化的定义，而它所包含的外延也是见仁见智，各有不同的说法。本书从汉语作为第二语言教学的实际出发，按照《国际汉语教师标准》的划定，介绍和讨论了中外文明的特点及历史，中外政治体制、法律体系的主要异同，世界主要哲学思想，国外的汉学研究状况，中外社会价值观与世界主要文化风俗，语用学与对外汉语教学，以及跨文化交际的基本理论及其与第二语言教学之间的关系等问题。

按照目前通行的关于文化外延的划分，文化包括物质文化、制度文化、行为文化和精神（心态）文化，所有这一切，都是我们从事汉语国际教育的教师应该掌握的。但在实际的操作中，我们又不可能面面俱到，所以本书根据教师最迫切的需要出发，有选择性地介绍部分重要的内容。其中，政治体制、法律体制属于制度层面的文化问题，宗教、哲学及价值观属于精神层面的文化问题，风俗习惯、节日属于行为层面和物质层面的文化问题。这些问题不能说涵盖了文化各层面的所有问题，但无疑是我们从事汉语国际教育的教师应该掌握的重要问题，而对于文化层面的其他问题，限于篇幅，我们只能割爱。但这并不意味着这些问题不重要，也并不是说，大家可以完全漠视这些问题。实际上，在我们从事对外汉学教学的时候，会遇到各种各样的中外文化异同的问题，为了做好这项艰巨而光荣的工作，我们都应该在实际工作中加以关注，并加以掌握。这是我们必须向读者朋友反复申明的问题。

本书中所涉及的中外文明的特点及历史是有关文化的总体问题，国际汉学则属于中外文化交流的问题。这两个问题往往涵盖了文化各个领域的问题，是不能用物质文化、制度文化、精神文化这样的划分来看待的。而在我们的介绍中，也只能挂一漏万了。

交际受文化的制约，既有同文化交际，也有跨文化交际，二者之间差别悬殊，不可混淆。跨文化交际成败的决定因素是跨文化意识。交际包括语言交际和非语言交际，语言交际离不开非语言交际的补充和配合。

第二语言教学教授的是跨文化交际，不能只教授语言交际，也要教授非语言交际。在第二语言国家的第二语言教学还不能忽视外国留学生的文化休克对语言教学的干扰，需要将跨文化适应教育与语言教学相结合。西方的"合作原则""礼貌原则"和"面子挽救论"等指导礼貌交际行为的理论不仅属于语用学范畴，也是跨文化交际学的重要内容，但两个学科之间的理论认知、研究目的和研究方法不尽相同。

对外汉语教学研究的跨文化交际理论内容包括第二语言教学领域对"文化"的理解，文化、交际与语言行为和非语言行为之间的关系以及跨文化交际学理论与第二语言教学的结合，着眼于从跨文化交际角度研究第二语言教学的目标、内容和方法，用跨文化交际理论指导第二语言教学，将跨文化交际学理论贯穿到第二语言教学的各个方面和整个过程之中。

本书共分八章。第一章介绍中外文明的特点和历史，主要讨论了文明与文化的定义及两者的关系，文化的多样性及其分类，世界文明的起源及发展进程，世界历史中的重大事件、重要人物等；第二章介绍世界重要文化遗产及重要节日；第三章介绍中外政治体制和法律体系；第四章介绍世界主要哲学派别及代表人物，主要讨论了东西方哲学派别代表人物的哲学思想，及东西方哲学的差异问题；第五章介绍国外汉学研究，讨论了汉学的起源、发展及各大洲汉学研究的基本情况；第六章介绍中外社会价值观及国外主要文化风俗；第七章讨论了跨文化交际学与第二语言教学之间的关系，包括对文化和交际的认识以及文化、交际和第二语言教学之间的关系；第八章讨论了语用学与语言教学的关系。

本书的章节尽量按照《国际汉语教师标准》的前后顺序进行编排，但在个别地方有所调整和改变。每节后都附有重点推荐参考文献和思考题，以帮助读者理解与研究相关理论和发表自己的看法。

本书第一章至第六章由李庆本、李楠撰写，第七章、第八章由毕继万撰写，其中第八章第一节由陈忠撰写。

限于我们的水平，书中错误在所难免，欢迎大家不吝指教，以便在后来予以改正。

李庆本

本书对应的《国际汉语教师标准》模块及原文

模块二：文化与交际

标准四：中外文化比较与跨文化交际

教师应了解中外文化的主要异同，理解汉学与跨文化交际的主要概念，以及文化、跨文化交际对语言教与学的影响，并能够将上述理论、知识应用于教学实践。

  标准 4.1 教师应了解中外文明的特点及历史

  标准 4.2 教师应了解中外政治体制、法律体系的主要异同

  标准 4.3 教师应了解世界主要宗教派别与世界主要哲学思想

  标准 4.4 教师应具有汉学的基本知识，了解国外汉学研究的概况，并能应用于汉语教学实践

  标准 4.5 教师应及时了解当今世界的重大时事，并能恰当地应用于教学

  标准 4.6 教师应了解文化与跨文化交际的主要概念，了解文化与跨文化交际在语言教学中的作用，并能运用于语言教学实践

  标准 4.7 教师应了解语用学知识，并将有关知识应用于培养学生交际能力的教学实践中

第一章
中外文明的特点及历史

第一节 文明与文化的内涵及特点

一、文明的定义及特征

汉语中,"文明"一词最早出现在《周易》里:"见龙在田,天下文明。"唐代孔颖达注疏《尚书》进一步将"文明"解释为:"经天纬地曰文,照临四方曰明。""经天纬地"即改造自然,"照临四方"即驱逐愚昧。

西语中的"文明"一词,英语为 civilization,法语是 civilisation,德语是 zivilisation,都源于拉丁文 civitas,其最初的含义是指"有组织的社会或城市国家"。它的反义词是"野蛮"。这个词最初出现于 18 世纪。有人认为苏格兰的历史学家和哲学家亚当斯·弗格森最早使用了"文明"一词;而英国人类学家马林诺夫斯基认为是法国启蒙思想家最早使用了这个词;语言学家科恩认为"文明"一词最早是在 1754 年由杜尔格使用的,其普及则始于 1828~1830 年间基佐所作的关于欧洲文明史和法国文明史的学术演讲。[1]

关于文明的定义很多。下面介绍几种比较有代表性的观点。

1. 两种含义说。就是将文明分为广义和狭义两种。日本学者福泽谕吉认为:"文明

---

[1] 参见张广智、张广勇:《史学,文化中的文化——文化视野中的西方史学》,杭州:浙江人民出版社 1990 年版,第 7 页。张骥、刘中民:《文化与当代国际政治》,北京:人民出版社 2003 年版,第 30 页。

的含义既可以作广义讲，也可以作狭义解释。若按狭义来说，就是单纯地以人力增加人类的物质需求或增多衣食住的外部装饰。若按广义解释，就不仅在于追求衣食住的享受，而且要励智修德，把人类提高到高尚的境界。"[1]简单地说，狭义的文明专指物质文明，而广义的文明则包括物质文明和精神文明。

2. 三种含义说。汤因比认为，文明基本上包含三种含义：(1) 文明是若干个同类民族国家构成的社会整体；(2) 每一种文明都是由政治、经济和文化三个要素构成的，其中文化是文明的核心，而文化中最基本的东西是宗教。(3) 文明是一种以文化为基础的历史形态。[2]我国有学者也认为文明有三种含义：(1) 一般性含义，用来泛指人类社会的发展史。即从原始社会"开始迄于近日的整个人类社会泛称为文明史"。(2) 阶段性含义，"一般是指与社会经济结构相吻合的一个范畴"。"我们通常所讲的五种社会形态的划分是与这种含义相一致的。"如资本主义文明、社会主义文明等。(3) 区域性含义，即"把地球上所有居民，依据历史共同体的类型，划分成各个地区性的文明，如历史学家那里经常用的'中华文明''印度文明''古埃及文明'等等"。[3]

3. 四种含义说。美国历史学家威尔·杜兰认为："文明是增进文化创造的社会秩序，它包含了四大要素：经济的供应，政治的组织，伦理的传统以及智识与艺术的追求。"[4]在我国，党的十七大之后，学术界逐步认同社会主义物质文明、精神文明、政治文明和生态文明的界定。

简单地说，文明就是人类文化发展的积极成果，是人类社会进步的标志。一般而言，文明具有以下性质和重要特征：

第一，文明具有价值取向性。文明的社会不同于原始社会，因为它是定居的、有城市的和识字的。文明的概念提供了一个判断社会的标准，文明与野蛮的对立就是好与坏的对立，文明的社会就是好的社会，不文明的社会就是坏的社会。第二，文明具有历史性。人类社会的历史发展大概经历了农业文明阶段、工业文明阶段和生态文明阶段。第三，文明具有地域性。如中华文明、印度文明、西方文明等。第四，文明具有社会性。文明是人类与动物的自然和野蛮属性相区别的社会性的产物，文明社会一般包括物质文明和精神文明两个方面。第五，文明具有传播性。

---

[1] [日] 福泽谕吉：《文明论概略》，北京：商务印书馆1982年版，第33页。

[2] 许启贤主编：《世界文明论研究》，济南：山东人民出版社2001年版，第77页。

[3] 张广智、张广勇：《史学，文化中的文化——文化视野中的西方史学》，杭州：浙江人民出版社1990年版，第8页。张骥、刘中民等著：《文化与当代国际政治》，北京：人民出版社2003年版，第33页。

[4] [美] 威尔·杜兰：《世界文明史：文明的建立》，台湾幼狮文化公司1972年版，第40页。

二、文化的定义与特征

实际上,给文化下定义是非常难的。1952年,美国两位人类学家克罗伯和克拉克洪在《文化:关于概念和定义》一书中,列举了从1871年到1951年80年间关于文化的定义,竟达161种之多。而在此后到现在又出现了许多有关文化的定义。

如17世纪德国历史学家萨穆埃尔·普芬道夫认为"文化生活和精神生活基本上是同义词",而所谓精神生活,"首先是作为社会的人的天性得到充分发展,是探索人类群体建立基础的一致性,是人类的各种潜在能力依据自然权利作出的表现"。[1] 英国人类学之父泰勒在1871年出版的《原始文化》一书把文化与文明连在一起,他说:"文化或文明就广泛的人种学意义而论,是一个复杂的整体,包括知识、信仰、艺术、道德、法律、风俗及作为社会成员的人所获得的才能和习惯。"[2] 美国学者菲利普·巴格比在《文化:历史的投影》一书中指出:"文化,就是社会成员的内在和外在的行为准则。"[3] 我国学者对文化也有多种不同的定义。如梁启超在1922年《什么是文化》一文中指出:"文化者,人类心能所开释出来之有价值的共业也。"[4] 1926年,胡适在《我们对于西洋近代文明的态度》中指出:"文化是一种文明所形成的生活的方式。"[5]

之所以出现众多的有关文化的定义,一方面是与文化问题的复杂性有关,另一方面也与定义者不同的角度有关。正像有学者所总结的那样:"历史学派常常把文化看作是社会的遗产,或者传统的行为方式的全部丛结;心理学派则往往把文化视为个体心理在历史银幕上的总映象,或者是满足个人心理动机所选择的行为模式;结构功能主义者强调文化是由各种要素或文化特征构成的稳定体系;而发生论者则分辩说文化是社会互动及不同个人交互影响的产品;有的人则偏重文化观念的作用,把文化定义为观念之流,或观念联结丛;有的人则倾向文化的社会规范的价值,把文化界定为不同人类群体的生活方式,或者共同遵守的行为模式。如此等等,不同的角度,有不同的文化定义。"[6]

---

[1] 转引自张广智、张广勇:《史学,文化中的文化——文化视野中的西方史学》,杭州:浙江人民出版社1990年版,第4页。

[2] 中央党校社会主义教研室译:《文明与文化——国外百科辞书条目选译》,北京:求实出版社1982年版,第56页。

[3] [美] 菲利普·巴格比:《文化:历史的投影》,上海人民出版社1987年版,第100页。

[4] 梁启超:《梁启超讲文化》,天津古籍出版社2005年版,第138页。

[5] 胡适:《我们对于西洋近代文明的态度》,《胡适精品集》(5),北京:光明日报出版社1998年版,第5页。

[6] 司马云杰:《文化社会学》,北京:中国社会科学出版社2001年版,第3页。

从词源学角度来看，文化在中文中的最初含义是"人文化成"，这个含义最早出现在《易经·贲卦象词》中："刚柔交错，天文也；文明以止，人文也。观乎天文，以察时变；观乎人文，以化成天下。"但这时的"文"与"化"是分离的，还没有组成一个词组。真正将"文"与"化"组成一个合成词的是西汉的刘向，他在《说苑·指武》中说："圣人之治天下也，先文德尔后武力。凡武之兴，为不服也，文化不改，然后加诛。夫下愚不移，纯德之所不能化，而后武力加焉。"在这里，"文化"的含义是与武力征服相对的，是以文德来教化、感化的意思，因此也是作为动词词组来用的。晋人束哲在《补亡诗》中有"文化内辑，武功外悠"之句，南齐王融在《曲水诗序》中说："设神理以景俗，傅文化以柔远。""文化"在此成为名词意义上的文治、教化和礼乐典章制度等。

英文中"文化"一词，源于拉丁文的cultura，含有"耕耘""培养"之意，由此引申为对人的性情的陶冶、品德的教养。这就跟中国古代"文化"一词的"文治教化"内涵比较接近。所不同的是，中国的"文化"一直专注于精神领域，而cultura却是从人类的物质生产出发，进而引申到精神活动领域的。

从总体上说，文化是人类独有的现象，动物不具备文化。如果说，文明是与野蛮相对的，而文化则是相对于"自然"而言的。动物生存于自然之中，而人则不仅在自然中，而且也在文化中生存。动物不能将自己从自然界中分离出来，而人则可以将自然作为自己的对象。人与动物的分别，就是文化与自然的分别。文化是人的创造物，同时文化也创造了人，即使人成为人。按照通行的观点，人是由劳动所创造的，而劳动也创造了文化。所以说，人通过劳动创造了文化。

简单地说，文化就是人类在社会历史发展过程中为满足自身的需要而不断创造的物质财富和精神财富的总和，这是广义的文化概念，而狭义的文化概念特指精神财富，如文学、艺术、教育、科学等。

一般而言，文化具有以下性质和特征：第一，文化是人为的，同时也是为人的。第二，文化具有群体性、社会性、民族性和区域性，而不具有个人性。第三，文化包括语言，语言是文化的重要载体。第四，文化具有传播性。第五，文化具有经济价值，并形成文化产业。

三、文明与文化的关系

一般认为，文化和文明是相互联系但又不同的两个概念。关于文明与文化的关系，学术界主要有如下几种意见：

其一，文化和文明没有多大差别，甚至可以说，两者是同义的。不少学者均持这种意见。美国学者亨廷顿认为:"文明和文化都涉及一个民族全面的生活方式,文明是放大的文化。它们都包括价值、规则、体制和在一个既定社会中历代人赋予了头等重要性的思维模式。"[1]

其二,文化包括文明,即文化所包含的概念要比文明更加广泛。不少学者认为,文明是文化的最高形式或高等形式。文明是在文字出现、城市形成和社会分工之后形成的。尤其在历史学和考古学界,普遍认为文明是较高的文化发展阶段。如英国考古学家柴尔德(Vere Gordon Childe)的《社会进化》(Social Evolution,1951)和克拉克(G. Clark)的《从野蛮到文明》(From Savagery to Civilization,1946)均持这一观点。德国《大百科辞典》认为文明"从广义来说,指良好的生活方式和风尚;从狭义来说,指社会在脱离了人类群居的原始自然状态之后,通过知识和技术形成和完善起来的物质和社会状态"。[2] 我们可以说原始文化,却不可以说原始文明。

其三,文明包括文化,文化是文明的组成部分。如汤因比认为每一种文明都是由政治、经济、文化三个要素组成,其中文化是文明的核心,而文化中最基本的东西是宗教;文明是一种以宗教为基础的历史形态。

其四,文化和文明是属性不同的两个部分。有些学者认为,文明是物质文化,文化是精神文化和社会文化。在20世纪之前,德国传统的看法普遍认为,文化包括人的价值、信仰、道德、理想、艺术等因素;而文明仅包括技术、技巧和物质的因素。如德国学者康德,便把人类在物质和技术上的进步称之为"文明",而把人类在道德精神方面的进步称之为"文化"。[3] 日本《世界大百科事典》也认为:"文化是像宗教、艺术、科学等具有理想的精神的高度价值的高级境界的东西;与此相反,文明则是属于具体的如技术之类的物质的低级境界的概念。"[4]

其五,文明是文化的内在价值,文化是文明的外在形式。文明与文化包括三种关系:(1)文明是目的,文化是手段。比如吃饭是个文明事件,但是不同地区、不同民族的人们却可以通过不同的文化形式来实现这一过程。我们可以用刀叉将食物送到嘴中,也可以用筷子把食物送到嘴中,这是不同的文化形式。在前一种意义上,我们

---

[1] [美]塞缪尔·亨廷顿:《文明的冲突与世界秩序的重建》,北京:新华出版社1998年版,第24~25页。

[2] 中央党校社会主义教研室译:《文明与文化——国外百科辞书条目选译》,北京:求实出版社1982年版,第95~96页。

[3] 张广智、张广勇:《史学,文化中的文化——文化视野中的西方史学》,杭州:浙江人民出版社1990年版,第9页。张骥、刘中民:《文化与当代国际政治》,北京:人民出版社2003年版,第36页。

[4] 中央党校社会主义教研室译:《文明与文化——国外百科辞书条目选译》,北京:求实出版社1982年版,第118页。

可以说茹毛饮血是不文明的表现；在后一种意义上，我们却不能说吃日本料理没有文化。（2）文明是内容，文化是形式。比如穿上衣服，是文明的标志，但具体穿什么衣服则是文化的问题。在前一种意义上，我们可以说衣衫褴褛是不文明的表现；在后一种意义上，我们就不能说穿西装就一定比穿和服、中山装更有文化。由于人们不可能穿一种抽象的服装，所以人们的服装形式必然反映不同的文化。（3）文明是一元的，文化是多元的。人类迄今为止的历史，都是在用不同的形式来实现共同的文明。[1]

从以上几种观点中，我们可以看出，文化与文明既有相同的一面，又有区别的一面。相同性在于两者都是人类在社会实践活动中所创造的物质财富和精神财富，都是人类所独有的现象，在某些条件下是可以互相通用的。如我们既可以说中国文明、西方文明，也可以说中国文化、西方文化；既可以说物质文明、精神文明，也可以说物质文化、精神文化；既可以说农业文明、工业文明，也可以说农业文化、工业文化。这两者并没有绝对的差异。从中外文化比较的角度来说，中华文化和中华文明就是可以互换的词组，具有相重叠的含义。因此，中外文化的比较在某种程度上就是中外文明的比较，没有必要再做进一步的区分。

但文明与文化毕竟是不同的概念，两者的区别主要表现在如下几方面：

（1）文化通常与自然相对，而文明一般与野蛮相对。

（2）从时间上来看，文化的产生早于文明的产生，可以说，文明是文化发展到一定阶段形成的。在原始时代，只有文化，而没有文明。因此，学术界往往把文明看作是文化的最高形式或高等形式。

（3）从空间范围来看，文明可以包含多个民族或国家的文化实体，它的地域范围要比文化广阔得多。如西方文明，包括众多的信奉基督教的民族国家。我们可以说"中国文明"，但一般不说"汉族文明"，而说"汉族文化"。也就是说，文明可包含文化，但文化一般不包含文明。

（4）文明一般包含着正面的价值判断，而文化则是中性的；文明往往是指好的或优秀的文化，而文化本身则有精华和糟粕之分。文化往往是一种现存状态，我们可以说"没文化"或文化程度有高有低，却不可以说"不文化"。文明则不仅是现存状态，而且还是一种价值取向，所以我们可以作出"不文明"的价值判断；不同民族的文化没有好坏之分，只有强势文化和弱势文化之分。但需要指出的是，对一种文明作价值判断，是一个非常敏感的问题，需要特别谨慎。19世纪，欧洲人就是根据文明这一标准来判断非欧洲人的社会是否是"文明化"的。欧洲有人甚至把自己的文明作为文明的唯一标准，而排斥和贬低非欧洲社会的文明。这种单一文明观理所当然地遭到了多元文明观的反对。按照多元文明的观点，世界上存在着多种文明，而每一种文明都有

---

[1] 陈炎：中国：走向世界的语言与文化，《山东大学学报》2007年第5期。

着自己存在的独特价值；将自己的文明凌驾于其他文明之上，这种文明观本身就是不文明的。

【思考与练习】

一、谈谈你对文明与文化内涵的理解。

二、结合一些历史知识，谈谈你对文化与文明两者关系的理解。

三、结合实例，谈谈在教学过程中如何介绍世界文明的基本知识。

【参考文献】

陈炎：中国：走向世界的语言与文化，《山东大学学报》2007年第5期。

[美]塞缪尔·亨廷顿：《文明的冲突与世界秩序的重建》，北京：新华出版社1998年版。

司马云杰：《文化社会学》，北京：中国社会科学出版社2001年版。

张广智、张广勇：《史学，文化中的文化——文化视野中的西方史学》，杭州：浙江人民出版社1990年版。

张骥、刘中民：《文化与当代国际政治》，北京：人民出版社2003年版。

中央党校社会主义教研室译：《文明与文化——国外百科辞书条目选译》，北京：求实出版社1982年版。

第二节 文化的多样性及其分类

一、世界文化多样性

1."文化多样性"的定义

2005年10月20日，联合国教科文组织第33届大会上通过了《保护和促进文化表现形式多样性公约》。《公约》对"文化多样性"做出了明确的界定："文化多样性指各群体和社会借以表现其文化的多种不同形式。这些表现形式在他们内部及其间传承。文化多样性不仅体现在人类文化遗产通过丰富多彩的文化表现形式来表达、弘扬和传承的多种方式，也体现在借助各种方式和技术进行的艺术创造、生产、传播、销售和消费的多种方式。"[1]

---

[1] 联合国教科文组织：《保护和促进文化表现形式多样性公约》，巴黎，2005年10月20日。http://www.chinaculture.org/static/files/pact_to_protect_diversity.pdf。

2. 文化多样性产生的原因

如今，世界上有200多个民族国家，从美国、日本这些经济大国到克罗地亚这样的新国家和毛里塔尼亚、几内亚这样经济欠发达国家，以及一些经济最不发达国家。每个民族和地区都有自己特有的文化传统，这些独特的文化传统不限于文学、美术、音乐和哲学，还表现在科学和技术创造以及对自然环境的控制等种种形式，还有那些不怎么具体的方面，如个人对于美与和谐的感受以及他们对世界的认同感与幻想等。凡此种种，呈现出了五光十色、缤纷多彩的图画。

文化在不同时间和空间具有多样形式，这种多样性体现为人类各民族、各社会的文化特征和文化表现形式的独特性和多元性；语言多样性是文化多样性的基本要素之一。

3. 保护和促进文化多样性的必要性

文化多样性是人类的一项基本特性，是人类的共同遗产，应当为了全人类的利益对其加以珍爱和维护；文化多样性创造了一个多姿多彩的世界，它使人类有了更多的选择，得以提高自己的能力和形成价值观，并因此成为各社区、各民族和各国可持续发展的一股主要推动力；在民主、宽容、社会公正以及各民族和各文化间相互尊重的环境中繁荣发展起来的文化多样性对于地方、国家和国际层面的和平与安全是不可或缺的，文化多样性对充分实现《世界人权宣言》和其他公认的文书主张的人权和基本自由具有重要意义。[1]

20世纪90年代以来，随着科学技术不断发展，经济全球化日益加深。信息和传播技术飞速发展所推动的全球化进程为加强各种文化互动创造了前所未有的条件，但同时也对文化多样性构成挑战，尤其是可能在富国与穷国之间造成种种失衡。各国普遍认识到世界文化多样性正面临前所未有的挑战。如何防止全球化对脆弱文化的冲击，使世界所有文化都能生存，并且得到充分的承认，成为国际社会普遍关心的问题；通过制定和实施文化政策以保护文化多样性，成为国际社会的主流思想。

4. 促进和保护文化表现形式多样性的措施

2005年10月20日，联合国教科文组织通过的《保护和促进文化表现形式多样性公约》在第七条和第八条具体规定了促进和保护文化表现多样性的措施：

（1）促进文化表现形式的措施：缔约方应努力在其境内创造环境，鼓励个人和社会群体创作、生产、传播、销售和获取他们自己的文化表现形式，同时对妇女及不同

---

[1] 联合国教科文组织：《保护和促进文化表现形式多样性公约》，巴黎，2005年10月20日。http://www.chinaculture.org/static/files/pact_to_protect_diversity.pdf。

社会群体，包括少数民族和原住民的特殊情况和需求给予应有的重视；获取本国境内及世界其他国家的各种不同的文化表现形式。缔约方还应努力承认艺术家、参与创作活动的其他人员、文化界以及支持他们工作的有关组织的重要贡献，以及他们在培育文化表现形式多样性方面的核心作用。

（2）保护文化表现形式的措施：在不影响《联合国宪章》、国际法原则及国际公认的人权文书等规定的前提下，缔约一方可以确定其领土上哪些文化表现形式属于面临消亡危险、受到严重威胁或是需要紧急保护的特殊情况。缔约方可通过与本公约的规定相符的方式，采取一切恰当的措施保护处于第一款所述情况下的文化表现形式。缔约方应向在联合国教科文组织内设立的"保护与促进文化表现形式多样性政府间委员会"报告为应对这类紧急情况所采取的所有措施，该委员会则可以对此提出合适的建议。

二、文化的分类

迄今学术界对文化有许多种分类，其实所有这些分类最终可以归纳为两大类，一类是在理论层面的分类，另一类则是经验层面的分类。

1. 理论层面的分类

因为哲学研究是进行最高、最根本的概括，所以对文化的分类是有限度的，并不是无限的，迄今只有几种分法："物质文化——非物质文化"、"物质文化——精神文化"、"理念性文化——制度性文化"二分法，"物质文化——制度文化——精神文化"三分法，"物质——制度——风俗习惯——思想与价值"四分法，"物质——社会关系——精神——艺术——语言符号——风俗习惯"六分法。

梁漱溟在1920年出版的《东西文化及其哲学》一书中认为，"文化并非别的，乃是人类生活的样法"。它包括三个方面："（一）精神生活方面，如宗教、哲学、科学、艺术等是，宗教、艺术是偏于情感的，哲学、科学是偏于理智的。（二）社会生活方面，我们对于周围的人——家族、朋友、社会、国家、世界——之间的生活方法都属于社会生活一方面，如社会组织伦理习惯政治制度及经济关系是。（三）物质生活方面，如饮食、起居种种享用，人类对于自然求生存的各种是。"[1] 一般来说，文化的精神层面是文化结构中的核心，也是文化中最稳定的部分。

中国当代有学者将"文化"进一步分为物态文化、制度文化、行为文化、心态文化四个层面：（1）物态文化是人的物质生产活动及其产品的总和，是可感知的、具有

---

[1] 梁漱溟：《中国人：社会与人生——梁漱溟文选》(上)，北京：中国文联出版公司1996年版，第12页。

物质实体的文化事务，构成整个文化创造的基础，以满足人类基本生存需要——衣食住行为目标；(2) 制度文化是由人类在社会实践中建立的各种社会规范、社会组织构成的，包括社会经济制度、婚姻制度、家族制度、政治法律制度等；(3) 行为文化是由人类在社会实践，尤其是在人际交往中约定俗成的习惯性定势构成的，以民风民俗形态出现；(4) 心态文化是由人类社会实践和意识活动中长期孕育出来的价值观念、审美情趣、思维方式等构成的。[1]

除此之外，还有一种分类法，就是将文化分为"广义"文化和"狭义"文化两种。广义的文化，着眼于人类与一般动物、人类社会与自然界的本质区别，着眼于人类卓立于自然的独特生存方式，其涵盖面非常广泛，所以又称为"大文化"，它可以包括各种层面的文化，如物质的、精神的、制度的，等等。狭义的文化排除人类社会——历史生活中关于物质创造活动及其结果的部分，专注于精神创造活动及其结果，所以又称为"小文化"。

上述理论层面的区分是一种抽象的区分，而在实际当中，不同的文化层面之间往往不能截然分开。比如建筑物、室内的设备、家具，或者声像设备、手机，等等。这些显然都主要是物质文化产品，但是它们当中当然也包含有精神文化因素，比如科技因素和审美因素，此外也有制度文化的因素。

2. 经验层面的分类

这种分类可以包括很多。从代表生产力发展水平的器具出发来区分，有石器文化、青铜器文化、铁器文化等；从分布的地域出发，有龙山文化、周口店文化、红山文化、良渚文化等；从宗教信仰或宗教历史的影响出发，有基督教文化、伊斯兰教文化、佛教文化、道教文化、印度教文化等；从语言或种群的民族出发，有汉族文化、蒙古族文化、满族文化、德意志文化、法兰西文化等；从以政治地域划分的现代民族国家出发，有中国文化、美国文化、德国文化、法国文化、印度文化等；从语言和传统的关联出发，有中华文化、阿拉伯文化等；从生产和生活部门出发，有企业文化、商业文化、农业文化、校园文化等；从社会生活领域出发，有饮食文化、起居文化、礼仪文化等；从居住的密集程度及其对社会生活的影响出发，有城市文化、乡村文化等；从社会群体出发，有"白领"文化、工人文化、农民文化、学生文化等；从文化的地位出发，有主流文化以及非主流的地方文化、少数民族文化、边缘群体文化等。这种分类可以无穷地进行下去，因为人类始终不断创造出新的实际的文化形态：在发明和普及广播技术之后就形成了广播文化，在发明和普及电影之后形成了电影文化，

---

[1] 张岱年、方克立主编：《中国文化概论》，北京师范大学出版社2004年版，第4页。

在发明和普及电视之后形成了电视文化,在发明和普及计算机网络技术之后形成了网络文化,等等。这些都是经验层面的文化创造以及文化分类。[1]

三、文明的划分

学术界对于文明的分类也有不同的看法。对于历史上曾经存在的文明的总数,有人主张有 16 个,汤因比认为有 20 个。但由于历史上有的文明已经消失,像美索布达米亚文明、古埃及文明等,因此,目前存在的文明要比历史上少一些。关于目前世界文明的划分,学术界最有影响力的是亨廷顿的七种或八种文明说,即:中华文明、日本文明、印度文明、伊斯兰文明、西方文明、拉丁美洲文明、东正教文明以及可能的非洲文明。

亨廷顿认为,过去将世界文明划分为东方和西方是过于简化和笼统了。他指出:"用东方和西方来识别地理上的区域是令人困惑不解的和种族中心主义的。北方和南方是被普遍接受的两极的固定参照点。东方和西方却不具备这样的参照点。问题是相对于什么而言是东方和西方?这完全取决于你站在何处。西方和东方最初是指欧亚大陆的东部和西部。然而,从一个美国人的观点来看,远东实际上是远西。对于中国历史的大部分时期来说,西方意味着印度,而在日本,西方通常意味着中国。"[2]

四、文明冲突论与世界和谐论

基于世界文明与文化的多样性,对于世界格局及文明发展,中外也有着不同的观点。而目前截然对立的两种观点是:文明冲突论和世界和谐论。

持文明冲突论的代表人物是美国学者、曾任卡特政府国家安全委员会安全计划顾问的亨廷顿教授。1993 年夏,亨廷顿在美国《外交》杂志上发表了《文明的冲突?》的文章,引起国际学术界普遍关注和争论。1996 年,他将自己的观点进一步扩充为《文明的冲突与世界秩序的重建》一书。亨廷顿认为,冷战后,世界冲突的基本根源不再是意识形态,而是文化方面的差异,主宰全球的将是"文明的冲突"。他还武断地认为,中国的儒家文明将和伊斯兰文明联手,对西方文明构成威胁。

与此相反,中国文化则孕育着世界和谐论思想。2005 年 9 月 16 日胡锦涛在联合国成立 60 周年首脑会议上做了《努力建设持久和平、共同繁荣的和谐世界》的讲话,

---

[1] 刘立群:《文化分类理论及制度文化新探》,http://www.frchina.net/forumnew/viewthread.php?tid=32705。

[2] [美]塞缪尔·亨廷顿:《文明的冲突与世界秩序的重建》,北京:新华出版社 1998 年版,第 31 页。

集中表达了这种世界和谐论思想。

【思考与练习】

一、谈谈你对文化的多元性的认识。

二、谈谈你对文化分类的认识。

三、结合实例，谈谈如何在教学中体现出你对不同文化的理解与尊重。

【参考文献】

联合国教科文组织：《保护和促进文化表现形式多样性公约》，巴黎，2005年10月20日，http://www.chinaculture.org/static/files/pact_to_protect_diversity.pdf。

梁漱溟：《中国人：社会与人生——梁漱溟文选》（上），北京：中国文联出版公司1996年版。

刘立群：《文化分类理论及制度文化新探》，http://www.frchina.net/forumnew。

[美]欧文·拉兹洛编译，戴侃、辛未译：《多种文化的星球：联合国教科文组织国际专家小组的报告》，北京：社会科学文献出版社2001版。

[美]塞缪尔·亨廷顿：《文明的冲突与世界秩序的重建》，北京：新华出版社1998年版。

张岱年、方克立主编：《中国文化概论》，北京师范大学出版社2004年版。

第三节　世界文明的起源及发展历程

一、文明产生前的人类史前史

地球大约已有50亿岁的年龄。在大约40亿年前开始有生命，即原生的单细胞生物。生物又从低等级不断向高等级进化：由微生物进化到原始植物，如海藻；继而进化到无脊椎动物，如水母、蠕虫；最终进化到脊椎动物。这些脊椎动物和其旁系中的某些无脊椎动物及植物一起，约于3亿年前开始成功地适应陆上生活。最早适应陆上生活的是两栖动物，随后是爬行动物，接着是鸟类，然后是哺育类动物和灵长类动物。最后出现了早期人类的祖先。

根据古人类学、人类古生物学的研究结果，最早的类人生物源自非洲。1959年，古人类学家在东非发现了类人生物的颅骨化石。之后的1961年，他们又发现了距今175万年以前的直立行走的灵长类动物的头骨残片。古人类学家路易斯·利基认为它是现代人类的祖先,将之命名为"能人",也被称为"直立人"。能人能够直立行走,并能使用粗陋的工具。而这两个特征正是人类从猿进化而来,从而不同于动物的重要标志。中国云南境内的元谋人(约170万年前)就属于这样的直立人。根据1965~1975年在云南元谋上那蚌村的考古发掘,元谋人可以使用打制的石器,并有使用火的迹象。这都属于世界上最早的古人类。历史学家把175万年前看成是人类旧石器时代的开始,而这个时代经历了旧石器时代早期和旧石器时代晚期之后,一直到公元前1万年才结束。

在旧石器时代早期(175万年前到公元前3万年前),除了在东非坦桑尼亚发现的能人之外,比较著名的还有爪哇人、尼安德特人。爪哇人的遗骸于1891年发现于爪哇岛,尼安德特人的残骸是1856年在德国西北部迪塞尔多夫附近的尼安德河谷首次发现的。爪哇人大概生活于大约50万年前,尼安德特人则大概生活于3万5千年前。在中国境内比较著名的属于旧石器时代早期的人类是蓝田人和北京人。蓝田人的遗骸是1963~1966年在陕西蓝田发现的,大约生活于80万年前。这也是目前已知的亚洲北部最早的直立人。北京人的遗骸是1926年在北京市房山县周口店发现的,以后又经过多次发掘,出土的人骨化石、石器、用火证据、动物化石,与同时代的世界其他遗址相比,都是最丰富的,因此成为世界上研究这一时代历史的一份最有价值的资料。旧石器时代早期的特征是人类可以运用简单的石制、木制工具采集食物,用简单的口头语言交流,知道运用火,并将死者安葬。

大约在公元前3万年,旧石器时代文化从早期阶段过渡到晚期阶段,旧石器时代晚期仅仅延续了大约2万年,即从公元前3万年到公元前1万年。这一时期,人类的主要类型是克鲁马农人。克鲁马农人是现代人种形成过程中典型的化石代表,1868年发现于法国多尔多涅的克鲁马农洞穴。克鲁马农人体质特征与现代人类已没有多大差别,高身材,宽肩膀,男性平均身高6英尺(约合180厘米),前额颇高,下颌发达,脑容量约等于现代人的平均数值。这些人以狩猎和采集为生,他们采集野果、浆果、根茎,并猎取野兽。他们居住在简陋的洞穴里。他们的智力发展得更像现代人,有了更多的想法和词汇量。他们开始创作艺术品,包括法国、西班牙、撒哈拉沙漠洞穴里的壁画。他们制作装饰品、小雕像、衣服、工具和狩猎武器,并建造住所。

旧石器时代结束之后到文明产生之前的这段时间,大约在公元前1万年到公元前4000年(或3500年),被称为新石器时代。它与旧石器时代的重要区别在于以下两点:第一,工具不再用打制法,而用磨制法;第二,食物来源主要靠栽培植物和畜养动物,而不是靠狩猎或采集获得,人类不再是食物采集者,而成了食物生产者。与此同时,也出现了陶器、房屋、航行和制度。从历史的角度来讲,新石器时代文化的最重要特点也许是制度的发展。而最古老的人类制度首先是家庭，其次是宗教，最后则是国家的雏形（部落）。在这一时期，国家的主要功能对外是军事战争，对内则是财富的分配。

二、文明的起源、分布及原因

文明究竟起源于何时，历史学家也有不同的看法。有人认为是公元前3500年，有人认为是公元前4000年左右。但大家比较一致的意见是，文字的产生是文明产生的重要标志。除此之外，文明产生的标志还包括：城市中心、由制度确立的国家的政治权力、纳贡或税收、社会分为阶级或等级、巨大的建筑物、各种专门的艺术和科学，等等。正是这一系列的特征，将文明与新石器时代的部落文化区别开来。[1]
"我们可以说，一种文化一旦达到了文字已在很大程度上得到使用，人文科学和自然科学已有某些进步，政治的、社会的和经济的制度已经发展到至少可以解决一个复杂社会的秩序、安全和效能的某些问题这样一个阶段，那么这个文化就应当可以称之为文明。"[2]

古代伟大文明中，哪一个最为古老，这是至今仍有激烈争论的问题。有些学者的意见倾向于古埃及文明，但更多的权威则支持底格里斯河—幼发拉底河流域的文明更早的主张。理由是，早在公元前3500年前，两河流域的文明（也被称为美索不达米亚文明或巴比伦文明）就对尼罗河流域发生了重大影响。这种影响包括：圆筒体形印章的使用、建筑结构的方法、艺术的主题，以及起源于美索不达米亚的文字。但这种解释也并没被普遍认同。因为这些成就并不是被完全照搬到古埃及的，相反，古埃及人对它们做了根本的改动，使它们合乎古埃及人自己的文化形态。似乎合理的解释应该是，两个文明都很古老，在很大程度上，它们是并行发展的。与这两个文明同样古老的还有古印度文明和中国文明。前者起源于印度河流域，后者则是在黄河流域逐渐发展起来的。由此形成了我们习惯上所说的"四大文明"。

与其他古代文明所不同的是，中国文明是世界上唯一一个生生不息、延续至今的文明。这一点西方学者也并不否认。根据历史传说和记载，炎帝和黄帝是中华文明的始祖。黄帝时代的仓颉造字，标志着中国文化进入文明发展期。与此同时，养蚕、舟

---

[1] 参见[美]斯塔夫里阿诺斯著，吴象婴等译：《全球通史》（上），北京大学出版社2005年版，第49~50页。

[2] [美]爱德华·麦克诺尔·伯恩斯、菲利普·李·拉尔夫著，罗经国等译：《世界文明史》第一卷，北京：商务印书馆1995年版，第26页。

车、音律、医学、算数都先行发明，并得到发展。《史记·五帝本纪》载："轩辕乃修德振兵，治五气，艺五种，抚万民，度四方，教熊罴貔貅虎，以与炎帝战于阪泉之野。三战然后得其志。蚩尤作乱，不用帝命。是黄帝乃征师诸侯，与蚩尤战于涿鹿之野，遂依附杀蚩尤。"当然，这一时代存在的事实还需要进一步的考古证明。而为世人都无法否认的中国文明充分发展的标志则是在河南安阳发现的甲骨文。这不仅证实了中国一个朝代的存在，而且也昭示着中国文明绵延不断的强大品性。几千年来，中东人一直不能解读他们祖先的象形文字和楔形文字，而现代中国人却能读通商朝文字，这充分说明了中国文明的连续性。

关于古代文明产生的原因，研究者们也给出了种种不同的解释。而其中为大家都能接受的解释是地理论气候说。古代文明之所以大多都产生于河谷流域，显然与这里优越的地理条件有关，肥沃的土地，灌溉的方便，特别适宜于发展农业生产。而这里的亚热带气候也适宜人类生存。一般而言，理想的气候是平均温度很少低于华氏38度和很少高于华氏64度之间的条件，而平均湿度则应在75%左右，经常变化的风向和风的强度，也有利于净化空气。所有这一切都可以成为文明产生的条件。与此相反，北极圈地区、赤道周围、沙漠地带及大片的原始丛林，则很难成为人类文明的摇篮。因为这样的地区不是太热、太湿、太冷，就是太干燥。只有等到文明发展到一定的程度之后，才可能有人居住。两河流域、尼罗河流域、印度河流域和黄河流域的地理位置和气候环境显然满足了人类发展文明所必备的外部条件。

对于中国文明之所以能够延续至今而没有中断，有学者也将此归结为地理原因。中国位于欧亚大陆的东端，东邻浩瀚的太平洋，北接冰冻的西伯利亚草原，西部巨大的山脉与大陆的其他部分相分割，这样相对封闭的地理条件使中国不太容易受到外族的进犯，并使中国文明一直保持着独特的风貌和特征。这样的解释虽然有一定的说服力，但显然不能说明更深层的原因。应该说，地理环境、气候条件，仅仅是文明产生的外部因素，人类为了满足自身的需求而不断进行和发展的实践活动才是文明产生的根本原因。

三、世界文明发展的主要进程

1. 政府机构从神庙社会中脱离出来，建立起原始的城市国家

探讨城市的起源实际上等于探讨文明的起源。人类社会早期，游牧群落在保持社会内聚力方面没有困难，因为他们不为私有财产而争斗，职业功能大致平等，而且群落规模也不大（一般不超过五百人）。不过，随着定居生活的开始，这种环境在村庄里

开始发生变化。当村里人口从数百人增加到数千人时,为了提供足够的社会内聚力基础从而避免在内部相互争斗,宗教激励大群的人们忠于一种共同的事业。这么大规模的宗教活动需要祭司宣讲信仰和在庙宇中主持各种典礼。在文明产生时期,人类文化的主要特征是祭祀活动的频繁和庙宇文化的繁荣,其精神和观念基础是神话和传说,而其社会支柱是祭祀阶层。从某种程度上说,作为文明概括的国家及王权的形成也与祭祀活动有密切的关系,权威最初就是在祭祀活动中形成的,国王是最大的祭司。

城市与村庄不同,城里居住着职业各不相同的居民。早期的城市里有农民居住,因为城市周围的田地需要有人耕种。城市里还有为数不多的手工业者和商人居住。不过,城市中的显要人物是职业武士、官员和祭司,这些人的存在决定了城市与村庄之间的差异。

2. 哲学孕育了宗教,宗教从政权中分离

古希腊的哲学家柏拉图和亚里士多德对希腊城邦提出了理想,他们都认为城邦应该是独立的,政府必须基于自由讨论而不仅仅基于强力。但是在公元前4世纪末,希腊化帝国开始形成。从这时起到公元400年左右中世纪初期,从城邦向帝国的过渡包含着建制和思想两个层次的一些变化。这时期的国家在地理和人口上都很庞大,是权力集中在中央机构的国家。在此之前,人们都认同自己所属的城邦,但随着疆界之分的逐渐消失,许多人开始怀疑自己的哲学。希腊的人生哲学影响的范围已经比过去扩大许多。逐渐地,地中海地区的各个国家也开始崇奉东方的神祇。也许是在众多古国原有宗教信仰的基础之上,新的宗教产生了。希腊化时期形成的各宗教信仰有一个共同的特征,就是它们经常教导人应该如何获得救赎。也就是说,那时有一个从关心共同体(希腊城邦)中的人向关心孤立的、私人的个体的普遍转向。这一转变与政治介入的缺失、独一无二的人格和共同法律之下的私人幸福理想的形成不谋而合。因此,希腊的伦理学和政治学的统一性被打破,重点转向私人意义上的伦理方面,而政治则退居幕后。

希腊化—罗马时期的社会状况可能导致了某种政治懈怠和对理论哲学的兴趣索然。哲学尤其转向关注个人的伦理问题。许多人开始寻求一种宗教的回答。基督教的生长遇上了合适的土壤。

3. 文艺复兴的觉悟,及对金钱和教育的追求

"文艺复兴时期",这一概念最初是由生活在1350年至1550年之间的意大利作家首先提出的。他们认为在罗马时代和他们所处的时代之间是一千年的"黑暗时期"。在这个漫长的时期里,文学艺术的缪斯们逃离了欧洲。然而,缪斯们于14世纪又突

然回到了西欧。意大利人与她们共同创造了一个灿烂的艺术的"复兴"。

因为"复兴"这个词的字面意义是"复生",所以有的时候人们认为,大约在1350年之后,一些意大利人在长期的古典文化"死亡"后,发起了一场古典文化新生运动。但事实上,中世纪从未经历古典文化的死亡。中世纪的学者们知道许多古罗马作家,如维吉尔、奥维德和西塞罗,在文艺复兴时期,人们重新发现并熟识了其他作家,如李维、塔西佗和卢克莱修。此外,文艺复兴时期还发现了古典希腊文学。这一时期的思想家们对古典著作的了解比中世纪的思想家们多,而且用新的方法将其运用。

文艺复兴时期的文化在其倾向性方面比中世纪的文化更加世俗化。14世纪和15世纪的意大利拥有全欧洲最先进的城市社会。在城镇里居住的贵族们从事银行业或商业经营,众多的富商家族则模仿贵族的言行举止。这些发展对教育史产生的结果就是对大量教师的需求。而这些世俗教育者与其所在书院的应运而生必然是富有的赞助人投资支持的结果。由此可见,没有富庶的意大利,文艺复兴显然不会在这里产生。

学者们倾向于认为,"文艺复兴"一词应用来描述大约从1350年到1550年在意大利形成的、继而在16世纪上半叶传至北欧的思想、文学和艺术方面的某些振奋人心的趋势。

文艺复兴时期最普通、最基本的文化思想可以用"人文主义"一词来概括。"人文主义"一词有两层意思:一层是专业性的,一层是概括性的。从专门术语的角度而言,人文主义是一个研究大纲,旨在通过学习语言、文学、历史和伦理学来取代中世纪经院哲学派所推崇的逻辑学和形而上学。古典文学受到喜爱,人们研读拉丁文的著作,学习希腊文。从更广义的角度来说,人文主义强调人的尊贵。因为人是尘世间能够获得上帝意旨的唯一造化物,人具有掌握自己命运和在尘世间幸福生活的能力。文艺复兴时期的人文主义者坚信人类具有崇高的品质和美好的希望。

4. 从19世纪末20世纪初开始,世界文明进入了娱乐文化和大众文化时代

19世纪末20世纪初,随着经济的繁荣,许多人摆脱了贫穷,中产阶级成为社会主体,消费社会随之出现。经济繁荣使人们有了社会福利的保障,不必再为养老或生病而储蓄,于是消费就成为一种生活方式。加上公共闲暇的增加,人们工作时间减少,有了长周末和带薪假期,使人们有时间来进行消费。此外,教育得到普及,观念传播速度大大加快,不再有文盲或文盲人数减至最少,加上大众传播事业发达,电影、广播、电视的普及,使得媒体能够直接或间接地影响着人的思想、爱憎、词汇和衣着。在这些因素的作用下,大众文化出现了。

大众文化中的"文化"实际上是商品。商品制造者的目的在于盈利,因此消费者的品位和市场是其最重要的考虑。想要在市场上追求最大的利润,就必须诉诸最多的消费者。因此，这些产品便向着庸俗和娱乐性方面发展，否则就无法引起消费者的兴趣，以致不能赚取利润。大众文化有如下特色：一、重感性。大众文化之所以受大众欢迎，在于它能诉诸大众的本能而引起大众的共鸣。二、导向同质化的发展。自古以来，人与人之间，国与国之间，由于行为和地域的差异，异质性明显。而随着大众传播的普及，大众文化笼罩下的人们走向同质化之路。三、普遍性。大众文化不重视精英文化所重视的创造和发明，但是对大众文化中的"英雄"却耳熟能详。四、崇尚简化与速成。大众文化不喜欢复杂与微妙，要把一切情况用简易和确定的方式来解决与处理。照相机、录像机、DVD、电视机等都是用"按钮"操作。又如一次性用品的普及，使大众文化社会中的人常把物品的存在价值当作只有使用价值。凡此种种，使人与外在的一切只有短暂的关系而没有较为固定的关系，使人在心理上缺乏安定感和安全感。

【思考与练习】

一、最初的文明源自何处？

二、谈谈早期的人类文明史中的几个重大发现。

三、世界文明发展过程中发生了哪些大事？对人类文明有何影响？

四、联系你对中国文明发展过程的知识，谈谈中外文明发展的异同。

【参考文献】

[美] 爱德华·麦克诺尔·伯恩斯、菲利普·李·拉尔夫著，罗经国等译：《世界文明史》(第一卷)，北京：商务印书馆1995年版。

[美] 房龙著，冯士新译：《人类的故事》，桂林：广西师范大学出版社2003年版。

何顺果著，教育部高等教育司组编：《人类文明的历程》，北京：高等教育出版社2000年版。

[美] 勒纳等著，王觉非等译：《西方文明史》，北京：中国青年出版社2003年版。

刘文荣：《西方文化之旅》，上海：文汇出版社2003年版。

[德] 曼弗雷德·马伊著，王泰智译：《一口气读完世界历史》，海口：海南出版社2004年版。

[挪威] 乔斯坦·贾德著，萧宝森译：《苏菲的世界》，北京：作家出版社1995年版。

[美] 斯塔夫里阿诺斯著，吴象婴等译：《全球通史》(上)，北京大学出版社2005年版。

王曾才：《西方文化要义》，南京：江苏教育出版社2006年版。

[挪威] 希尔贝克、伊耶著，童世骏等译：《西方哲学史：从古希腊到二十世纪》，上海译文出版社2004年版。

第四节　世界历史中的重大事件、重要人物

一、世界历史重大事件

古　代	
公元前 3500 年左右	两河流域出现奴隶制小国
公元前 3100 年左右	埃及形成统一的奴隶制国家
公元前 2500 年左右	印度河流域出现奴隶制国家
公元前 2000 年～公元前 12 世纪	爱琴文明
公元前 1894 年	古巴比伦王国建立
公元前 8 世纪	斯巴达、雅典城邦建立
公元前 6 世纪起	印度半岛逐渐统一
公元前 6 世纪	佛教在印度产生
公元前 509 年	罗马成立贵族专政的奴隶制共和国
公元前 27 年	罗马帝国建立
公元前后	朝鲜半岛出现高句丽奴隶制国家
公元 1 世纪	基督教产生
公元 3 世纪	日本大和奴隶制国家兴起
395 年	罗马分裂为东西两部分
476 年	西罗马帝国灭亡，西欧奴隶制度崩溃
5 世纪末	法兰克王国建立
7 世纪初	伊斯兰教兴起
622 年	穆罕默德从麦加出走麦地那，伊斯兰教纪元开始
646 年	日本大化改新
676 年	新罗统一朝鲜半岛大部分地区
8 世纪中期	阿拉伯帝国形成
1054 年	基督教会分裂
1066 年	法国诺曼底公爵征服英国
12 世纪末	日本进入幕府统治时期

(续)

14~16 世纪	欧洲文艺复兴运动
1453 年	东罗马帝国灭亡
1480 年	俄罗斯摆脱蒙古控制
1487~1488 年	迪亚士远航非洲南部沿海，到达好望角
1492 年	哥伦布初次航行到美洲
1497~1498 年	达伽马开辟西欧到印度的新航路
1519~1522 年	麦哲伦船队环航地球
1588 年	英国海军击败西班牙"无敌舰队"
近　代	
1640 年	英国资产阶级革命开始
1688 年	英国政变，资产阶级和新贵族的统治确立
约 1700 年	玉米和马铃薯等作物引进欧洲
1730~1810 年	英国圈地运动
18 世纪 60 年代	英国工业革命开始
1775~1783 年	北美独立战争
1776 年 7 月 4 日	北美大陆会议发表《独立宣言》，美国成立
1785 年	詹姆斯·瓦特改良蒸汽机作为纺纱机的动力
1789 年 7 月 14 日	巴黎人民攻占巴士底狱，法国资产阶级革命开始
1792 年 8 月	巴黎人民起义推翻法国君主政体
1792 年 9 月	法国宣布为共和国——法兰西第一共和国
1794 年 7 月	法国热月政变，法国资产阶级革命结束
1799 年 11 月 9 日	拿破仑发动雾月政变，夺取政权
1804 年	拿破仑称帝，法兰西第一帝国开始
1807 年	富尔敦制造第一艘汽船试航
1810~1826 年	拉丁美洲独立运动兴起
1825 年	史蒂芬孙制造的第一台蒸汽机车试行
1857~1859 年	印度民族起义
1861 年	俄国农奴制改革
1861~1865 年	美国内战

(续)

1867 年	《资本论》(第一卷)出版
1868 年	日本明治维新开始

现　代	
19 世纪 70 年代	电力进入生产领域
19 世纪 80 年代	内燃机研制成功
1885 年	本茨试制汽车成功
1903 年	飞机试飞成功
1914 年 7 月~1918 年 11 月	第一次世界大战
1917 年 11 月 7 日（俄历 10 月 25 日）	俄国十月革命胜利
1919 年 3 月	共产国际成立
1919 年 1 月~6 月	巴黎和会
1921 年 11 月~1922 年 2 月	华盛顿会议
1922 年 12 月	苏维埃社会主义共和国联盟成立
1923 年 10 月	土耳其共和国成立
1929~1933 年	资本主义世界经济危机
1933 年 1 月	德国希特勒上台
1933 年 3 月	罗斯福就任美国总统，实行"新政"
1939~1945 年	第二次世界大战
1941 年	美国参战
1944 年 6 月 6 日	诺曼底登陆，欧洲第二战场开辟
1945 年	联合国成立

二、世界历史重要人物

1. 政治领域

亚历山大（前 356~前 323）

古代马其顿国王亚历山大大帝是世界古代史上著名的军事家和政治家。他足智多谋，在担任马其顿国王的短短 13 年中，以其雄才大略东征西讨，先是确立了在全希腊的统治地位，后又灭亡了波斯帝国，建立了一个地跨欧、亚、非三大洲，以巴比伦为首都的庞大帝国，创下了前无古人的辉煌业绩，促进了东西方文化的交流和经济的发展，对人类社会的进展产生了重大的影响。

凯撒（前110~前44）

盖乌斯·尤利乌斯·凯撒，古罗马杰出的军事家、政治家和作家，共和国末期的独裁者，《高卢战记》、《内战札记》的作者。凯撒出身于罗马著名的尤利乌斯家族，受过良好的教育，从政初期曾是民主派领袖，反对贵族派。历任财务官、监察官、祭司长和大法官等职。公元前49年，凯撒打败了庞培，夺取了政权。以后几年间，他集执政官、独裁官等大权于一身，成为一个名副其实的军事独裁者。共和国名存实亡，元老院权力日渐削减。由于凯撒实行的一些措施触动了元老们的利益，引起贵族元老的不满。公元前44年3月15日，在元老院议事厅，凯撒被以布鲁图和喀西约为首的反对派刺死。

克伦威尔（1599~1658）

奥利弗·克伦威尔是英国17世纪资产阶级革命的领袖、政治家和军事家。克伦威尔出身于亨廷顿郡的一个没落的新贵族家庭。1640年作为剑桥郡的代表先后被选入"短期议会"和"长期议会"。在长期议会中，他与坚决反对王党的议员站在一起，参加制定《大抗议书》等文件。

1642年，英国内战开始，他站在国会革命阵营方，以自己组织的"铁骑军"屡建战功。1645年，国会授权克伦威尔改组军队，他以铁骑军为基础组成"新模范军"。他指挥这支军队，战胜了王党的军队。1649年1月30日，他在人民的压力下，以议会和军队的名义处死国王查理一世。5月，宣布英国为共和国，成为实际军事独裁者。他镇压掘地派运动，出兵远征爱尔兰。1653年，他驱散议会，自任"护国主"，但国内经济状况不断恶化，阶级矛盾日趋尖锐，克伦威尔始终未能稳定局势。1658年病死。

彼得大帝（1672~1725）

彼得大帝是俄国沙皇彼得一世的尊称，他被认为是俄国最杰出的沙皇。1697年至1698年，彼得一世到西欧做了一次长途旅行，学习了西方的文化、科学、工业及行政管理方法。回国后，在军事、经济、政治上进行一系列改革。在他的统治期间，俄国建立了较完整的中央集权统治，拥有了强大的海军，工商业得到发展，城镇的规模扩大了，资产阶级在数量上有了增长，扩大了影响。此外，俄国于1696年攻克了亚速港，开辟了通往黑海之路。通过战争，俄国又吞并了包括爱沙尼亚、拉脱维亚和芬兰附近的一片重要领土，打开了巴尔干海上的出口，因而有了一个"瞭望欧洲的窗口"。

此外，彼得一世对正教会实行了部分改组，可以在很大程度上实现对它的控制。彼得一世在俄国创办非宗教学校，鼓励发展科学。他还引进了儒略历，并使俄文字母现代化，客观上促使俄国创办了第一家报纸。甚至在社会生活上，彼得一世也主张西化，如要求宫廷人员必须穿西装，鼓励吸烟和喝咖啡等。经过彼得一世的改革，俄国这个由贵族阶级统治的国家最终在很多方面都实行了西方的风俗和文化。

华盛顿（1732～1799）

乔治·华盛顿是美国独立战争大陆军总司令，1789～1797年间任美国总统。因对美国独立做出重大贡献，被尊为美国国父。1774年和1775年，先后作为弗吉尼亚议会的代表出席第一届、第二届大陆会议。1775年7月3日，华盛顿就任大陆军总司令。他把一支组织松散、训练不足、装备落后、给养匮乏，主要由地方民军组成的队伍整编和锻炼成为一支能与英军正面抗衡的正规军。通过特伦顿、普林斯顿和约克德等战役击败英军，取得了北美独立战争的胜利。

1789年，华盛顿当选为美国第一任总统。他组织机构精干的联邦政府，颁布司法条例，成立联邦最高法院。他支持汉密尔顿关于成立国家银行的计划，确立国家信用。批准杰斐逊所支持的公共土地法案，奠定了西部自由土地制度的基础。1793年，再度当选总统。1796年9月17日，他发表告别辞，表示不再出任总统，从而开创了美国历史上摒弃终身总统、和平转移权力的范例。

杰斐逊（1743～1826）

托马斯·杰斐逊是美国独立革命运动的一位积极领导者和组织者，著名的《独立宣言》的起草人。他前后从事政治活动近六十年之久，在美国人民的心目中是一位伟大的英雄。杰斐逊是资产阶级民主主义思想家，主张人权平等，言论、宗教和人身自由。

托马斯·杰斐逊1767年进入殖民地议会。1776年，参加《独立宣言》五人起草委员会，成为宣言的主要起草人。1776年重返弗吉尼亚议会，制定宗教信仰自由法案。1779～1781年任弗吉尼亚州州长。1784年出任驻法公使。1789年任国务卿。1800年当选美国总统。

他起草的《废止限嗣继承法规》，沉重打击了从英国带到美洲的封建主义残余。他起草了《弗吉尼亚宗教自由法规》，并使这一法规在州议会获得通过，实现了政教分离。杰斐逊任总统期间，美国从法国人手中"购买"了路易斯安那地区，使美国领土扩大近一倍。他还派遣远征队西行，使美国的西部边界伸向太平洋海岸。他执政期间进行过一些民主改革，领导了反对亲英保守势力、争取保持资产阶级民主的斗争，起了积极和进步作用，为美国资本主义的迅速发展准备了条件。

此外，杰斐逊好学多才，兴趣广泛。他是土地测量师、建筑师、古生物学家、哲学家、音韵学家和作家。他懂得拉丁语、希腊语、法语、西班牙语和意大利语。他还对数学、农艺学和建筑学，甚至提琴等感兴趣。人们称他是天资最高、最多才多艺的美国总统。

明治天皇睦仁（1852～1912）

日本明治天皇睦仁于1867年继承皇位。1869年定都东京。接着，从1869年到1890年，在明治政府推动下，开始了明治维新，推出了版籍奉还、废藩制县、制定征兵令等前所未有的大改革。1873年着手地税改革。1881年发布《军人敕谕》。1889年制定《大日本帝国宪法》和《皇室典范》。1889年颁布帝国宪法，1890年召开帝国议会。1890年10月发布《教育敕语》。这些法令形成日本近代天皇制国家的基本法律和意识形态的支柱。对外，明治天皇于1894～1895年发动了侵略中国和朝鲜的中日甲午战争，1904～1905年进行日俄战争。

他在位45年期间，日本资本主义迅速发展，并走上了军国主义帝国主义的道路。日本从一个资源贫乏的偏僻岛国，仅用了半个世纪的时间，便实现了社会、经济、军事多方面的脱胎换骨，成为一大世界强权国家。

列宁（1870～1924）

列宁是弗拉基米尔·伊里奇·乌里扬诺夫的笔名，他是俄国共产主义革命政治家，继承了马克思和恩格斯的事业和学说，缔造了新型无产阶级政党，制定了十月武装起义方针，领导了俄国十月社会主义革命，成为苏联第一位领导人。列宁不仅胜利地领导了俄国革命，而且指导和鼓舞了当时世界无产阶级的革命斗争，在他的倡议下创建了共产国际。此外，列宁指导了俄国社会主义建设，制定了适合俄国国情和符合经济规律的新经济政策。他被美国《时代》杂志评为20世纪最具影响力的100人之一。

希特勒（1889～1945）

阿道夫·希特勒是德国国家社会主义工人党即纳粹党的总裁和德意志第三帝国的元首，第二次世界大战的头号战犯。希特勒在第一次世界大战期间参加德军，是一名下士，获得了铁十字勋章。战争结束后偶然间接触法西斯主义并开始传播。早年曾因暴动入狱，并在狱中写下《我的奋斗》一书，表达出他多方面的观点，如兼并奥地利、屠杀犹太人和独裁。1933年1月30日出任德国总理，通过"国会纵火案"打击异己党派。1934年8月1日德国总统兴登堡病逝，希特勒兼任德国总统，将总统与总理两个职务合二为一，称为元首，并命令所有军队以及法官和政府官员向他宣誓效忠。第二次世界大战时期兼任德国武装力量最高统帅。他执政期间的德国正式名称为德意志帝国和大德意志帝国，通常被称为德意志第三帝国或纳粹德国。1945年4月30日希特勒自杀身亡。1945年5月8日夜，纳粹德国正式投降。

丘吉尔（1874～1965）

温斯顿·伦纳德·斯宾塞·丘吉尔爵士是著名的政治家、演说家及作家、记者，1953年诺贝尔文学奖得主，曾于1940～1945年及1951～1955年期间两度任英国首相，被认为是20世纪最重要的政治领袖之一。他是带领英国人民取得反法西斯战争伟大胜利的民族英雄，是与斯大林、罗斯福并立的第二次世界大战"三巨头"之一。

1940年丘吉尔上任后，首先撤出在法的英军。在短短的8天中，代号为"发电机计划"的敦刻尔克大撤退使得盟军奇迹般地撤出33万多人。之后，丘吉尔发表了"我们将战斗到底"的演讲。1940年8月，不列颠战役正式打响。丘吉尔以钢铁般的意志继续带领人民战斗，迫使希特勒决定无限期推迟登陆计划。1941年8月，丘吉尔出访美国，与美国总统签署了著名的《大西洋宪章》。1942年1月1日，丘吉尔代表英国和美国、中国以及苏联的代表在《联合国宣言》草稿上签字，为战后的世界做出规划。之后，丘吉尔又出席了雅尔塔会议、波茨坦会议等，与罗斯福、斯大林等领导人多次会面，商讨战后世界局势。1945年5月8日德国宣布无条件投降的次日，丘吉尔向英国人民宣告，英国已经赢得了第二次世界大战的胜利。

甘地（1869～1948）

莫罕达斯·卡拉姆昌德·甘地被尊称为"圣雄甘地"，是印度民族主义运动和国大党领袖。他既是印度的国父，也是印度最伟大的政治领袖。通过"非暴力"的公民不合作运动，甘地使印度摆脱了英国的统治而独立。他的"非暴力反抗"的主张，也影响了全世界的民族主义者和争取和平变革的国际运动者，如马丁·路德·金、曼德拉等人，激发他们为独立而奋斗。

甘地出生于印度教家庭，1888年到伦敦大学学习法律。第一次世界大战后，他领导了国大党的独立运动。他以他的公民不服从、不合作、绝食抗议和抵制外国产的商品等政治主张，获得了世界的关注。1948年1月30日，刚结束绝食的甘地被一个印度教狂热分子枪杀。但是甘地的信念却受到全世界爱好和平的人们的尊重。

罗斯福（1882～1945）

美国第32任总统富兰克林·D.罗斯福一直被视为美国历史上最伟大的总统之一，是20世纪美国最受民众期望和爱戴的总统，也是美国历史上唯一连任四届总统的人。他在1933年执政后，以"新政"对付经济危机，成效显著。

第二次世界大战初，美国采取不介入政策，但对希特勒采取强硬手段，以《租借法》支持同盟国。1941年底，美国参战。罗斯福代表美国两次参加同盟国"三巨头"会议。罗斯福政府提出了轴心国必须无条件投降的原则并得到了实施。罗斯福提出了建立联合国的构想，在战后也得以实现。

曼德拉（1918～2013）

纳尔逊·罗利赫拉赫拉·曼德拉生于南非特兰斯凯一个大酋长家庭，先后获南非大学文学士和威特沃特斯兰德大学律师资格，当过律师。1944年，曼德拉参加南非非洲人国民大会（简称"非国大"）。1952年底，他成功地组织并领导了"蔑视不公正法令运动"，赢得了全体黑人的尊敬。

1962年8月，年仅43岁的曼德拉被捕入狱。在狱中的27年里，他备受迫害和折磨，但始终坚贞不屈。1990年2月11日，南非当局在国内外舆论压力下，被迫宣布无条件释放曼德拉。1991年联合国教科文组织授予曼德拉"乌弗埃—博瓦尼争取和平奖"。1993年10月，诺贝尔和平委员会授予他诺贝尔和平奖，以表彰他为废除南非种族歧视政策所做出的贡献。1994年5月，曼德拉成为南非第一位黑人总统。1998年9月曼德拉访美，获美国"国会金奖"，成为第一个获得美国这一最高奖项的非洲人。2000年8月被南部非洲发展共同体授予"卡马"勋章，以表彰他在领导南非人民争取自由的长期斗争中，在实现新旧南非的和平过渡阶段，以及担任南共体主席期间做出的杰出贡献。

2. 科学技术及发明领域

哥伦布（1451~1506）

克里斯托弗·哥伦布在寻找由西欧通往亚洲的西行之路时无意中发现了美洲大陆。他的这一发现是历史上一个重大转折点，开创了在新大陆开发和殖民的新纪元。

哥伦布确信西起大西洋可以找到一条通往东亚的航海路线，他说服伊莎贝拉一世女皇为他的探险航行提供了经费。他的船队于1492年8月3日由西班牙起航，于当年10月12日到达陆地。翌年3月哥伦布凯旋，返回西班牙。随后他又进行了三次横渡大西洋的航行，试图找到直接通往中国或日本的航线。哥伦布的首次航行对欧洲历史具有革命性的影响。正是由于这一发现，欧洲人有了可以定居的两个新大陆，有了能使欧洲经济发生改观的矿藏资源和原材料。

哥白尼（1473~1543）

尼古拉·哥白尼是现代天文学创始人，日心说的创立者，近代自然科学的奠基人。哥白尼经过长年的观察和计算得出结论，否定了在中世纪的欧洲一直居于统治地位的"地心说"，确认地球不是宇宙的中心，而是行星之一。他在《天体运行论》中先后论述了"宇宙是球形""大地也是球形""天体的运动是均匀永恒之圆运动或复合运动"等观点。由于哥白尼的学说触犯了基督教的教义，遭到了教会的反对。他的著作更是被列为禁书。直到1882年，罗马教皇才不得不承认哥白尼的学说是正确的。

哥白尼的学说是人类对宇宙认识的革命，它使人们的整个世界观都发生了重大变化。哥白尼的历史功绩是伟大的，他的《天体运行论》影响了伽利略和开普勒，而这两位科学家又影响了牛顿确定运动定律和万有引力定律。

伽利略（1564～1642）

伽利略·伽利雷是意大利文艺复兴后期伟大的天文学家、力学家、哲学家、物理学家、数学家，也是近代实验物理学的开拓者，被誉为"近代科学之父"。

在力学上，伽利略用实验和数学相结合的方法确定了一些重要的力学定律，否定了亚里士多德的"落体运动法则"，确立了正确的"自由落体定律"。此外，伽利略对运动基本概念，包括重心、速度、加速度等都做了详尽研究并给出了严格的数学表达式。伽利略还非正式地提出过惯性定律和外力作用下物体的运动规律，这为牛顿正式提出运动第一、第二定律奠定了基础。伽利略还提出过合力定律、抛射体运动规律，并确立了伽利略相对性原理。1593年发明了第一支空气温度计。

在天文学上，他利用自己发明的望远镜观测天体，取得大量成果。他发现月球表面凹凸不平，木星有4个卫星（现称伽利略卫星），太阳黑子和太阳的自转，金星、木星的盈亏现象以及银河由无数恒星组成等。他用实验证实了哥白尼的"地动说"，彻底否定了亚里士多德和托勒密的"天动说"。

在哲学上，他一生坚持与唯心论及教会的经院哲学做斗争，主张用具体的实验来认识自然规律，认为经验是理论知识的源泉。他不承认世界上有绝对真理和掌握真理的绝对权威，反对盲目迷信。他承认物质的客观性、多样性和宇宙的无限性，这些观点对发展唯物主义的哲学具有重要的意义。

牛顿（1642～1727）

英国皇家学会会员艾萨克·牛顿，是一位物理学家、数学家、天文学家和自然哲学家。他在1687年发表的论文《自然哲学的数学原理》里，对万有引力和三大运动定律进行了描述。这些描述奠定了此后三个世纪里物理世界的科学观点，并成为了现代工程学的基础。在力学上，牛顿阐明了动量和角动量守恒的原理。在光学上，他发明了反射式望远镜，并在对三棱镜将白光发散成可见光谱观察的基础上，发展出了颜色的理论。他还系统地表述了冷却定律，并研究了音速。

在数学上，牛顿证明了广义二项式定理，还和莱布尼茨几乎同时创立了微积分学，为数学的发展开辟了一个新纪元。在天文学领域，在他发表于1687年的《自然哲学的数学原理》一书中，他说明了如何利用万有引力定律和运动定律准确预测行星绕日的运动，从而准确预测星体和行星的位置和运动，解决了动力天文学的难题。

牛顿的哲学思想属于自发的唯物主义，他承认时间、空间的客观存在。同时又将那些暂时无法解释的自然现象归结为上帝的安排，提出一切行星都是在某种外来的"第一推动力"作用下才开始运动的。1727年，牛顿逝世后被安葬在威斯敏斯特大教堂。他是第一位得到这一荣誉的科学家。

达尔文（1809～1882）

英国博物学家、进化论的奠基人查尔斯·罗伯特·达尔文在1831年到1837年间，以博物学家的身份，参加了英国派遣的环球航行，做了五年的科学考察。在动植物和地质方面进行了大量的观察和采集，经过综合探讨，形成了生物进化的概念。1859年出版了震动当时学术界的一部划时代的著作《物种起源》。书中用大量资料证明了生物是在遗传、变异、生存斗争和自然选择中，由简单到复杂，由低等到高等，不断发展变化的，提出了生物进化论学说。恩格斯将"进化论"列为19世纪自然科学的三大发现之一。

诺贝尔（1833～1896）

瑞典化学家、工程师和实业家阿尔弗雷德·贝思哈德·诺贝尔被誉为"炸药大王"，他一生发明很多，获得专利255种，其中仅炸药就达129种。所发明的炸药有：猛炸药、无烟火药、巴立斯梯或称C89号炸药。1884年加入瑞典皇家科学会、伦敦的皇家学会和巴黎的土木工程师学会。1880年获得瑞典国王颁发的科学勋章，还获得过法国大勋章。

诺贝尔去世前于1895年立下遗嘱，将其财产的大部分——920万美元作为基金，以其年息（20万美元）设立物理学、化学、生理学或医学、文学、和平事业五种奖金（1969年瑞典国家银行增设经济学奖金），奖励当年在上述领域内做出最大贡献的学者。从1901年开始，奖金在每年诺贝尔逝世日即12月10日颁发。

门捷列夫（1834～1907）

俄罗斯化学家德米特里·伊万诺维奇·门捷列夫在1869年发现了元素周期律。为了纪念他的成就，人们将美国化学家希伯格在1955年发现的第101号新元素命名为"钔"。

他把众多的化学元素分门别类地理出了头绪，元素周期律揭示了一个非常重要的规律：元素的性质随着原子量的增加呈周期性的变化，但又不是简单的重复。门捷列夫根据这个规律，不但纠正了一些有错误的原子量，还先后预言了15种以上的未知元素的存在。有3个元素在门捷列夫还在世的时候就被发现了。后来，人们根据周期律理论，把已经发现的100多种元素排列、分类，列出了今天的化学元素周期表。

贝尔（1847～1922）

美国发明家和企业家亚历山大·格雷厄姆·贝尔发明了世界上第一台可用的电话机，创建了贝尔电话公司，被誉为"电话之父"。此外，他还制造了助听器，改进了爱迪生发明的留声机，还对聋哑语的发明做出了贡献。

爱迪生（1847～1931）

托马斯·阿尔瓦·爱迪生是举世闻名的美国电学家和发明家，被誉为"世界发明大王"。他除了在留声机、电灯、电话、电报、电影等方面的发明和贡献以外，在矿业、建筑业、化工等领域也有重大贡献。据统计，爱迪生一生共有约2000项创造发明，在专利局正式登记的有1300种左右。1881年是他发明的最高纪录年。这一年，他申请立案的发明就有141种，平均每三天就有一种新发明。爱迪生一生为人类的文明和进步做出了巨大的贡献。

凯恩斯（1883～1946）

英国经济学家约翰·梅纳德·凯恩斯因开创了经济学的"凯恩斯革命"而闻名于世。凯恩斯一生对经济学做出了极大的贡献，一度被誉为资本主义的"救星""战后繁荣之父"，是现代西方经济学最有影响的经济学家之一。重要的经济理论著作有《就业、利息与货币通论》、《货币论》。这两部著作是其研究货币理论的代表作。

在《就业、利息与货币通论》中，凯恩斯正式把资源利用的宏观经济问题提到日程上来，并把国民收入作为宏观经济学研究的中心问题。凯恩斯用总供给与总需求的均衡来分析国民收入，建立了以总需求为核心的宏观经济学体系。凯恩斯通过总量分析的方法把经济理论和货币理论结合起来，建立了一套生产货币理论。用这种方法分析了货币、利率的关系及其对整个宏观经济的影响，从而把两个理论结合在一起，形成了一套完整的经济理论。凯恩斯反对放任自流的经济政策，明确提出国家直接干预经济的主张。他的这种以财政政策和货币政策为核心的思想后来成为整个宏观经济学的核心，甚至可以说后来的宏观经济学都是建立在凯恩斯的《就业、利息与货币通论》的基础之上的。

爱因斯坦（1879～1955）

阿尔伯特·爱因斯坦是20世纪最伟大的科学家之一，以相对论而闻名世界。爱因斯坦生于德国乌尔姆市，在瑞士就读中学，1900年加入瑞士籍。1905年他在苏黎世大学获得哲学博士学位，同年发表了狭义相对论、光电效应和布朗运动等方面的论文。爱因斯坦的狭义相对论成功地揭示了能量与质量之间的关系，解决了长期存在的恒星能源来源的难题。1915年，他提出了广义相对论，其广义相对论推断出后来被验证了的光线弯曲现象，还成为后来许多天文概念的理论基础。1921年爱因斯坦因他的光电效应论文获得诺贝尔奖。他的量子理论对天体物理学，特别是理论天体物理学都有很大的影响。

此外，作为一名科学家，他一向反对暴政，强烈爱好和平。在20世纪30年代初期，爱因斯坦被德国纳粹分子列为重要的迫害对象。面对被纳粹分子暗杀的危险，爱因斯坦不顾个人安危，大声疾呼，指出法西斯就意味着战争，和平必须用武装来保卫，呼吁美国人民起来同法西斯做斗争。1931年11月17日，爱因斯坦曾公开谴责日本侵略中国东三省的行径，呼吁各国联合起来对日本进行经济制裁。1937年3月，主张抗日的沈钧儒等"七君子"入狱后，他又联合杜威等著名知识分子通电援救，向国民党当局施加道义压力。

弗莱明（1881～1955）

青霉素的发现者亚历山大·弗莱明爵士是英国著名细菌学家。1928年，弗莱明在他的实验室里发现，一种霉可以抑制葡萄球菌和许多其他有害细菌的生长。弗莱明将之命名为"盘尼西林"（意思是"有细毛的"）——就是青霉素。弗莱明的研究结果发表于1929年，但是起初并未引起重视，因为他无法发明一种提纯青霉素的技术。到20世纪30年代末期，澳大利亚医学研究人员霍德华·瓦尔特·弗洛里和英国的医学研究人员厄恩斯特·鲍里斯·钱恩在弗莱明研究基础上提纯青霉素，先是给动物使用，1941年给病人试用。在英美政府的鼓励下，医药公司开始大规模生产青霉素。二战结束时，青霉素的使用已遍及全世界。青霉素的诞生救活了数以百万计人的生命。1945年，弗莱明因青霉素的发明和应用而与弗洛里和钱恩共同获得诺贝尔医学奖。

霍金（1942～）

史蒂芬·威廉·霍金是英国剑桥大学应用数学及理论物理学系教授，当代最重要的广义相对论和宇宙论家，是20世纪享有国际盛誉的伟人之一，被称为在世的最伟大的科学家，还被称为"宇宙之父"。20世纪70年代，他与彭罗斯一道证明了著名的奇性定理，共同获得了1988年的沃尔夫物理奖。他因此被誉为继爱因斯坦之后世界上最著名的科学思想家和最杰出的理论物理学家。他因患肌萎缩性侧索硬化症，禁锢在轮椅上达40年之久，但他的思想却遨游时空，解开了宇宙之谜。

《时间简史》是霍金的代表作，这是一本探索时间本质和宇宙最前沿知识的通俗读物，也是一本当代有关宇宙科学思想的最重要的经典著作。

3. 文学艺术领域

荷马（约前9～前8世纪）

古希腊盲诗人荷马，生平和生卒年月不可考。相传古希腊长篇叙事史诗《伊利亚特》和《奥德赛》，即是他根据民间流传的短歌综合编写而成。《伊利亚特》大约写于公元前9世纪，主要叙述特洛伊战争中传奇式的情节，着重描绘了希腊英雄阿喀琉斯的形象。《奥德赛》着重描写想出"木马计"的希腊将领奥德修斯回国途中的历险。

荷马史诗是《伊利亚特》与《奥德赛》的合称，被称为"欧洲文学的始祖"，既是古希腊艺术史上的一颗明珠，也是全人类共同的艺术瑰宝。荷马史诗是古代希腊从氏族社会过渡到奴隶制时期的一部社会史、风俗史，在历史、地理、考古学和民俗学方面都具有很高价值。

达·芬奇（1452～1519）

列昂纳多·达·芬奇是意大利文艺复兴时期的画家，也是整个欧洲文艺复兴时期最杰出的代表人物之一。达·芬奇代表作有壁画《最后的晚餐》、祭坛画《岩间圣母》和肖像画《蒙娜丽莎》。此外，他还是一位思想深邃、学识渊博、多才多艺的美术家、雕塑家、建筑家、工程师、科学巨匠、文艺理论家、哲学家、诗人、音乐家和发明家。

达·芬奇的长达七千多页的手稿被称为15世纪科学技术的百科全书。他绘制了西方文明世界的第一款人形机器人、汽车、直升机、降落伞、潜水艇、双层船壳战舰、起重机、照相机、加热机、温度计，等等。

在天文方面，达·芬奇认为地球只是一颗绕太阳运转的行星。达·芬奇还认为月亮自身并不发光，只是反射太阳的光辉。这些观点早于哥白尼"太阳中心说"。达·芬奇甚至幻想利用太阳能。在物理方面，达·芬奇重新发现了液体压力的概念，提出了连通器原理。达·芬奇在解剖学和生理学上也取得了巨大的成就，被认为是近代生理解剖学的始祖。达·芬奇发现了心脏由四个腔组成，并画出了心脏瓣膜图。在建筑方面，达·芬奇设计过桥梁、教堂、圆屋顶建筑和城市下水道。在地质学方面，达·芬奇根据高山上有海中动物化石的事实推断出地壳有过变动，指出地球上洪水的痕迹是海陆变迁的证明。

达·芬奇的研究涉及自然科学的每一部门，他的思想和才能深入到人类知识的各个领域。他是世界上少有的全面发展的学者，是当之无愧的"文艺复兴时代最完美的代表人物"。

莎士比亚（1564～1616）

莎士比亚是英国文艺复兴时期杰出的戏剧家和诗人，代表作有四大悲剧《哈姆雷特》、《奥赛罗》、《李尔王》、《麦克白》，喜剧《威尼斯商人》等和一百多首十四行诗。被誉为"英国戏剧之父""时代的灵魂"，马克思称他为"人类最伟大的天才之一"。

莎士比亚的戏剧创作可分三个时期：第一时期（1590～1600年）以写作历史剧、喜剧为主。这一时期主要作品有：《亨利六世》、《查理三世》、《查理二世》、《亨利四世》、《亨利五世》、《错误的喜剧》、《驯悍记》、《维洛那二绅士》、《爱的徒劳》、《仲夏夜之梦》、《威尼斯商人》、《温莎的风流娘儿们》、《无事生非》、《皆大欢喜》和《第十二夜》。第二时期（1601～1607年）以悲剧为主。主要作品有《尤利乌斯·凯撒》、《安东尼和克莉奥佩特拉》和《科里奥拉努斯》以及四大悲剧《哈姆雷特》、《奥赛罗》、《李尔王》、《麦克白》和悲剧《雅典的泰门》。第三时期（1608～1613年）以倾向于妥协和幻想的悲喜剧或传奇剧为主。主要作品有《泰尔亲王里克里斯》、《辛白林》、《冬天的故事》、《暴风雨》等。

泰戈尔（1861～1941）

拉宾德拉纳特·泰戈尔是印度著名诗人、作家、艺术家和社会活动家。1913年，泰戈尔以诗歌集《吉檀迦利》（意即"献诗"）荣获诺贝尔文学奖，是第一位获得此奖项的亚洲人。

他的诗歌，除了其中的宗教内容外，最主要的是描写自然和生命。同时，爱（包括爱国）也是他的诗歌的内容之一。在他的诗歌中，泰戈尔也表达出对战争的绝望和悲痛，对和平世界的希望。他的诗歌主要是用孟加拉语写成的，印度和孟加拉国的国歌都取自泰戈尔的诗歌。

除诗歌外泰戈尔还写了小说、散文、游记、话剧和2000多首歌曲。此外，他反对英国在印度建立起来的教育制度，并在故乡建立了一个他设计的学校，即维斯瓦—巴拉蒂大学的前身。为了抗议1919年札连瓦拉园惨案，他还拒绝了英国国王授予的骑士头衔，成为第一个拒绝英王授予荣誉的人。

卓别林（1889～1977）

查尔斯·斯潘塞·卓别林爵士是英国电影演员、导演、制片人。1914年，在影片《阵雨之间》中他首次塑造了头戴圆顶礼帽、手持竹手杖、留着一撇小胡子、足蹬大皮靴、走路像鸭子的流浪汉夏尔洛的形象。这一形象成为卓别林喜剧片的标志，奠定了现代喜剧电影的基础，也使卓别林成为一个文化偶像。从1919年开始，卓别林一生共拍摄80余部喜剧片，其中在电影史上著名的影片有《淘金记》、《城市之光》、《摩登时代》、《大独裁者》、《凡尔杜先生》、《舞台生涯》等。这些影片反映了卓别林从一个普通的人道主义者到一位伟大的批判现实主义艺术大师的过程。1972年，美国好莱坞授予他奥斯卡终身成就奖，感谢他"在本世纪为电影艺术做出不可估量的贡献"。[1]

【思考与练习】

一、谈谈世界文化史分为哪几大时期，都有哪些重大事件发生。

二、谈谈世界文化史中的重要人物，他们对世界文化进步做出了怎样的贡献。

---

[1] [美] 梅森·怀利等著，罗奎元编译：《奥斯卡的内幕》，上海：文汇出版社1987年版，第198~199页。

【参考文献】

邓长琚编撰:《世界第一人》,北京:国际文化出版公司1991年版。

[英]加奈瑞、玛丽·玛特尔、威廉著,张艺等译:《最新不列颠世界历史百科全书》,济南:明天出版社2004年版。

第二章
世界重要文化遗产及重要节日

第一节 世界重要文化遗产

一、世界遗产的三大类型

今天所称的世界遗产（World Heritage），就是经联合国教科文组织世界遗产委员会确证后进入《世界遗产名录》的物质或非物质遗存。保护世界文化与自然遗产，是联合国教科文组织多年来积极开展的一项国际合作活动。1972年11月16日，联合国教科文组织在巴黎总部举行的第17届大会上通过了《保护世界文化和自然遗产公约》。1976年，世界遗产委员会成立，并建立了《世界遗产名录》。中国于1985年12月12日加入《公约》，1999年10月29日当选为世界遗产委员会成员。

目前，全世界共有149个国家成为《公约》缔约国，已有981处遗产被列入《世界遗产名录》，其中文化遗产759处，自然遗产193处，文化和自然双重遗产29处。这些被联合国教科文组织确认的世界遗产是人类罕见的，且目前无法替代的财产，其价值具有真实性和唯一性。一旦列入，就表明它们为全人类所有，将受到联合国教科文组织所有成员的共同保护和集体援助，即使在战争中也不能作为军事攻击的目标。在《世界遗产名录》中，世界遗产分为三大类：

第一，人类的创造（Cultural Heritage）。包括世界遗产类别中的世界物质文化遗产、人类口头与非物质文化遗产。

这里要解释的是"非物质文化遗产"，作为一个学术概念，这是一个非常新的术语。1972年通过的《保护世界文化和自然遗产公约》中提到的"文化遗产"，只包括

"文物""建筑群"和"遗址"三类，显然不包括非物质文化遗产。2003年10月17日，联合国教科文组织第32届大会通过了《保护非物质文化遗产公约》，该公约详细地界定了非物质文化遗产的概念以及它所包括的范围。通常人们将它看作是与世界遗产的三大类相同级别的分类模式，并将其他三类统称为物质文化遗产，但是自然创造被称作物质文化遗产是非常勉强的。因此，我们在这里将非物质文化遗产看作是世界遗产中的人类创造。

第二，大自然的创造（Natural Heritage）。即世界自然遗产记录的一些天然造化。

第三，人类与大自然的共同创造（Mixed Heritage）。世界遗产中文化与自然双重遗产，还有文化景观遗产。

世界遗产的分类可以用下图表示出来：

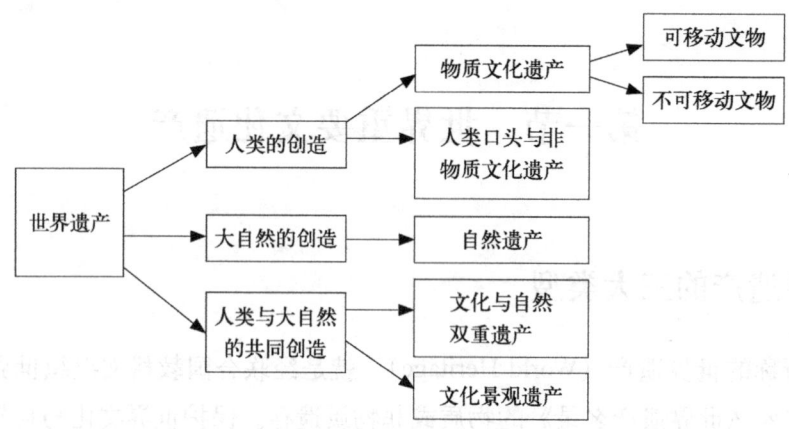

二、物质文化遗产

物质文化遗产主要是指具有历史、艺术和科学价值的文物，包括可移动文物和不可移动文物。历史上各时代重要实物、艺术品、文献、手稿、图书资料、代表性实物等为可移动文物。

不可移动文物则包括：

文物：从历史、艺术或科学角度看，具有突出、普遍价值的建筑物、雕刻和绘画，具有考古意义的成分或结构，铭文、洞穴、住区及各类文物的综合体。

建筑群：从历史、艺术或科学角度看，因其建筑的形式、同一性及其在景观中的地位，具有突出、普遍价值的单独或相互联系的建筑群。

遗址：从历史、美学、人种学或人类学角度看，具有突出、普遍价值的人造工程或人与自然的共同杰作以及考古遗址地带。

物质文化遗产的标准有：

(1) 代表一种独特的艺术成就，一种创造性的天才杰作。

(2) 能在一定时期内或世界某一文化区域内，对建筑艺术、纪念物艺术、规划或景观设计方面的发展产生过重大影响。

(3) 能为一种已消逝的文明或文化传统提供一种独特的或至少是特殊的见证。

(4) 可作为一种建筑或建筑群或景观的杰出范例，展示人类历史上一个（或几个）重要阶段。

(5) 可作为传统的人类居住地或使用地的杰出范例，代表一种（或几种）文化，尤其在不可逆转之变化的影响下变得易于损坏。

(6) 与具有特殊普遍意义的事件或现行传统或思想或信仰或文学艺术作品有直接和实质的联系（委员会认为，只有在某些特殊情况下或该项标准与其他标准一起作用时，此款才能成为列入《名录》的理由）。

三、人类口头与非物质文化遗产

1982年，联合国教科文组织内部特别设置了一个管理部门——"非物质遗产"（Non-physical Heritage）部。也就是说，到了20世纪80年代，"非物质遗产"的概念才开始出现。1992年联合国教科文组织将"非物质遗产"部门改称为"无形遗产"（Intangible Heritage）部。但在中文里，一般仍将"无形遗产"译作"非物质遗产"。

2003年10月17日，联合国教科文组织第32届大会上通过的《保护非物质文化遗产公约》中详细地界定了非物质文化遗产的概念以及它所包括的范围。按照该条约的规定：非物质文化遗产是指"被各社区群体，有时为个人视为其文化遗产组成部分的各种社会实践、观念表述、表现形式、知识、技能及相关的工具、实物、手工艺品和文化场所。这种非物质文化遗产世代相传，在各社区和群体适应周围环境以及与自然和历史的互动中，被不断地再创造，为这些社区和群体提供持续的认同感，从而增强对文化多样性和人类创造力的尊重。"[1] 按照这个定义，非物质文化遗产包括：(1) 口头传统和表现形式，包括作为非物质文化遗产媒介的语言；(2) 传统表演艺术；(3) 社会实践、礼仪、节庆活动；(4) 有关自然界和宇宙的知识和实践；(5) 传统手工艺技能。

非物质文化遗产具有独特性、活态性、传承性、流变性、综合性、民族性、地域性的基本特点。

---

[1] 联合国教科文组织《保护非物质文化遗产公约》，见王文章主编：《非物质文化遗产概论》，北京：文化艺术出版社2006年版，第445页。

四、自然遗产

自然遗产的类型主要包括：

从美学或科学角度看，具有突出、普遍价值的由地质和生物结构或这类结构群组成的自然面貌。

从科学或保护角度看，具有突出、普遍价值的地质和自然地理结构以及明确规定的濒危动植物物种生境区。

从科学、保护或自然美角度看，具有突出、普遍价值的天然名胜或明确划定的自然地带。

其标准有：

（1）构成代表地球现代化史中重要阶段的突出例证。

（2）构成代表进行中的重要地质过程、生物演化过程以及人类与自然环境相互关系的突出例证。

（3）独特、稀少或绝妙的自然现象、地貌或具有罕见自然美的地带。

（4）尚存的珍稀或濒危动植物种的栖息地。

五、文化与自然双重遗产

文化与自然双重遗产是指自然与文化价值相结合的遗产，该遗产同时具备文化遗产与自然遗产的特征，如中国的泰山、黄山、峨眉山、武夷山。

六、文化景观遗产

文化景观遗产的类型主要包括：

（1）由人类有意设计和建筑的景观。包括出于美学原因建造的园林和公园景观，它们经常（但并不总是）与宗教或其他概念性建筑物或建筑群有联系。

（2）有机进化的景观。它产生于最初始的一种社会、经济、行政以及宗教需要，并通过与周围自然环境的相联系或相适应而发展到目前的形式。它又包括两种次类别：一是残遗物（化石）景观，代表一种过去某段时间已经完结的进化过程，不管是突发的或是渐进的。它们之所以具有突出、普遍价值，就在于显著特点依然体现在实物上。二是持续性景观，它在当地与传统生活方式相联系的社会中，保持一种积极的社会作用，而且其自身演变过程仍在进行之中，同时又展示了历史上其演变发展的物证。

【思考与练习】

一、了解世界遗产主要有哪些。

二、简要谈谈你所在国家的世界遗产。

三、结合你对中国世界遗产的了解，试着比较中外的文化遗产有何相同和不同之处。

【参考文献】

刘红婴、王建民：《世界遗产概论》，北京：中国旅游出版社 2003 年版。

王文章主编：《非物质文化遗产概论》，北京：文化艺术出版社 2006 年版。

第二节 国外重要节日

一、节日的起源

节日是世界各国人民为适应生产和生活的需要而共同创造的一种民俗文化，是世界民俗文化的重要组成部分。学者们通常认为，节日主要起源于以下几个方面：

历法节气 与历法节气有关的节日多数起源于那些有着悠久的农业历史的国家。从远古时代起，先民就已掌握了反映农业生产规律特点的历法知识。这些历法知识不仅指导了农业生产，而且也为岁时节日的产生提供了必要的前提。如元旦就是其中一例。近现代设立的一些与农业有关的节日则多是与各国、各地区宣传自己的目的有关。

宗教 世界各国许多节日深受宗教影响。通过设立这些节日，人们不仅为他们所崇拜的神举行庆祝活动，还纪念那些为了理想与信念而献身的神圣的人物。前者如信仰基督教的人们庆祝圣诞节，后者如伊斯兰教的宰牲节。

国际性节日 随着全球化和文化间交流的增多，一些国际性的节日也随之出现。这些节日的设立表达了世界人民在文化生活的各个领域的要求与美好向往。比较典型的有国际劳动节、护士节和儿童节。

二、世界主要节日介绍（按照公历时间顺序）

元旦（New Year's Day，1 月 1 日）

元旦是全世界人民传统的新年。最早起源于公元前 5 万年前后的古埃及。定居在尼罗河两岸的古埃及人从长期的观察中发现，尼罗河泛滥的时间有一定的规律，两次泛滥之间大约相隔365天；同时他们还发现，当尼罗河初涨的潮头来到今天开罗城附近的时候，也正好是太阳与天狼星同时从地平线上升起的时候。于是，古埃及人便把这一天定为一年的开始，这是元旦最早的由来。

阿富汗人把春分作为元旦；犹太人把秋分作为元旦；而寒带的爱斯基摩人的元旦是不固定的，他们把第一次下雨作为元旦。公元前46年，罗马皇帝儒略·凯撒制定儒略历，把冬至作为元旦。

情人节（St. Valentine's Day，2月14日）

关于情人节来历的说法众多，下面就介绍其中的两个。公元3世纪时，古罗马暴君克劳多斯征召了大批公民前往战场，还禁止人们结婚。但是一个名叫瓦伦丁的修士却悄悄地为情侣们举行了婚礼。于是，克劳多斯抓走瓦伦丁，将他投入地牢。公元270年的2月14日，瓦伦丁在地牢里受尽折磨而死。为了纪念瓦伦丁，后来的人们把这一天定为"圣瓦伦丁节"。

另一种传说则认为在古罗马时期，2月14日是为表示对妇女和婚姻之神朱诺的尊敬而设的节日。接下来的2月15日则被称为"卢帕撒拉节"。在这个节日里，小伙子可以与自己选择的姑娘一起跳舞，庆祝节日。如果被选中的姑娘也对小伙子有意的话，他们便可一直结伴共舞。因此，后人将每年的2月14日定为情人节。

日本女孩节（Doll's Festival，3月3日）

每年的3月3日是日本的女孩节，这一天是全国性的节日，也是女孩子最高兴的日子。日语中又把此节称为"桃花节"，因为过去女孩节是在旧历3月3日，日本人认为这时正值红桃报春，是女性美的象征。

在家中摆设偶人架是女孩节的传统庆祝活动。这天，凡是有女孩子的家庭都会在客厅里设置一个阶梯状的偶人架，在上面摆放各种穿着日本和服的小偶人和橘花或樱花的盆景，祈求女孩健康成长并获得幸福。和偶人一起陈列在客厅的还有米酒、粽子、红白绿三层菱形饼等，家中充满了节日气氛。女孩们这天会穿起漂亮的和服，并且邀来自己最亲密的伙伴，大家围坐在偶人架前，尽情地说笑、玩耍，愉快地欢度节日。

国际劳动妇女节（International Working Women's Day，3月8日）

国际劳动妇女节又称"联合国妇女权益和国际和平日"（U.N. Day for Women's Rights and International Peace）或"三八"妇女节，是全世界劳动妇女团结战斗的光辉节日。

1910年8月，在丹麦首都哥本哈根召开了国际社会主义者第二次妇女代表大会。出席会议的17个国家的代表讨论了保护妇女儿童的权利，争取8小时工作制和妇女选举权问题。领导这次会议的著名德国社会主义革命家、杰出的共产主义战士克拉拉·蔡特金倡议，以每年的 3 月 8 日作为全世界妇女的斗争日。这个倡议得到与会代表的一致拥护。从此以后，"三八"妇女节就成为世界妇女争取权利、争取解放的节日。随着国际妇女运动的成长，妇女节取得了全球性的意义。国际妇女节已经成为团结一致、协调努力要求妇女权利和妇女参与政治、经济和社会生活的日子。

爱尔兰圣帕特里克节（St. Patrick's Day，3 月 17 日）

公元 432 年，圣徒帕特里克受教皇派遣前往爱尔兰劝说爱尔兰人皈依基督教。他上岸后，当地愤怒的群众企图用石头将他砸死。但圣帕特里克临危不惧，当即摘下一棵三叶苜蓿，形象地阐明了圣父、圣子、圣灵三位一体的教义。他雄辩的演说使爱尔兰人深受感动，接受了圣帕特里克主施的隆重洗礼。公元 493 年 3 月 17 日，圣帕特里克逝世，爱尔兰人为了纪念他，将这一天定为圣帕特里克节。

在圣帕特里克节这一天，人们通常要举行游行、教堂礼拜和聚餐等活动。爱尔兰人在这一天喜欢佩带三叶苜蓿，用爱尔兰的国旗颜色——绿黄两色装饰房间，身穿绿色衣服，并向宾客赠送三叶苜蓿饰物等来庆祝节日。

加拿大枫糖节（Maple Syrup Festival，3～6 月）

加拿大盛产枫叶，被人们称为"枫叶之国"。加拿大人将枫叶作为国家的标志。枫树不仅有观赏价值，还可用来制作糖浆。在诸多枫树品种中，最著名的是糖枫和黑枫，据说其树液含糖量可达 7% 至 10%，并可连续产糖 50 年以上。因此，"加拿大枫糖节"应运而生：国家规定，在每年 3 月采集枫糖汁、熬制枫糖浆的时候，为全国性传统民间节日——枫糖节。枫糖节期间，各地生产枫糖的农场会粉饰一新，向国内外游人开放。有些保留了早年印第安人采集树液及制作枫糖的器具的农场，用古老的制作方法，为游客表演制糖的工艺过程。此外，热情的加拿大人还为游客表演各种民间歌舞，免费供应枫糖糕和太妃糖，让客人品尝，并带领游客去欣赏繁茂美丽的枫林红叶。枫糖节持续到 6 月底才告结束。

愚人节（Fool's Day，4 月 1 日）

愚人节起源于法国。1564 年，法国首先采用新改革的纪年法——格里历（即目前通用的公历），以 1 月 1 日为一年之始。但一些因循守旧的人反对这种改革，依然按照旧历固执地在 4 月 1 日这一天送礼品，庆祝新年。主张改革的人对这些守旧者的做法大加嘲弄。于是他们中有人在 4 月 1 日就给守旧者送假礼品，邀请他们参加假招待会，并把上当受骗的保守分子称为"四月傻瓜"或"上钩的鱼"。从此人们在 4 月 1 日便互相愚弄，成为法国流行的风俗。18 世纪初，愚人节习俗传到英国，接着又被英国的早期移民带到了美国。现在，愚人节是大家互相开玩笑，用假话捉弄对方的日子。

复活节（Easter，春分月圆后第一个星期日）

在欧美各国，复活节是仅次于圣诞节的重大节日。按《圣经·马太福音》的说法，耶稣基督在十字架上受刑死后三天复活。为了纪念耶稣基督复活，因而设立此节。在3月21日春分当日见到满月或过了春分见到第一个满月之后，遇到的第一个星期日即为复活节。节期大致在3月22日至4月25日之间。

复活节期间的活动，除基督教的宗教仪式外，就是孩子们所喜爱的寻找复活节彩蛋的游戏。复活节兔也被欧洲人广泛运用于复活节庆典。复活节也是合家团聚或踏青郊游的日子。此时，正是春暖花开时节，不少地方的人们几乎倾城而出，或到公园，或到野外，尽情享受节日的欢乐。

泰国新年宋干节（Songkran Festival，4月13日）

古代的泰国以宋干节为新年，因4月中旬正值农闲，适宜举行隆重的宗教活动和民间杂耍。作为泰国新年，宋干节有很多的美好寄托，首先是感恩，感谢和彰显那些做善事和对社会有益的人；第二是忠于祖宗先民；第三是铭记自己对家人的责任；还有颂扬佛教和僧侣；最后还有主张做人仁慈和慷慨。因此，宋干节也是泰国一年一度的国家家庭日和敬老节。

节日的主要活动有斋僧行善、沐浴净身、人们互相泼水祝福、敬拜长辈、放生及歌舞游戏。因此人们也称此节庆为"泼水节"。在炎热的4月，泼水带给人们凉爽和愉悦的感受。在宋干节的三天里，泰国全国各地都要悬挂国旗、浴佛、浴僧。各地都要举行大型庆典及"宋干节小姐"选美活动。

新加坡食品节（Food Festival，4月17日）

新加坡的食品节是每年的4月17日，节日前后是一年中食品销售最旺盛的时期。人们竞相采购各种各样的特别食品。在新加坡，食品节含有团聚的意思。因此，身在他乡异地的人们，总是在节日期间尽量赶回家，同家人一道过节。人们会摆上数十种甚至上百种各式美味食品，在一阵阵热闹的爆竹声中，全家人坐在一起聚餐，高高兴兴地度过节日之夜。新加坡人还把食品节看成是友谊、幸福的象征。节日期间，人们要购买食品拜访同行、看望朋友、慰问亲人，从而增进了解、加强友谊。

国际劳动节（International Workers' Day，5月1日）

五一国际劳动节源于美国芝加哥城的工人大罢工。1886年5月1日，芝加哥的21.6万余名工人为争取实行八小时工作制而举行大罢工，经过艰苦的流血斗争，终于获得了胜利。为纪念这次伟大的工人运动，1889年7月在巴黎召开的国际工人大会——第二国际宣布将每年的五月一日定为国际劳动节。从此，每逢这一天世界各国的劳动人民都要集会、游行，以示庆祝。

日本男孩节（Boys' Day，5月5日）

1948年7月20日，日本政府将公历的五月五日定为"儿童节"。在这一天，人们会送给女孩子木偶娃娃，送给男孩子"菖蒲刀"。在日语里，"菖蒲"和"尚武"发音相同。菖蒲叶形似刀剑，所以根据它的形状造出刀剑，期望男孩子"崇尚武艺"。同时，由于鲤鱼跳龙门的故事，在这一天前后，有男孩的家庭都会在屋顶上悬挂鲤鱼形状的旗帜，期望男孩像鲤鱼一样节节向上，克服困难，顺利成长。因此，这一天也被称作"男孩节"。

护士节（Nurses Day，5月12日）

"5.12"国际护士节是全世界护士的共同节日，是为了纪念近代护理的创始人——英国护士弗洛伦斯·南丁格尔而设立的。弗洛伦斯·南丁格尔（1820.5.12～1910.8.13），生于意大利中部历史名城佛罗伦萨的一个富有的移民家庭，曾就读于法国巴黎大学，通英、法、意、德诸国语言。1854年到1856年，克里米亚战争期间，弗洛伦斯·南丁格尔主动提出申请志愿前往战地担任看护工作。在当时前线极差的情况下，她排除万难，使伤病员的死亡率大大下降。1860年，弗洛伦斯·南丁格尔创建了世界上第一所正规护士学校——弗洛伦斯·南丁格尔护士学校。由于她在医院管理、部队卫生保健、护士教育培训等方面的卓越贡献，被后世誉为现代护理教育的奠基人。

1912年，在国际护士理事会倡议下，世界各国医院和护士学校以弗洛伦斯·南丁格尔的生日——5月12日为国际护士节，以此纪念这位英国护理学先驱、人类护理事业的创始人。

母亲节（Mother's Day，5月的第二个星期日）

现代意义上的母亲节起源于美国，1872年由朱丽亚·豪维[1]提出。第一个母亲节于1908年5月10日在西弗吉尼亚和宾夕法尼亚州举行，威尔逊总统也在1914年发表官方声明，将每年5月的第二个星期日设为全国性的母亲节。在这次庆祝活动里，康乃馨被选中为献给母亲的花，并流传下来。

这一天，人们总要想方设法使母亲愉快地度过节日，感谢和补偿她们一年的辛勤劳动。最普通的方式是向母亲赠送母亲节卡片和礼物。节日里，每位母亲都会满怀喜悦的心情，接受孩子们和丈夫赠送的玫瑰花或其他花束、糖果、书和纪念品。这一天，许多家庭都由丈夫和孩子们把全部家务活包下来，母亲不必做饭，不必洗盘刷碗，也不必洗衣服。不少家庭还有侍候母亲在床上吃早饭的惯例。

---

[1] 即《联邦战歌》（*The Battle Hymn of the Republic*）的作者。

开斋节（Lesser Bairam，4月或5月，伊斯兰教历10月1日）

开斋节是伊斯兰教节日。开斋节是阿拉伯语"尔德·费土尔"的意译。中国新疆地区称肉孜节（Roza，波斯语，意为斋戒）。时间是伊斯兰教历10月1日。每年伊斯兰教历9月，称为斋月。凡成年健康的穆斯林都应全月封斋，即每日从拂晓前至日落，禁止饮食和房事等，克制一切私欲，断绝一切邪念，以示笃信真主安拉。封斋第29日傍晚如见新月，次日即为开斋节；如不见，则再封一日，共为30日，第二日为开斋节，庆祝一个月的斋功圆满完成。到了封斋将要结束时分，清真寺开斋的钟声当当响起，情况就与封斋时完全不同，人们可以饮食说笑，左邻右舍可以团聚一桌，甚至行路的陌生人感到饥饿时，随便走到素不相识的人家，都会受到主人的热情招待。

开斋节前，每个成年穆斯林都要沐浴全身，穿洁净的衣服，方可进入清真寺参加会礼（节日礼拜），以庆祝斋戒功课的圆满完成。是日，穆斯林前往清真寺参加会礼，听伊玛目宣讲教义。庄严肃穆的开斋节会礼结束后，众穆斯林集体向阿訇道安，全体穆斯林互致平安词，以表示节日的祝愿。

国际儿童节（International Children's Day，6月1日）

国际儿童节是为了保障世界各国儿童的生存权、保健权和受教育权，改善儿童的生活，反对虐杀儿童和毒害儿童的节日。大多数国家通常定为每年的6月1日。1925年8月，在瑞士日内瓦召开的关于儿童福利的国际会议上，首次提出了"国际儿童节"的概念。来自54个国家的爱护儿童代表，通过了《日内瓦保障儿童宣言》。宣言中对于儿童精神上应有的享受、贫苦儿童的救济、儿童危险工作的避免、儿童谋生机会的获得，以及怎样教养儿童等问题，均有热烈讨论。

自此次大会后，一方面为了鼓舞儿童，让儿童感到幸福、快乐，另一方面也为引起社会重视与爱护，各国政府都先后设立"儿童节"。在第二次世界大战期间，1942年6月，德国法西斯枪杀了捷克利迪策村16岁以上的男性公民140余人和全部婴儿，并把妇女和90名儿童押往集中营。为了悼念利迪策村和全世界所有在法西斯侵略战争中死难的儿童，反对帝国主义战争贩子虐杀和毒害儿童，保障儿童权利，1949年11月国际民主妇女联合会在莫斯科召开执委会，正式决定每年6月1日为全世界少年儿童的节日，即国际儿童节。

父亲节（Father's Day，6月的第三个星期日）

1909年，美国华盛顿州士波肯市的杜德夫人向教会提议设立一个特别的日子来纪念全天下的父亲。在杜德夫人的奔走努力下，美国华盛顿州在1910年6月19日举行了全世界的第一次父亲节聚会。1924年，美国总统柯立芝支持父亲节成为全美国的节日；1966年，美国总统约翰逊宣布当年6月第三个星期日为美国父亲节；1972年，美国总统尼克松签署正式文件,将每年的 6 月第三个星期日,定为全美国的父亲节,并成为美国永久性的法定纪念日。

父亲节那天,儿女们给父亲寄贺卡、领带、袜子之类的小礼品,以表达对父亲的敬重。英国在 6 月里第三个星期日也庆祝父亲节,其庆祝方式和美国的差不多。红色或白色玫瑰是公认的父亲节的节花。

仲夏节(Midsummer Festival,6 月)

仲夏节是北欧国家的传统节日,每年 6 月 24 日前后举行。原为纪念基督教施洗者约翰的生日(6 月 24 日)而设,后来其宗教色彩逐渐消失,成为民间节日。瑞典、芬兰等北欧国家靠近北极,冬季漫长,大部分地区几乎有半年时间不能见到太阳。仲夏节前后,这一地区处于一年中阳光最为充足的时节,仲夏节又是白天最长的一天,几乎没有黑夜。因此人们在这一天庆祝光明驱除黑暗以及万物争荣日子的到来。此外,仲夏节还是一个预祝五谷丰收的节日。篝火晚会、游行是节日的重要内容。

古尔邦节(Corban Festival,7 月下旬,伊斯兰教历 12 月 10 日)

古尔邦节是伊斯兰教主要节日之一,又称宰牲节,与开斋节、圣纪并称为伊斯兰教的三大节日。"古尔邦"意为"献祭""献牲",起源于伊斯兰教故事:真主为了考验先知伊卜拉欣的忠诚,在夜里降梦给伊卜拉欣,叫伊卜拉欣宰杀自己的儿子献祭。伊卜拉欣毫不犹豫地照办了。在他要用刀子割断亲生儿子的喉管时,真主便派使者用一只黑头绵羊替代了他的儿子。

古尔邦节在伊斯兰教历 12 月 10 日,主要仪式有:一、会礼。穆斯林会聚于中心寺或郊野,举行盛大的会礼仪式和庆祝活动。每年逢此日,穆斯林会戒食半日,待会礼结束后进食。二、朝觐者于 12 月 10 日早晨射石并举行会礼后,在麦加附近的米纳山谷宰牲。各地穆斯林于节日前准备牲畜,所宰之牲畜必须健壮,为骆驼、牛、羊三种之一。所宰的肉要分成三份:一份自食,一份送亲友邻居,一份济贫施舍。宰牲时必须高念"泰克比尔"(Takbir,即真主至大),宰牲方为有效。

万圣节前夜(Halloween,10 月 31 日)与**万圣节**(Hallowmas,11 月 1 日)

欧洲的天主教会把 11 月 1 日定为"天下圣徒之日"(All Hallows' Day),即万圣节。很多民族都在万圣节前夜即 10 月 31 日有庆典聚会,因此这一天又被叫作"All Hallow E'en""The Eve of All Hallows""Hallow E'en",或者"The Eve of All Saints' Day"。最终约定俗成演变成了"Halloween",中文意译成了"万圣节前夜"。万圣节是西方国家的传统节日。这一夜是一年中最"闹鬼"的一夜,所以也叫"鬼节"。

万圣节流传到今天已经完全没有了宗教迷信色彩,它成了一个孩子们的节日,也是年轻人化装舞会的节日。如今在整个欧洲,人们都把万圣节前夜看作尽情玩闹、讲鬼故事和互相吓唬的好机会。

万圣节又叫作南瓜节（Pumpkin Day）。因为人们用南瓜雕刻的南瓜灯（Jack-O'-Lantern）又叫作杰克灯来装饰房间。学校在万圣节是不放假的，但有时学校会出面组织晚会；而朋友、家人间互寄贺卡祝万圣节快乐，这些都成为每年10月间流行的习俗。总之，万圣节已成为西方人一个很普通的季节性节日。有很多人将此看作秋的结束以及冬的到来。万圣节一过，人们就开始期盼感恩节、圣诞节乃至新年了。

感恩节（Thanksgiving Day，美国，11月第四个星期四）

在美国，11月的第四个星期四是感恩节。感恩节是美国人民的一个古老节日，也是美国人合家欢聚的节日。它的来源和美国早期历史密切相关。1620年，一些朝拜者乘坐"五月花"号船去美国寻求宗教自由。他们在马萨诸塞州的普里茅斯登陆。第一个冬天，半数以上的移民都死于饥饿和传染病，活下来的人在第二年春天开始播种。临近村落的印第安酋长给了他们很多帮助：给他们送来了许多生活必需品做礼物，还教给移民们怎样在这块土地上生活，如何捕鱼、狩猎、耕作以及饲养火鸡等。最后，移民们获得了大丰收。为了感谢上帝赐予的丰收，他们举行了历时三天的狂欢活动，还邀请印第安人前来参加节日庆典。这就是历史上的第一个感恩节。从此，这一习俗就延续下来，并逐渐风行各地。1863年，美国总统林肯正式宣布感恩节为国定假日，时间是11月的第四个星期四。1941年，美国国会正式将这一天定为"感恩节"。

今天，在一些美国人心目中，感恩节是比圣诞节还要重要的节日。感恩节期间，散居在他乡异地的家人，都要赶回家过节。感恩节晚宴是美国人一年中最重视的一餐。在节日的餐桌上，火鸡和南瓜馅饼都是必备的。这两味"珍品"体现了美国人民忆及先民开拓艰难、追思第一个感恩节的怀旧情绪。因此，感恩节也被称为"火鸡节"。城乡市镇到处举行化装游行、戏剧表演和体育比赛等，学校和商店也都按规定放假休息。节日期间，人们会到普利茅斯港参观游览，重温美国的历史。

圣诞节（Christmas Day，12月25日）

每年的12月25日，是基督教徒纪念耶稣诞生的日子，称为圣诞节。从12月24日至翌年1月6日为圣诞节节期。现在，圣诞节也是西方世界以及其他很多地区的公共假日。

耶稣基督出生的故事主要见于基督教福音书。玛丽亚处女受孕，于是她和未婚夫约瑟离开在加利利的拿撒勒城上犹太去，途中他们经过约瑟祖先大卫生活的伯利恒城。伯利恒的乡村旅店里已经没有空房，他们只好寄宿在旅舍外面，玛利亚在那儿的马厩里生下了耶稣。耶稣出生时天使向附近的牧羊人报喜，东方三博士看见伯利恒方向的天空上有一颗大星，于是便跟着它来到了耶稣基督的出生地，并送给小耶稣礼物。

圣诞习俗数量众多，既有宗教性的，也有世俗性的。与圣诞相关的习俗，国与国之间差别很大。圣诞节送礼物已经接近成为一个全球通行的习惯了。平安夜里，美国孩子们在壁炉上悬挂圣诞袜。而在其他国家，孩子们把空鞋放到户外，以便圣诞老人可以在圣诞前夜赠送礼物。赠送礼物的不单单是圣诞老人，家庭成员和朋友也互相给予礼物。平安夜，教会组织一些圣诗班挨门挨户地在门口或窗下唱圣诞颂歌，叫作"报佳音"。今天，报佳音已经变成圣诞节不可缺少的一个节目。在很多国家，商业机构、学校以及组织团体会在圣诞节前几周举行圣诞聚会和舞会。

人们用花环和常绿植物装饰房间。在家门上挂着圣诞花环，花环用绿色的枝叶或藤条、松针和银色或金色的铃铛配以红色的缎带组成，上面写着"圣诞快乐"。在家里，陈设一棵圣诞树是必不可少的。树上装饰着各种灯烛、彩花、玩具等装饰品。每棵树的顶端必定有一颗特大的星星，象征着那颗引导东方三博士找到耶稣的星星。圣诞之夜，人们围着圣诞树唱歌跳舞，尽情欢乐。

此外，在美国和欧洲很流行送圣诞贺卡。圣诞节"节礼日"（Boxing Day）是12月26日，这一天，西方人通常给邮差或佣人送节礼。礼物放在一个小盒里，英文称为"Christmas Box"。

三、中西节日对比

对比西方节日与中国的节日，不难看出：除了那些国际性的节日外，中国的传统节日与西方的节日相比，无论在设立的原因还是节日习俗方面，既有相似之处也有不同之处。中国自古就是以农业为主的国家，所以中国的传统节日大多数都是与历法节气有关，例如立春、夏至、立秋、冬至等。这一点与西方的历法节日有相似之处。如西方的元旦最早就是古埃及人根据尼罗河的泛滥时间对农业的影响来设立的。但是有些西方的节日，如枫糖节不是直接与农业相关，而是与当地有特色的农业生产活动有关。因此，不同的农业传统也导致了不同的节日习俗的产生。

中国是个注重伦理、崇拜祖先的国度，因此祭祀在中国人看来就是非常重要的节日。明显的例子是清明节、中元节和寒衣节。这三个节日原是以祭祖为源，以祭祖事鬼为主要节俗活动，所以又叫三"鬼节"。其中清明扫墓包含有怀念祖先、勉励后人之意。中元节又称盂兰盆节，有放河灯拯孤照冥的习俗。寒衣节时人们在祖先墓前焚化纸衣。西方的万圣节却更多是起源于对死去圣徒的纪念。在习俗方面，中国人更注重关照死者在冥间的生活，而基督教徒没有这样的做法。

西方节日还有一个显著特点就是大多起源于宗教信仰。无论基督教节日还是伊斯兰教节日，都是一神信仰，只庆祝自己所信仰宗教的节日。这一点与中国十分不同。

中国是个多神信仰的国家，佛教、道教、神话传说中的人物还有历史人物都被奉为神明加以崇拜和祭祀，由此而产生了一系列大大小小的民俗节日。著名的佛教节日有：农历七月十五日盂兰盆节、十二月八日腊八节（佛祖成道日）。道教节日有：农历一月十五日上元节、三月三日蟠桃节（王母娘娘寿诞）、九月九日重阳节（斗姆星君诞辰日）。神话传说节日有：农历二月二日龙抬头日（土地神诞辰）、二月十二日花朝节（花王生日）、七月七日七夕节（又称乞巧节，拜祭牛郎织女）、十二月二十三日祭灶节（又称灶君升天日，祭灶神）。农历八月二十七日是中国古代圣人孔子诞辰，要举行祭孔活动。由此看来，中西节日的不同与各自的文化历史传统有很深的关系。

附：世界主要节日表

世界重要历法节日

节日名称	日 期	意义及活动
元旦	1月1日	庆祝新年伊始。
女孩节	3月3日	源于日本。桃花盛开的季节，桃花是女性美的象征。
枫糖节	3～6月	源于加拿大。熬制糖浆，表演歌舞，品尝糖果，欣赏美丽的枫叶。
宋干节	4月13日	源于泰国。庆祝传统新年，人们互相泼水祝福。
食品节	4月17日	源于新加坡。与家人团聚，品尝各式美味食品。
男孩节	5月5日	源于日本。有男孩的家庭在屋顶上悬挂鲤鱼旗等。
感恩节	11月第四个星期四	源于美国。普利茅斯移民感谢印第安人帮助，并庆丰收。

世界重要宗教节日

节日名称	日 期	意义及活动
情人节	2月14日	源于古罗马。纪念圣徒瓦伦丁。
圣帕特里克节	3月17日	爱尔兰纪念圣帕特里克。游行、教堂礼拜和聚餐庆祝。
复活节	春分月圆后第一个周日	纪念耶稣复活。吃复活蛋，全家郊游等。
仲夏节	6月24日左右	纪念施洗约翰的生日。举行篝火晚会，游行等。
万圣节前夜	10月31日	也叫作"鬼节"。孩子和年轻人化装成鬼怪状游行。
圣诞节	12月25日	纪念耶稣诞生，并庆祝前一晚"平安夜"。
开斋节	伊斯兰教历10月1日	庆祝为时一个月的斋功圆满完成。
古尔邦节	伊斯兰教历12月10日	会礼、宰牲。纪念易卜拉辛献子故事。

世界其他重要节日

节日名称	日 期	意义及活动
妇女节	3月8日	1909年芝加哥妇女罢工胜利。
愚人节	4月1日	源于法国。以善意的谎言愚弄他人。
劳动节	5月1日	1884年芝加哥工人罢工胜利。
母亲节	5月第二个星期日	源于美国。赠送母亲卡片和礼物，感谢她们一年的辛勤劳动。
护士节	5月12日	纪念近代护理的创始人弗洛伦斯·南丁格尔。
儿童节	6月1日	1949年国际妇联会议决定。
父亲节	6月第三个星期日	源于美国。向辛劳的父亲致以敬意。

【思考与练习】

一、请说出西方国家重要的宗教节日有哪些，分别与什么宗教传说有关。

二、有一些节日的设立与农业生产有关，结合你对中国节日的了解，谈谈它们的异同。

三、请从中外文化比较的角度，谈一谈设立母亲节、父亲节、儿童节的意义。

【参考文献】

常天编著：《节日文化》，北京：中国经济出版社1995年版。

秦悦编译：《西方Days完全手册》，上海大学出版社2002年版。

沙女主编：《中外节日纪念日1001》，北京：中国青年出版社1996年版。

[美]泰可威著：《英语国家的节日风情》，北京大学出版社1995年版。

朱子仪：《西方的节日》，上海人民出版社2005年版。

第三章
中外政治体制及法律体系

第一节 政治体制

一、政治体制与国家体制的概念

1. 政治体制

政治体制一般指一个国家政府的组织结构和管理体制,即国家中占统治地位的阶级采取何种形式来组织政权机关。它包括国家的管理形式、结构形式、选举制度、人民行使政治权利的制度等。一个国家的政治制度是同它的根本性质及其经济基础相适应的。

从宏观上讲,政治体制是一个政治共同体的存在方式,是政治共同体的稳定的行为模式。从目的论的角度讲,政治体制是一个政治共同体实现其政治价值的制度安排及其运行机制。从因果论的角度讲,政治体制是政治共同体所面临的内部和外部环境的各个因素相互作用的政治结果。

2. 国家体制

国家体制有时被作为政治制度的同义语加以使用,有广义与狭义之分。广义的国家体制指国体与政体的制度,即掌握政权的统治阶级或政治集团为实现其统治而采取的治理方式、方法的总和,包括国家的管理形式、结构形式、选举制度、政党制度、决策制度、司法制度、官吏制度等;狭义的国家体制指有关国家本质的制度,即通常所说的国体。国家制度属于政治上层建筑,其核心问题是国家政权问题。历史上已经产生的国家制度主要有奴隶制国家制度、封建制国家制度、资本主义国家制度和社会主义国家制度四种类型。

国体不同的国家,有不同的政治制度。国体相同的国家由于历史条件不同,政治制度也可能不一样。如英国和美国都是资本主义国家,但英国的政治制度是议会制君主立宪制,而美国是总统制。

3. 中西国体、政体的差异

中国主体上是工人阶级领导的、以工农联盟为基础的人民民主专政的社会主义国家,在国家的组织形式和管理形式上实行人民代表大会制度、共产党领导的多党合作和政治协商制度以及民族区域自治制度。但在香港、澳门和台湾地区则实行资本主义制度。这就是中国目前实行的"一国两制"的国家体制。西方国家通常不用"国家制度"这个术语,而使用"政治制度"一词来代替。

二、政治体制的类型

将各种政治体制分类,是我们认识和观察政治世界的首要环节。政治体制的分类方法随政治学的发展而不断发展变化。古希腊的亚里士多德以统治者数量为标准将政治体制划分为民主政制、贵族政制、君主政制等三种类型。当代的分类法有以竞争为标准划分的竞争型政治体制、准竞争型政治体制、非竞争型政治体制等。还有以现代化为标准划分的传统政治体制、现代政治体制、过渡性政治体制等分类法。

通常,按政权的组织形式,现代政体可分为独裁制、君主立宪制、共和制三种形式。

1. 独裁制

指国家权力都集中在政府首脑一个人手中的政府组织形式。在国家体系中,没有议会,或虽有议会,但不能行使代议机关的职权。司法机关也没有独立的地位。凡是专制国家和法西斯国家,其政府形式都是独裁制。目前,人们一般认为,奉行政教合一的国家大多都是独裁制国家。

2. 君主立宪制

君主立宪制亦称"有限君主制",是资本主义国家君主权力受宪法限制的政权组织形式。君主立宪制是资产阶级的一种特殊政权形式,是资产阶级同封建势力妥协的产物。在这一形式下,将国王或皇帝手中的立法权、行政权过渡到以宪法为中心的国会中,但国家仍然保留君主。

君主立宪制可分为二元制君主立宪制和议会制君主立宪制。二元制君主立宪制,是君主和议会分掌政权。君主任命对自己负责的内阁,君主直接掌握行政权,首相只是辅助君主治理国家。议会则行使立法权,制定宪法和其他法律,但君主对议会通过的法律有否决权。二元制君主立宪制从体制上看就是议会制定宪法和法律限制君主,君主在制定的宪法和法律的范围内治理国家。

在议会制君主立宪制下,君主不直接支配国家政权,由内阁掌握行政,对议会负责。首相是国家的主要行政人。议会掌握立法权,内阁由议会产生并对议会负责,君主的实际权力减弱,其职责大多是礼仪性的。议会制君主立宪制从体制上来看,宪法和法律不是限制君主而是用来限制首相的,首相只能在宪法和法律内治理国家。

3. 共和制

共和制是国家的权力机关和国家元首由选举产生并有一定任期的政权组织形式,与君主制相对。采取这种政体的国家叫作共和国。在共和政体下,统治阶级通过定期选出的最高权力机关来行使统治权。它适用于各种历史类型的国家,但不同阶级专政的国家有不同的性质。

共和制分为两种:贵族共和制与民主共和制。前者的典型在古代罗马,现代世界上已不存在贵族共和制。民主共和制按多数人直接还是间接掌握国家权力,可分为直接民主共和制与代议民主共和制。直接民主共和制在古代希腊雅典有过,是以奴隶主为主体的,建在小国寡民的城邦。代议民主共和制亦称间接民主共和制,顾名思义由代表议政。现代世界的民主共和制大多都是代议(间接)的。

当今世界上,共和制可分为内阁制、总统制及半总统/半内阁制和人民代表大会制四种形式。

内阁制

内阁制也叫作总理制或议会制,是内阁总揽国家行政权力并对议会负责的政体形式。这种制度有以下几方面的特点:第一,议会至上。议会是国家最高权力机关,享有立法、组织内阁和监督内阁的权力,议会一般由直选产生,政府首脑(首相/总理)由议会多数党领袖出任,掌握国家实权;第二,内阁由议会中占多数席位的政党或构成多数席位的政党联盟组成,议会中的多数党或多数党联盟即为执政党,其领袖受国家元首的委托组织政府,受命组阁的政党领袖即为内阁总理或首相;第三,国家元首(君主、总统或其他称呼)不掌握实权,只拥有象征性的地位,形式上代表整个国家;第四,内阁是最高行政机关,行使政府权力,政府首脑是执政党领袖,依靠执政党在议会中的多数议席控制议会,这样,执政党既控制议会,又控制政府;第五,政府向议会负责,接受议会监督,议会有权对内阁提交不信任案,撤换总理/首相,总理/首相也有权请求国家元首解散议会。英国、德国、意大利、葡萄牙、新加坡、印度等国是当今世界上实行议会制的国家。

总统制

由上述可见,在内阁制中,立法权与行政权并非分立,而是议会至上。与内阁制不同,总统制实行严格的三权分立,行政权、立法权、司法权三权独立,各不统属。

总统制18世纪末源于美国，是指总统担任国家元首和政府首脑，行使国家最高行政权力的政权形式。总统制有以下特征：（1）总统独立于议会。总统和议会都是由选民定期选举产生。当选的总统组织政府，总统的选举与议会的选举分别进行，议会中的多数党不一定是执政党，从而形成立法权与行政权两立的格局。行政机关和立法机关相互独立。作为立法机关的议会，其议员不能兼任行政职务；而作为行政机关的政府官员，也不能兼任议员。（2）行政的一元化。总统既是国家元首又是政府首脑，总揽行政权力，统率海、陆、空三军。（3）稳定的任期。总统和议员都有稳定的任期，在任期内，总统应向议会报告工作，可对议会提出的法案行使否决权，但是无权解散议会；议会不能对总统投不信任票，但可以弹劾总统。（4）总统的合法性主要来自选民的选票，而不是所属政党在议会中是否占多数。

半总统／半内阁制

半总统／半内阁制的政体是指总统由选民选举产生，同时内阁由控制议会的多数党组成。这样总统和内阁首相／总理可能由不同党派的人担任。在这种政府体制中，国家元首和政府首脑各自行使法律规定的实权，他们之间互不隶属、互不负责。总统是由选民产生的，不是议会产生的，只对自己的选民负责，不对议会负责；总理／首相是由议会产生的，不是总统任免的，对议会负责，不对总统负责。[1]但是在具体的国家中表现有所不同。下面将以法国、日本为例来详述。

半总统制又称中间型总统制。这种政权组织形式的典型是法国，主要特点是总统从由政府组织、宪法委员会监督的普选中产生，任期7年，连选连任。总统权力很大，是国家权力的核心。法国不设副总统。法国总统的权力要比美国总统权力大得多。总统任命总理，并根据总理的提议任免政府其他成员。总理辅佐总统，领导政府的活动。政府是中央最高行政机关，对议会负责，但是议会无权干涉总统选举和总理的任命。

半内阁制又称中间型内阁制。这种政治体制的典型是日本。根据1947年的《日本国宪法》，日本采用了欧美国家的三权分立原则和英国的议会责任内阁制。国会是国家的最高权力机关，是国家唯一立法机关，国会议员由全体国民普选产生。以总理大臣（首相）为首的内阁由议会多数党组成，是日本中央政府、国家最高行政机关，在国家行政机构中处于核心地位。天皇既不具有传统君主的性质，也不具备国家元首的性质，只是国家的象征。天皇只行使有关国事的行为，并无关于国政的权能。天皇有关国事的一切行为，须经内阁的建议与认可，由内阁负其责任。[2]

---

[1] 楚树龙、唐虹编著：《政治学概论》，北京：清华大学出版社2006年版，第145～146页。
[2] 赵虎吉：《比较政治学：后发展国家视角》，广东：中山大学出版社2002年版，第313～315页。

人民代表大会制

《中华人民共和国宪法》规定:"中华人民共和国的一切权力属于人民。人民行使国家权力的机关是全国人民代表大会和地方各级人民代表大会。""中华人民共和国全国人民代表大会是最高国家权力机关。""人民依照法律规定,通过各种途径和形式,管理国家事务,管理经济和文化事业,管理社会事务。""中华人民共和国的国家机构实行民主集中制的原则。""全国人民代表大会和地方各级人民代表大会都由民主选举产生,对人民负责,受人民监督。""国家行政机关、审判机关、检察机关都由人民代表大会产生,对它负责,受它监督。"因此,从宪法规定来看,中国的政治体制也是共和制。

三、中西政治体制的差别

1. 中西政治体制比较简表

	政体	国家机构	组织原则	国家管理	政党
西方	议会制	议会+政府+法院	民主政治	三权分立,各法律协调	两党制、多党制竞选执政
中国	人民代表大会制	人大+政府(含法院)	民主集中制	中国共产党统一领导,有宪法和部门法	一党执政,其他党派参政议政,无执政权

2. 中国的立法体制——统一而又分层次的立法体制

(1) 全国人大及其常委会行使国家立法权。制定和修改刑事、民事、国家机构和其他基本法律。

(2) 国务院即中央人民政府根据宪法和法律,制定行政法规。

(3) 省、自治区、直辖市、经济特区的人大可以制定地方性法规,报全国人大常委会或省、自治区、直辖市的人大常委批准后生效。

(4) 国务院各部、各委员会、中国人民银行、审计署和具有行政管理职能的直属机构,可以根据法律和国务院的行政法规、决定、命令,在本部门的权限范围内,制定规章。

3. 美国政治制度的基本原则

（1）共和主义原则：否定了君主制。美国宪法第四条第四款："合众国应保证本联邦各州实行共和政体。"

（2）主权在民和人权原则：《独立宣言》宣告了"人人生而平等"的原则，宣称保障生命权、自由权和追求幸福的权利。

（3）私有财产和自由契约劳动原则："财产权神圣不可侵犯"，"非经正当法律程序，不得被剥夺生命、自由、财产；非经公平赔偿，私有财产不得征为公用"。

（4）制衡原则：孟德斯鸠的分权学说，形成了美国式的制衡原则和相应的制度，它包括纵向分权和横向分权。纵向分权即联邦政府与各州之间的权力划分，这就是联邦制。

4. 英国政治制度的基本原则

（1）实行君主立宪制：君主为国家元首，目前是伊丽莎白二世。

（2）议会民主：立法机关是议会，目前拥有两个议院。下议院地位较重要，上议院主要是修订法律的机构。

（3）行政机关：由首相领导，首相是在下议院拥有最多席位的政党领袖。该政党其他主要成员与首相一起组成内阁，即主要的行政机构。

【思考与练习】

一、以所任教国为例，谈谈其政治体制的主要特征。

二、试比较中外政治制度的异同。

【参考文献】

楚树龙、唐虹编著：《政治学概论》，北京：清华大学出版社2006年版。

王才强等主编：《政治体制小百科》，重庆大学出版社1988版。

赵虎吉：《比较政治学：后发展国家视角》，广东：中山大学出版社2002版。

第二节　法律体系

一、世界主要法律体系的分类

法律体系是比较法学研究中一个重要的问题。法律体系一词在英文中的表达有以下几种：legal system, legal family, legal genealogy。从这些名称不难看出，法系的分类因其标准的不同而不同。根据现有的资料，日本东京帝国大学的法学教授穗积陈重是现代较早提出法系问题的学者。1884年，他以民族差异为标准划分了五大法族，分别是印度法族、支那法族、回回法族、英国法族和罗马法族。1904年，他进一步完善了这一分类，提出以法律制度的谱系和亲缘关系作为划分标准，将五大法族扩大到七大法族，加上了日耳曼法族和斯拉夫法族。[1]

第二次世界大战后，法国比较法学家达维德对当代法律体系的分类理论产生了重大影响。根据意识形态特色加上法律技术因素的标准，1950年，他在《比较民法总论》中将世界主要法律体系分为五类：西方法律体系（包括法国集团和英美集团）、苏联法律体系、穆斯林法律体系、印度法律体系和中国法律体系。1964年，在《当代世界主要法律体系》一书中，他将世界法律体系分为"三大加几小"的法系，即罗马—日耳曼法系、普通法系和社会主义法系，加上伊斯兰法、犹太法、印度法和远东法等。这种分类方法是当代西方学者中流传最广的分类理论。

之后，德国学者茨威格特和克茨在《比较法总论》中根据法律体系的样式构成要素将法律体系分成八类，即罗马法系、日耳曼法系、北欧法系、普通法系、社会主义法系、远东法系、伊斯兰法系和印度法系。其中罗马法系、日耳曼法系、北欧法系和普通法系的思想因素是一致的，其区别在于法律体系样式中的其他因素；而法律意识形态则是把西方法律体系、社会主义法系以及宗教法律体系和远东法律体系区别开来的主要标准。

2003年，加拿大渥太华大学在网上公布了他们对世界法律体系划分的最新研究成果，并绘制了世界法律地图。在该项研究中，他们将世界法律体系分为五种类型，即民法、普通法、习惯法、穆斯林法和混合法。

我国有学者认为：法系概念固然重要，但是本身还有若干不科学的缺陷。第一，这是一种比较形式主义的概念。第二，法系概念基本上是根据历史发展而提出的概念，它并不能告诉我们这种或那种历史发展是否具有历史的必然性。第三，法系概念也不能告诉我们法律世界中的差异究竟会如何发展，其中是否有规律可循。第四，法系概念的不同解释实际上只是人们划分标准的不同。我们应该认识到，法系概念基本上是对法律现象形式特点的某种认识，它似乎没有涉及法律现象的本质特点。

---

[1] 参见《比较法学》，刘兆兴主编，北京：社会科学文献出版社2004年版，第54页，及《比较法总论》，朱景文，北京：中国政法大学出版社2004年版，第91页。

二、世界主要法律体系的特点和内涵

在当今世界上，普通法系与民法法系是两个基本的法系，他们对于整个世界的法律及其发展有重要影响。它们都是一种充分而全面发育的法律现象。下面将主要以这两种法系为主，介绍世界上一些法律体系的特点。

1. 民法法系

民法法系又称大陆法系、罗马—日耳曼法系或成文法系。在西方法学著作中多称民法法系，中国法学著作中惯称大陆法系。指包括欧洲大陆大部分国家从19世纪初以罗马法为基础建立起来的、以1804年《法国民法典》和1896年《德国民法典》为代表的法律制度，以及其他国家或地区仿效这种制度而建立的法律制度。它是西方国家中与英美法系并列的渊源久远和影响较大的法系。大陆法系可分为法、德两个支系。法国支系包括欧洲大陆上的法国、比利时、荷兰、意大利、西班牙和拉丁美洲的一些国家，德国支系包括德国、奥地利、瑞士和日本等国。

民法法系具有这样几个特点：(1) 注重成文法。一般意义上说，法院的判例不是同级法院或下级法院判决的依据。(2) 注重法律的法典化，强调整个法律体系的演进和系统。(3) 民法法系国家的法官更愿意通过演绎的方法判决，即将法律规定直接适用于具体案件。(4) 它的审判方式更突出法官的地位，法官要积极地参与审判、调查案件。(5) 民法法系法官更愿意采取集体负责制度来审理案件。当法官之间发生冲突的时候，采取少数服从多数的原则来解决冲突。[1] (6) 概念的明确性和语言的精确凝练。民法法系是相对于普通法系而言的，但在发展的过程中不断吸收英美法系的一些原则，有相互融合的趋势。

2. 普通法系

普通法系又称英美法系、英国法系或判例法系。指英国自11世纪起主要以源于日耳曼习惯法的普通法为基础，逐渐形成的一种独特的法律制度以及仿效英国的其他一些国家和地区的法律制度。

普通法系的范围，除英国（不包括苏格兰）、美国外，主要是曾是英国殖民地、附属国的国家和地区，如印度、巴基斯坦、新加坡、缅甸、加拿大、澳大利亚、新西兰、马来西亚等。中国香港地区也属于普通法系。许多国家都对普通法系做了或多或少的改动。美国的路易斯安那州仍保持着大陆法系的某些特点，加拿大的魁北克省也保留了法国法的特点。

---

[1] 刘兆兴主编：《比较法学》，北京：社会科学文献出版社2004年版，第61~62页。

普通法系有以下特点：(1) 法律主要是法院的判例，成文的法律数量不多，特别是在普通法形成早期。(2) 上级法院，特别是最高法院的判例对于下级法院的判决有约束力。"遵循先例"是这一法系国家和法官们的传统。(3) 在审判案件时，法官主要采取归纳的方法。即先研究以前类似案件的判例，再归纳出自己认为重要的、可以适用于目前案件的原则，最后再根据这种归纳处理目前的案件。(4) 审判案件时，法院的原则是"对抗制"，即允许原告和被告处于平等对抗的地位，相互辩论并相互质证。法官不主动调查资料，只是主持双方的辩论。(5) 普通法系的法官在审理案件时虽然也是合议制，但是强调法官个人的责任。在法院制作的判决书上，组成合议庭的每位法官都要写明自己的判决和如此判决的理由。[1]

综上所述，民法法系与普通法系的主要差异有：

第一，法律渊源不同。民法法系是成文法系，其法律以成文法即制定法的方式存在，它的法律渊源包括立法机关制定的各种规范性法律文件、行政机关颁布的各种行政法规以及本国参加的国际条约，但不包括司法判例。普通法系的法律渊源既包括各种制定法，也包括判例，而且，判例所构成的判例法在整个法律体系中占有非常重要的地位。

第二，法律结构不同。民法法系承袭古代罗马法的传统，习惯于用法典的形式对某一法律部门的规范做统一的系统规定，法典构成了法律体系结构的主干。普通法系很少制定法典，习惯用单行法的形式对某一类问题做专门的规定，因而，其法律体系在结构上是以单行法和判例法为主干而发展起来的。

第三，法官的权限不同。民法法系强调法官只能援用成文法中的规定来审判案件，法官对成文法的解释也需受成文法本身的严格限制，故法官只能适用法律而不能创造法律。普通法系的法官既可以援用成文法也可以援用已有的判例来审判案件，而且，也可以在一定的条件下运用法律解释和法律推理的技术创造新的判例，从而，法官不仅适用法律，也在一定的范围内创造法律。

第四，诉讼程序不同。民法法系的诉讼程序以法官为重心，突出法官职能，具有纠问程序的特点，而且，多由法官和陪审员共同组成法庭来审判案件。普通法系的诉讼程序以原告、被告及其辩护人和代理人为重心，法官只是双方争论的"仲裁人"而不能参与争论，与这种对抗式（也称抗辩式）程序同时存在的是陪审团制度，陪审团主要负责做出事实上的结论和法律上的基本结论（如有罪或无罪），法官负责做出法律上的具体结论，即判决。

---

[1] 刘兆兴主编：《比较法学》，北京：社会科学文献出版社2004年版，第58页。

3. 伊斯兰法系

伊斯兰法系是当代世界中的一个重要法系，它在伊斯兰教地区有非常重要的作用。其核心部分与西方的法律，甚至中国的法律都不相同。伊斯兰法系的特点是：(1) 伊斯兰法的原则是不变的。(2) 伊斯兰法的内容主要是义务性规则的总和。(3) 伊斯兰法有独特的法律渊源——《古兰经》、《圣训》、"伊制马仪"和类比。(4) 伊斯兰法学比较成熟，有自己的理论体系。从总体精神而言，有如下特点：(1) 伊斯兰法有一种向后的追求。在教徒看来，人的智慧在很久以前就定型了，从那之后，就没有什么发展了。因此穆斯林必须使自己的言行向很久以前的行为规则看齐。墨守成规是一定的。(2) 伊斯兰法不会仿效外国看法。(3) 伊斯兰法是一种宗教法。今天，伊斯兰法在至少5亿左右的人口中具有很高的权威，除了比较集中于中东地区和阿拉伯民族中之外，伊斯兰教几乎在世界上的任何地方都存在着。

4. 印度法系

印度法系又称为印度教法，是适用于信奉印度教教徒的法律，主要集中在南亚地区。印度教的基本信条是"轮回"和"业"的学说。这种学说使得人们可以平静地接受现实世界的不公和苦难。印度文明认为人的存在是抽象的，只有处于具体种姓的个人；不同种姓的人们相互补充。在印度教法中，最早关于人们行为规则的纪律是《传承经》，主要记载了宗教和习惯。后来又出现了《法论》，主要是根据每个人在种姓制度中的地位而规定它的权利义务以及行为习惯。在印度教法的发展历史上，它先是受到伊斯兰教的严重冲击，后又被英国的法律再次冲击，似乎是经历了逐渐衰微的过程，但是从印度教法内部来看，它始终就承认其他行为规范的存在和效力，而且其内部也有许多差异。

5. 犹太教法

与世界上的其他宗教法律一样，犹太教法也特别强调道德戒律。这些戒律体现在先知们的著作中。犹太教的成文律法中，《托拉》具有非常重要的地位。它不仅规定了犹太人的日常生活，还维护了犹太民族的独特精神寄托和纯洁性。此外《口传法规》强调要想符合《托拉》的要求，一个人应该如何行为，事实上是给人们的主要活动和特殊主体分别做了规定。

6. 欧盟法

经过几十年的发展，欧盟从1957年的欧共体6国发展到目前的欧盟27国，成为一个经济——政治——法律的实体。目前，欧洲联盟已经形成了以欧洲共同体为核心的经济货币联盟、实行共同的外交及安全政策，以及在司法与内务领域内进行合作的三大支柱，构成了欧洲联盟的基本框架。[1] 由此可见，欧盟是现存的各种经济共同体中贸易自由化和一体化程度最高的经济共同体。欧盟的主要政治组织包括欧盟理事会、欧洲委员会、欧盟议会和欧洲法院。欧盟法的渊源包括主要渊源，即形成欧盟的条约；次要渊源，即欧盟各机构颁布的条例、指令、决定、推荐和意见，以及欧盟法院的判例。欧洲法院在处理欧盟法与成员国法关系时，确立了欧盟法的直接效力原则和效力优先原则，即欧盟法无须成员国的批准，直接在成员国生效；欧盟法的效力高于成员国法，包括成员国的宪法和立法。[2] 调整欧盟法与成员国法之间关系的基本原则是"辅助性原则"，解决成员国法之间冲突的机制除了在欧盟层次上制定规则之外，主要采取相互承认国家标准和最低限度的协调的方式。欧盟法是超国家的法还是国家间的法，随历史的变革、颁布欧盟法的机构以及所调整的对象而有所不同。

三、中国法律体系的特点和内涵

我国最初的国家与法产生于夏朝，以后经商朝到西周时期逐渐完备。经过春秋战国时期法律制度的大变革，成文法在各国颁布，到秦朝时中华法系有了雏形。此后，经过西汉和东汉，以及三国两晋南北朝长达八百多年的发展，到隋唐时，法律思想和法律制度都很成熟，自成体系了，代表性的法典就是保存至今的《唐律疏议》。唐朝以后，宋元明清各朝都以此为蓝本创制自己朝代的法律制度。到清朝末年，由于受到西方法对中国法律制度的冲击，为了收回领事裁判权，清政府开始修律。从清末到近代，在修律的过程中旧的法系宣告解体，同时建立了中国近代法制的雏形。20世纪以前的中国法律制度呈现出不同于西方法律制度的存在和发展样式，其特点有：第一，法律以君主意志为主。第二，礼教是法律的最高原则。第三，刑法发达，民法薄弱。第四，行政司法合一。

改革开放以来，在讨论社会主义法律体系结构的基本理论问题时，中国的学者往往不区分法的体系和法律体系，一般都用法律体系一词表示"由一个国家的全部现行法律规范分类组合为不同的法律部门而形成的有机联系的统一整体"。但也有人理解为一个国家的法律渊源的分类等。[3] 下面就从当代中国法律渊源的角度来介绍中国的法律体系。

制定法渊源一般是指由具有规范性法律文件创制权的国家机关行使法定职权，按

---

[1] 刘兆兴主编：《比较法学》，北京：社会科学文献出版社2004年版，第420页。
[2] 朱景文：《比较法总论》，北京：中国政法大学出版社2004年版，第294页。
[3] 朱景文：《比较法总论》，北京：中国政法大学出版社2004年版，第151页。

照法定程序制定的、以规范性法律文件的形式表现出来的法，当代中国的直接法律渊源主要包括宪法、基本法律、法律、行政法规、民族自治法规、地方性法规、行政规章和国际条约及协定等。其中，宪法是国内法律体系的最基本规范，是一切其他国内法的法律渊源的效力来源。[1] 宪法规定，全国人民代表大会制定和修改刑事、民事、国家机构的和其他的基本法律。全国人大常委会无权制定基本法律，只能制定和修改除应当由全国人民代表大会制定的法律以外的其他法律。可见，作为法律渊源的基本法律和法律是有区别的。行政法规的法律渊源地位在宪法、基本法律和法律之下，地方性法规之上。宪法规定，国务院有权制定行政法规，制定行政法规要以宪法、法律为立法依据，且不得与之相抵触。根据宪法规定，享有地方立法职权的机关有：省级人大及其常委会，省会市的人大及其常委会，较大市人大及其常委会；因特别授权取得立法职权的市的人大及其常委会，特别行政区的立法机关，民族自治地方的人大。我国对于作为法律渊源的条约是按照1969年《维也纳条约法公约》的规定，指"国家间所缔结而以国际法为准之国际书面协定，不论其载于一项单独文书或两项以上相互有关之文书内，亦不论其特定名称如何"。我国对于国内法与国际法的关系，在某些领域或方面实行的是国际法优于国内法的原则。

中国的法律体系包括在宪法统率下的六大基本法，即：民法、民事诉讼法、刑法、刑事诉讼法、行政法、行政诉讼法。中国的法律体系属于大陆法系，即制度法——按相关法律规定处理各种事物，内地各省区、台湾、澳门都属于大陆法系。我国是成文法国家，在现行法律渊源中，习惯法是很少见的，但并非没有，如《中华人民共和国合同法》的条文中多次提到"交易习惯"。中国法的其他渊源也包括习惯法、判例、法理和政策等。法理在当代中国法的渊源中没有专门地位，但中国权威法学家甚至外国权威法学家的某些解释或者论述对于理解法律条文的规定有着重要的参考价值。现在我国法律没有明文规定政策是法律的渊源，但是在实践中，政策的法律渊源地位和作用是显而易见的。例如，"依法从重从快"打击严重危害社会治安犯罪的政策，"坦白从宽，抗拒从严"的政策，计划生育政策，等等，都是政策作为法律间接渊源的体现。中国的香港由于历史上长期由英国统治，所以香港的法律体系属于英美法系，回归后依然如此，这是一国两制的表现之一，在世界上比较少见。

【思考与练习】

一、比较英美法系与大陆法系的异同。

二、结合实例，谈谈如何向任教国学生介绍当代中国法律体系。

---

[1] 刘兆兴主编：《比较法学》，北京：社会科学文献出版社2004年版，第547~548页。

【参考文献】

刘兆兴主编:《比较法学》,北京:社会科学文献出版社2004年版。

朱景文:《比较法总论》,北京:中国政法大学出版社2004年版。

第四章
世界主要哲学派别及代表人物

第一节 西方哲学派别

一、古希腊罗马哲学

公元前6世纪至公元5世纪时的古希腊、罗马奴隶社会时期的哲学。希腊奴隶制社会形成后，生产、商业贸易以及科学文化获得了进一步的发展。古希腊罗马哲学正是在这种情况下产生和发展起来的。大体分为三个阶段：第一阶段是公元前6世纪，奴隶制社会形成时期。这时唯物主义以伊奥尼亚学派为代表，泰勒斯认为世界是由水这种原初的物质构成的。阿那克西曼德则认为是"无限"。赫拉克利特认为火是万物的起因，并认为万物是发展变化的。唯心主义以毕达哥拉斯学派和爱利亚学派为代表。前者认为抽象的数是万物的本原，而后者认为抽象的静止不变的"存在"是万物的本原。第二阶段是公元前5世纪，奴隶制繁荣时期，唯物主义以德谟克利特为代表，提出原子和虚空是构成万物的始原的原子论学说。唯心主义以柏拉图为代表，提出理念是世界的本原。此外，另一著名思想家亚里士多德的哲学动摇于唯物主义和唯心主义之间。第三阶段是公元前4世纪到公元5世纪，奴隶制危机和没落时期。以伊壁鸠鲁为唯物主义的著名代表，继承和发展了德谟克利特的原子论学说。其他的唯心主义学派有斯多葛学派和怀疑论等。

苏格拉底（前469～前399）是著名的古希腊哲学家，他和他的学生柏拉图及柏拉图的学生亚里士多德被并称为"希腊三贤"。他被后人广泛认为是西方哲学的奠基者。苏格拉底宣扬目的论，认为自然界的一切都是神有目的安排的结果。反对唯物论，拒绝认识自然，认为人无法理解自然。在伦理观上，宣扬宗教道德学说，认为哲学的目的在于使人"认识自身"，以便过着有道德的生活。提出"自知其无知"，由怀疑自己的知识开始的认识，是这种"自我认识"的来源。还倡导运用"助产术"——即在辩论时给对方提出一系列问题来帮助对方认识问题——帮助别人思想的产生。在雅典恢复奴隶主民主制后，苏格拉底被控蔑视传统宗教、引进新神、败坏青年和反对民主等罪名，被判处死刑。他拒绝了朋友和学生要他乞求赦免和外出逃亡的建议，饮毒酒而死。在欧洲文化史上，他一直被看作是为追求真理而死的圣人。他的言论多见于柏拉图的《自辩篇》、《科利多篇》、《拉斯基篇》、《斐多篇》以及色诺芬尼的《苏格拉底言行回忆录》中。

柏拉图（前427～前347）是西方客观唯心主义的创始人。柏拉图反对德谟克利特的唯物主义，认为世界由"理念世界"和"现象世界"所组成。理念的世界是真实的存在，永恒不变，而人类感官所接触到的这个现实的世界，只不过是理念世界的微弱的影子。在认识论上，反对感觉是认识的源泉，认为真实知识的源泉是人的不灭的灵魂对于理念世界的回忆。在社会政治方面，把贵族共和国认作"理想国"，为奴隶主贵族的统治秩序做论证。柏拉图曾到埃及、小亚细亚和意大利南部从事政治活动，企图实现他的贵族政治理想。公元前387年活动失败后逃回雅典，在一所称为阿加德米（Academy）的体育馆附近设立了一所学院，此后执教40年，直至逝世。他一生著述颇丰，主要有《理想国》、《智者篇》和《巴门尼德篇》等。

亚里士多德（前384～前322）古希腊哲学家、科学家和教育家，被马克思誉为"最博学的人物"，被恩格斯称为"古代的黑格尔"。亚里士多德是柏拉图的学生，亚历山大的老师。公元前335年，他在雅典办了一所叫吕克昂的学校，被称为逍遥学派。亚里士多德抛弃了柏拉图的理念说，承认物质世界是客观存在的，并提出一般不能离开个别而存在，理念与实物不能分开，实物自身中就包含着本质的思想。在哲学基本问题上，他既反对柏拉图的唯心论，也反对德谟克利特的唯物论。认为宇宙的基础是一种不固定的、消极的、只存在于抽象中的"第一物质"。它由其自身的非物质的形式的能动性决定。他还创立了形式逻辑学，丰富和发展了哲学的各个分支学科，对科学做出了巨大的贡献。亚里士多德一生勤奋治学，从事的学术研究涉及逻辑学、修辞学、物理学、生物学、教育学、心理学、政治学、经济学、美学等，写下了大量的著作，他的著作是古代的百科全书，据说有四百到一千部，主要有《工具论》、《形而上学》、《物理学》、《伦理学》、《政治学》、《诗学》等。

二、中世纪基督教哲学

中世纪是基督教鼎盛时期,其思想文化以基督教哲学思想为主。早期基督教哲学称为"教父哲学"。教会神父们用新柏拉图主义来为基督教教条辩护。这套理论对中世纪的政治和思想生活产生极为深远的影响。后期基督教哲学称为"经院哲学"。由于它的论证方法极为琐碎,又名琐碎哲学。经院哲学主张理性服从信仰,上帝是整个世界的创造者、主宰,人们要期待上帝的启示。

奥古斯丁(354~430)是古罗马帝国时期基督教思想家,欧洲中世纪基督教神学、教父哲学的重要代表人物。他是沟通古代时期和基督教时代的最早的一批神学家之一。奥古斯丁的宗教思想要义由两个部分组成:一部分是关于上帝神性的论述;另一部分是关于上帝之城和尘世之城的论述。他把基督教和新柏拉图主义综合起来。对于新教教会,特别是加尔文主义,他的理论是宗教改革的救赎和恩典思想的源头。著有《忏悔录》、《上帝之城》、《论意志自由》等。美学思想主要体现在他的神学著作和《忏悔录》中。

三、16 至 18 世纪西欧哲学

早期空想社会主义出现在 15、16 世纪的欧洲,一些进步的人文主义者主张取消私有制,实行公有制。主要代表人物是:英国的托马斯·莫尔、意大利的托马斯·康帕内拉。空想社会主义的理论集中出现在托马斯·莫尔的著作《乌托邦》和托马斯·康帕内拉的《太阳城》里。17 世纪英国资产阶级革命时期,进步的哲学家提出了与经院哲学对立的唯物论世界观——机械唯物论。代表人物是培根和霍布斯。他们运用当时自然科学的成就解释一切自然现象,说明事物的运动变化。在认识论上,主张真正的知识只能从经验中获得,属于唯物主义经验论。与此同时,自然神论、唯理论哲学在伏尔泰、斯宾诺莎那里得到发展。

笛卡尔(1596~1650),著名的法国数学家、物理学家和哲学家。他是西方近代资产阶级哲学奠基人之一。在哲学基本问题上,他主张二元论,认为世界有物质与精神两个本原存在。在认识论上,主张唯理论,认为清晰明白的概念就是真理,提出"天赋观念"的唯心主义理论。在物理学中他的唯物主义观点较明显,认为自然界是物质粒子连续不断的总和,物质世界的运动是永恒的,并按力学规律进行的。主要著作有《方法谈》、《形而上学的沉思》、《哲学原理》、《论世界》等。他的哲学与数学思想对历史的影响是深远的。人们在他的墓碑上刻下了这样一句话:"笛卡尔,欧洲文艺复兴以来,第一个为人类争取并保证理性权利的人。"

斯宾诺莎（1632～1677），荷兰唯物主义哲学家，泛神论者。他是西方近代哲学史重要的理性主义者，与笛卡尔和莱布尼茨齐名。斯宾诺莎认为自然界是万物存在的原因，是一切事物的统一基础。他尖锐地批判了笛卡儿的二元论，创立了一元论体系。他主张自然界本身就是神，否定神存在及神是自然界的创造主的观点。他还提出思维是所有物质的属性，认为整个自然界是永恒不变的，自然界所发生的一切现象都是必然的，完全否认偶然性的存在。在认识论上，他认为感性知识不可靠，只有通过理性的直觉与推理才能得到真正可靠的知识，是唯物主义唯理论的主要代表之一。主要著作有《神学政治学》、《伦理学》、《知性改进论》等。

伏尔泰（1694～1778），法国启蒙思想家、文学家、哲学家伏尔泰继承了洛克的唯物主义经验论思想，认为感觉经验是认识的源泉，感觉是外界事物作用引起的。认为宗教蒙昧主义是人类理性不共戴天的敌人。但他在抨击天主教时，又承认神的存在和宗教的必要性，是个自然神论者。伏尔泰是18世纪法国资产阶级启蒙运动的旗手，被誉为"思想之王""法兰西最优秀的诗人""欧洲的良心"。主要著作有《哲学辞典》、《形而上学论》、《牛顿哲学原理》等，其中最有影响的一本书是《哲学通信》，被称为"投向旧制度的第一颗炸弹"。

让·雅各·卢梭（1712～1778），法国著名思想家、哲学家、教育家、文学家，18世纪法国大革命的思想先驱，启蒙运动最卓越的代表人物之一。在哲学上，卢梭主张自然神论。他认为物质和精神是两个自古以来就存在的本原。物质是消极和僵死的，精神是积极的，推动物体运动的第一原因只能是上帝。在认识论上，认为一切知识是从感觉中产生的，但又认为道德观念是天赋的。他认为一切权利属于人民，政府和官吏是人民委任的，人民有权委任他们，也有权撤换他们，直至消灭奴役压迫人民的统治者。这就是人民主权思想。主要著作有《论科学与艺术》、《论人类不平等的起源》、《社会契约论》、《爱弥儿》、《忏悔录》等。

四、德国古典哲学

18世纪末19世纪初的德国资产阶级哲学。由于德国资本主义不发达，资产阶级有软弱性和妥协性，既有改变现状的要求，又害怕革命。德国古典哲学正是德国资产阶级这种精神状态的表现。德国古典哲学包括德国古典唯心主义哲学和费尔巴哈的唯物主义哲学。康德哲学中包含了一定的辩证法思想，但整个来说是二元论和不可知论。费希特和谢林发展了康德哲学中的唯心主义，并以思辨的形式发展了康德的辩证法思想。黑格尔的哲学是德国古典唯心主义哲学的顶峰，他提出了一套庞大的包含丰富的辩证法思想的客观唯心主义体系。费尔巴哈则根本抛弃了黑格尔体系，提出了人本主义的唯物主义哲学，恢复了唯物主义的权威，但却抛弃了辩证法思想。

伊曼努尔·康德（1724～1804）是德国古典唯心主义创始人。他承认"自在之物"的客观存在，它作用于感官而产生感觉。但他又认为"自在之物"不可认识，是人的认识无法达到的"彼岸世界"。认为时间、空间是人们头脑中所固有的感性直观的"先天形式"。知性运用先验的范畴对杂多的表象加工整理，就形成知识。康德的著名论断就是：知性为自然立法。知性把规律加给自然界，自然界的统一是由认识的主体——"自我"造成的。理性若超越主观经验的范围，就会使理性陷入不可解决的矛盾中（即康德所称"二律背反"）。主要著作有《纯粹理性批判》、《实践理性批判》、《判断力批判》、《论永久和平》、《道德的形而上学》等。

黑格尔（1770～1831），是德国古典哲学最著名的代表，德国古典唯心主义的集大成者。黑格尔把"绝对精神"看作世界的本原。绝对精神并不是超越于世界之上的东西，自然、人类社会和人的精神现象都是它在不同发展阶段上的表现形式。因此，事物的更替、发展、永恒的生命过程，就是绝对精神本身。黑格尔哲学的任务和目的，就是要展示通过自然、社会和思维体现出来的绝对精神，揭示它的发展过程及其规律性，实际上是在探讨思维与存在的辩证关系，在唯心主义基础上揭示二者的辩证同一。围绕这个基本命题，黑格尔建立起客观唯心主义体系，主要讲述绝对精神自我发展的三个阶段：逻辑学、自然哲学、精神哲学。黑格尔在论述每一个概念、事物和整个体系的发展中自始至终都贯彻了这种辩证法的原则。恩格斯给其高度的评价："近代德国哲学在黑格尔的体系中达到了顶峰，在这个体系中，黑格尔第一次——这是他的巨大功绩——把整个自然的、历史的和精神的世界描写为处于不断运动、变化、转化和发展中，并企图揭示这种运动和发展的内在联系。"主要著作有《法哲学原理》、《历史哲学讲演录》、《美学讲演录》、《哲学史讲演录》、《精神现象学》、《逻辑学》、《哲学全书》等。

路德维希·费尔巴哈（1804～1872），德国著名唯物主义哲学家。他批判了康德的不可知论和黑格尔的唯心主义，恢复了唯物主义的权威。他肯定自然是物质的客观实在，时间、空间和机械运动是物质的存在形式，人体自身是自然界的产物。他认为宗教不过是人类本质的虚幻的反映。在认识论上认为感觉是客观世界的映象，是意识与外界的联系。费尔巴哈的哲学是一种人本主义的唯物主义。他把人仅仅看作是离开具体历史条件和社会关系的抽象的生物学上的人。费尔巴哈在批判黑格尔的唯心主义时，抛弃了黑格尔的辩证法，因而他的哲学是形而上学唯物主义。他论证了宗教和唯心主义在本质上的联系，提出唯心主义只是用理性改造了的神学。在否定了过去的宗教之后，他试图建立一种无神的宗教来宣扬超阶级的爱。马克思和恩格斯批判地吸取了费尔巴哈哲学的"基本内核"，建立了科学的、革命的辩证唯物主义，因此费尔巴哈哲学是马克思主义哲学的来源之一。费尔巴哈著有《黑格尔哲学批判》、《基督教的本质》、《未来哲学原理》等书。

五、现代西方哲学派别

1. 非理性主义哲学（人本主义哲学）

反传统文化、否定近代理性主义的价值观，这是西方现代思想界最突出的现象。现代非理性主义思潮否认理性是人的本质。这一思潮出现在19世纪后半叶到20世纪初。其内部存在着众多互不相同的哲学流派。

叔本华（1788～1860），德国唯心主义哲学家，唯意志论者。他继承了康德对于现象和物自体之间的区分。不同于他同代的费希特、谢林、黑格尔等取消物自体的做法，他坚持物自体，并认为它可以通过直观而被认识，将其确定为意志。他认为"意志"是世界的本质，也是人的本质。整个世界是盲目的、非理性的、荒唐的"意志"所统治的。意志独立于时间、空间，所有理性、知识都从属于它。人们只有在审美的沉思时逃离其中。叔本华将他著名的极端悲观主义和此学说联系在一起，认为意志的支配最终只能导致虚无和痛苦。他文笔流畅，思路清晰，后期的散文式论述对后来哲学著作的诗意化产生了较大影响。著有《世界即意志和观念》。

尼采（1844～1900），德国著名唯心主义哲学家，唯意志论者。他是西方现代哲学的开创者，同时也是卓越的诗人和散文家。他否认客观规律性，认为意志具有决定性的意义。宣称"权力意志"是自然界和社会中发生的一切过程的动力，用"权力斗争"代替"生存斗争"的观念，用"万物永远还原"的说法来否认自然界和社会中的进步，反对科学的发展的理论。尼采的著作对后世影响巨大，他的思想颠覆了西方的基督教道德思想和传统的价值，揭示了在上帝死后人类所必须面临的精神危机。主要著作有《悲剧的诞生——从音乐的精神看》、《人性的，太人性的》、《快乐的科学》、《查拉图斯特拉如是说》、《善恶的彼岸》等。

海德格尔（1889～1976），是存在主义哲学家、现象学家。他从存在的角度解构了西方的哲学史，认为人类的历史就是存在的真理被遗忘的历史。海德格尔认为"在者之在"是世界的本质。时间性是人的存在方式，世界是形而上和形而下的统一，是一切关系和意义的总和。在海德格尔的代表作《存在与时间》里，他把人的"此在"的基本状态描述为"烦""畏""死"。他认为，人在根本上是孤独的，孤独的个人来到世界上，环境是他的对立面，是异己的。处于异己环境中的个人，其典型的精神状态是"焦虑"或曰"烦"，即人必须与异己的环境打交道。在这个过程中，个人又充满了恐惧,"畏":恐惧来自于对环境的惧怕,也来自于对死亡的恐惧。海德格尔悲观地认为,既然"死"是存在的必然结果,那么选择死亡是最符合存在目的的。

萨特(1905～1980),法国20世纪最重要的哲学家之一,法国无神论存在主义的主要代表人物。萨特的存在主义的中心命题是"存在先于本质"。他认为人的主观意识先于人的本质而存在。人被自己的主观意识"投放"到世界上来,首先是作为日常的人而存在,然后才按照自己的主观意愿"自由选择"自己的本质。在认识论上,人为意志、思维是主观自生的,它"自己规定自己",认识就是给对象规定本质的一种活动。主要哲学著作有《想象》、《自我的超越性》、《情绪理论初探》、《存在与虚无》、《胡塞尔现象学的一个基本概念:意向性》、《存在主义是一种人道主义》、《辩证理性批判》和《方法论若干问题》等。

2. 法兰克福学派

法兰克福学派是由德国的法兰克福大学社会研究所构成的学术团体,是20世纪最大的马克思主义流派,是西方人本主义马克思主义的主要流派之一,也是现代西方哲学的重要流派之一。

1930年,霍克海默担任社会研究所所长,从此开始以社会批判理论而著称的法兰克福学派的历史。法兰克福学派的历史可以划分为三个主要阶段。1930年至1949年为法兰克福学派的创立时期和早期,从法兰克福学派成员的活动地域来讲,这一时期主要是该学派的美国时期。霍克海默明确提出,社会研究所的任务是建立一种社会哲学,它不满足于对资本主义社会进行经济学和历史学的实证性分析,而是以"整个人类的全部物质文化和精神文化"为对象而揭示和阐释"作为社会成员的人的命运",对整个资本主义社会进行总体性的哲学批判和社会学批判。由此,霍克海默一方面引入弗洛伊德的精神分析学,进行文化和意识形态批判;另一方面,他为这一研究引进和组织了许多著名的学者,如阿多尔诺、马尔库塞、弗洛姆、本杰明等人,这些人或是成为法兰克福大学社会研究所的成员,或是成为研究所新创办的《社会研究杂志》的撰稿人,由此构成了法兰克福学派的强大阵营。这一时期,法兰克福学派发表了许多阐述批判理论的重要著作,如霍克海默的《独裁主义国家》、霍克海默和阿多尔诺的《启蒙的辩证法》、弗洛姆的《逃避自由》、马尔库塞的《理性与革命》等。

1949年至20世纪60年代末为法兰克福学派的中期,也是法兰克福学派的鼎盛时期或黄金时代。这一时期,不仅霍克海默、阿多尔诺、马尔库塞、弗洛姆等人继续建构与发展法兰克福学派的社会批判理论,而且一批年轻的理论家,如哈贝马斯、施密特、内格特等人开始崛起,成为法兰克福学派的第二代理论家。在这一时期,法兰克福学派进一步发展了自己的社会批判理论。他们进一步强调辩证的否定性和革命性,对发达工业社会进行了全方位的批判,深刻揭示了现代人的异化和现代社会的物化结构,特别是意识形态、技术理性、大众文化等异化的力量对人的束缚和统治,并制定了发达资本主义条件下的革命战略。法兰克福学派的激进的文化批判理论在60年代末席卷欧洲的学生和青年,获得了极高的声誉,产生了十分巨大的影响。代表法兰克福学派这一时期思想的主要著作有阿多尔诺的《否定的辩证法》、弗洛姆的《健全的社会》和《爱欲与文明》、哈贝马斯的《认识与兴趣》、施密特的《马克思的自然概念》,等等。

从20世纪70年代起,法兰克福学派进入了自己的发展晚期。60年代末席卷全欧洲的学生运动使法兰克福学派的声誉达到了顶峰,但此后法兰克福学派很快开始了衰落和解体的进程,造成这一状况的原因是多方面的。首先,法兰克福学派的第一代主要代表人物相继谢世,阿多尔诺于1969年去世,霍克海默于1973年去世,马尔库塞于1979年去世,弗洛姆于1980年去世。其次,法兰克福学派的第二代主要代表人物哈贝马斯和施密特之间存在很大的分歧,由此导致了法兰克福学派的解体。施密特认为法兰克福学派的批判理论在70年代的发达工业社会条件下依旧有效,而哈贝马斯则强调法兰克福学派的传统批判理论同现代社会条件的不适应性,他开始致力于探讨晚期资本主义的合法性问题,主张以交往理性来取代工具理性的核心地位,从而以交往行动理论重建历史唯物主义。这些分歧反映在施密特的《论批判理论的思想》、《作为历史哲学的批判理论》和哈贝马斯的《晚期资本主义的合法性问题》、《重建历史唯物主义》、《交往与社会进化》等著作之中。现在,哈贝马斯等人更多地是作为单独的思想家而活跃于国际学术界,法兰克福学派作为一个强有力的学派的历史基本上已经终结。

3. 实证主义哲学(科学主义哲学)

又称"实证论",产生于19世纪上半期,创始人是法国的孔德(1798~1856)。认为科学只是对于经验事实或经验现象的记录和描写。只有由人的主观感觉构成的经验事实才是"实证的",即确实的,把承认客观世界存在的哲学叫作"形而上学"。他把自己的哲学说成是既反对唯物主义也反对唯心主义的第三派哲学。

孔德反对一切空想的、批判的学说,把重整法国革命后社会动荡的希望寄托在工业社会自身的秩序上,最终以建立一种普遍人性的新宗教作为他的社会学任务。孔德否认社会生活的客观规律,他认为,在整个世界发展中,群体、社会、科学甚至个人思想都经历了神学、形而上学、实证三个阶段。他所处的时代,神学思想已属过去,支配现代人的将是科学思想;封建君主制度也正在消亡,取而代之的是以科学思想为指引的工业社会;人类理智的性质和发展阶段决定着社会秩序的组成和社会进步的类型；与人类理智发展的神学、形而上学和实证科学三个阶段相对立的社会组织形式，分别为神权政体、王权政体和共和政体。这样孔德就把人类社会历史完全归结为人类的理智发展史，因而与理智发展最高阶段相匹配的社会组织形式——工业社会就具有了普遍的、全人类的品格。孔德认为，为了获得实证知识，要采用四种方法，即观察法、实验法、比较法和历史法。贯穿在这些具体方法中的基本原则就是坚持统一的科学观，即认为社会同自然并无本质的不同，没有必要在自然科学和社会科学之间作出划分。这一思想，为后来的实证主义社会学奠定了方法论基础。著有《实证哲学教程》、《实证主义概论》、《实证政治体系》等书。

穆勒（1806～1873），英国心理学家、哲学家和经济学家。他在某种程度上发展了孔德的实证主义哲学，著有《逻辑学体系》、《论自由》、《功利主义》等。穆勒也强调事实和科学方法的价值，强调知识起源于经验，注重社会改革。但是孔德注重的是专门科学的方法和结果，致力于人类知识分类和系统化，而穆勒则以法国人所忽视的心理学、逻辑学为出发点。穆勒相信，社会和政治领域的知识进步，和自然科学的进步一样重要。所以要达到社会改革和人类幸福的目的，必须像发现自然规律一样，发现人类行为的规律。他认为，心理学确定的规律是最基本的规律，一切有关社会现象的其他规律都可以从中推演出来；但由于人的社会行为十分复杂，所以必须创建一门中介科学即"人性学"。它的任务是根据心灵的一般规律，结合人在社会中的地位，来促进某些行为倾向或防止某些行为倾向。在伦理方面，最大多数人的最大幸福是至善和道德标准。他还认为，不应将功利主义当成单纯的利己主义，自我牺牲行为是人类最高尚的美德。

【思考与练习】

一、谈谈你对古希腊哲学的理解，并试举例说明如何用于教学中。

二、谈谈你对中世纪基督教哲学的理解，并试举例说明如何用于教学中。

三、谈谈你对德国古典哲学的理解，并试举例说明如何用于教学中。

四、谈谈你对现代哲学的理解，并试举例说明如何用于教学中。

【参考文献】

[挪威] G·希尔贝克、N·伊耶著，童世骏等译：《西方哲学史：从古希腊到二十世纪》，上海译文出版社2004年版。

黄鸣主编：《常用哲学名词词典》，南宁：广西人民出版社1985年版。

[英] 罗素：《西方哲学史》，北京：商务印书馆1991年版。

第二节　东方哲学派别

东方哲学就最普遍定义来说，是指借由人的智慧去探讨宇宙间万事万物的最高原理的学问，此外，还包含如何通过实践行为以实现道德理想人格。受到西方哲学影响，百余年来东方哲学都使用西方哲学标准来加以分类与论述，因此现今东方哲学无论是中国哲学、日本哲学，还是印度哲学等，所有区域性哲学仍可划分为形而上学、宇宙论、理则学、宗教哲学、社会哲学、政治哲学和文化哲学等种类。

一、中国主要哲学派别

1. 儒家哲学

由孔子创立，孔子死后儒家分为八派，其中最重要的是思（子思）孟（孟轲）学派和荀卿（况）学派。西汉武帝时，采用董仲舒的建议，"罢黜百家，独尊儒术"，使之成为中国封建社会的统治思想。西汉末与谶纬迷信相结合。魏晋时玄学、佛学相继兴起，儒学渐衰。至唐代，由于韩愈提出"道统说"，儒学又出现中兴。宋代时，二程（程颢、程颐）、朱熹融儒、释、道三家，创立新儒学的理学，使儒学又成为封建社会的精神支柱。

孔子（前551～前479），名丘，字仲尼。春秋末期思想家、政治活动家和教育家，儒家学派创始人。在世界观上，他继承了殷、周以来的尊天命的思想，认为天有意志，主张"畏天命""知天命"，但另一方面，又对鬼神持怀疑态度，"不语怪力乱神"。因而相对地冲淡了"天"的神秘性与绝对权威。哲学上坚持以"仁"为核心的思想体系，对其后中国封建社会的政治理论思想有深远影响。

孟子（约前372～前289），名轲，字子舆。战国时思想家、政治活动家、战国中期的儒学大师。孟子承袭孔子的思想体系，反对变法，非议耕战，主张"遵先王"。其学说的中心是通过实行"仁政"以达到统一。孟子哲学的最高范畴是天。他把天想象成具有道德属性的精神实体。他说："诚者，天之道也。"他的哲学思想具有客观唯心主义的性质。

荀子（约前325～前238），名况。战国末期哲学家、教育家。先秦唯物主义哲学集大成者。他总结了百家争鸣的理论成果，创立了先秦时期完备的朴素唯物主义哲学体系。在自然观上，他认为"天"是客观存在的自然界，自然界有自己的规律即"天行有常"，反对天命论，提出"制天命而用之"的命题。在认识论上，提出"形具而神生"，第一次对形神关系做出唯物主义回答。著作有《荀子》。

韩愈（768～824），唐代著名文学家、唯心主义哲学家。他相信天命、鬼神、福瑞祥祯，认为人的贵贱、穷达皆由天命。同时反对因果报应，提出了与佛家法统对抗的儒家道统说。认为儒家有一个以仁义道德为中心内容的"道"，"尧以是传之舜，舜以是传之禹，禹以是传之汤，汤以是传之文武周公，文武周公传之孔子，孔子传之孟轲。轲之死不得其传焉。"并以孟轲后继者自居，"使其道由愈而粗传"。著有《昌黎先生集》。

2. 道家哲学

是中国古代哲学的主要流派之一，以老子与其后的庄子的"道"学说为中心思想的学派。认为世界的本原是"道"。后来与名家、法家结合，成为黄老之学，盛行于汉初。它的"无为而治"主张，对汉初的经济恢复起到了积极作用。魏晋时，何晏、王弼"援道入儒"，创立了玄学。宋明理学也是综合了儒、释、道三家思想的新儒学。在中国思想史上有重要地位。

老子，姓李名耳，生卒年不可考。他的著作《老子》成书于战国初、中期。在这本书中，老子第一次把"道"作为哲学的最高范畴、世界万物的本原。《老子》中还包含有较为丰富的朴素辩证法思想，承认矛盾双方"相生""相成"的相互依存关系，和"正复为奇，善复为妖"的相互转化关系，提出了著名的"万物负阴而抱阳""反者道之动"等著名哲学命题。

庄子（前369～前286），名周，战国时宋国人，哲学家。它继承了老子唯心主义思想，并将之发展为主观唯心主义。他认为"道"是"无为无形""自本自根"的，是"生天生地"的本原。他主张天道自然无为，人的生死为气的聚散，有朴素唯物主义的因素。在认识论上，他继承了老子某些辩证法思想。在社会政治思想上，认为仁义礼智是对人类本性的限制。他反对工艺技术和发展生产，认为历史是退化的。主张回到"同与禽兽居，族与万物并"的原始社会。《庄子》是庄周学派的著作总集。

3. 墨家哲学

指由墨翟创立的以"兼相爱，交相利"学说为宗旨的学派。墨家同儒家的争辩，成为先秦"百家争鸣"之始。在战国时代，儒、墨并称为"显学"。至西汉中期，儒家独尊，墨家渐趋衰落。《墨子》一书是墨家学派的集体创作，现存53篇。

墨子（约前468～前376），名翟，鲁国人。春秋战国时的思想家、政治家。他的政治思想以"兼相爱，交相利"为核心，主张用"兼爱"代替等级差别，以平等互助的方法来"兴天下之利，除天下之害"，对传统宗法等级制进行批判。"兼爱"原则运用在国与国关系上，就是主张"非攻"；在用人上，就是主张"尚贤"；在生活上，就是"节用""节葬""非乐"。在哲学上,重视发挥人的主观能动作用,提出"强必富""赖其力者生",用"尚力"来反对孔子的天命论。在认识论上,提出"三表法",及"取实予名"的命题与"察类明故"的逻辑。

4. 佛教哲学

佛教哲学是中国哲学的一部分,是印度佛教与中国封建传统哲学相结合的产物。佛教于公元前2年传入中国内地,在中国社会历史条件下得到发展,魏晋时与玄学结合,形成风靡一时的般若学。佛教思想在中国发生影响,主要是靠中国义学僧人的创作、传播和推广。如道安、慧远、僧肇、道生等人的佛教论文在中国思想界影响深远。隋唐时期,佛教与儒、道并称三教。此时,佛教理论也建立起多种独立的宗派体系,形成了天台宗、净土宗、法相宗、禅宗等中国宗派,并传到了朝鲜、日本和越南。宋以后,佛教思想日益与儒、道相融合。

禅宗是唐代佛教宗派之一。因主张用禅定来概括佛教的全部修习而得名。据传以天竺僧人菩提达摩为中国始祖,又称达摩宗。达摩于南朝梁武帝时来华,以《楞伽经》、《金刚经》为主要经典授徒。认为客观事物虚幻不适,而只有"真如""佛性"永恒。五传至弘忍。弘忍死后,分为南北二宗:北宗渐门以神秀为六祖,基本遵守初期禅宗教义,坚持渐悟说。南宗顿门以惠能为六祖,惠能是禅宗的发扬光大者,提倡心性本净、佛性本有、直指人心、见性成佛。认为世上事物都由人心产生,"心生万种法","本性是佛",主张顿悟成佛。又提倡"恩则孝养父母""义则上下相怜",将佛教思想与儒家传统结合起来,形成一个纯粹中国化的佛教。惠能以后,禅宗广为流传,于唐末五代时达于极盛。禅宗使中国佛教发展到了顶峰,对中国古典文化的发展具有重大影响。

二、其他东方哲学派别

1. 印度哲学

印度哲学对哲学和宗教的区分不像西方那样清楚,在最古老的梵文经典《吠陀》中记载了古代雅利安人的世界观。《吠陀》中描述的世界混杂了神话和教义,但却不能被称作是哲学。大约成书于公元前800年到前500年之间的《奥义书》中,宣扬了一种新的宗教和形而上学学说。《奥义书》这个词涉及智者与其学生之间的关系。记录在这种情况下所传达内容的哲学文本被称作《奥义书》。因此,可以说《奥义书》与柏拉图的对话相似。《奥义书》的中心议题之一是出生和死亡的永恒"圆舞"的观念,就是所谓转世学说。生和死的永世循环被称为"轮回"。以这种方式获得再生的是作为个体的最内部的"自我"。《奥义书》的另一个假定是说"自我"是与"绝对的、无所不包的神圣"相统一的。[1]

吠檀多派是印度婆罗门教六派哲学之一,是印度哲学史上占统治地位的唯心主义哲学派别。亦称"后弥曼差派"或"梵弥曼差派"。吠檀多的意思是"吠陀的终极",原指《奥义书》。相传最初创始人是跋陀罗衍那(生平不详),后来的吠檀多论者公认他是该派根本经典《梵经》的作者。《梵经》亦称《吠檀多经》或《广博经》,大概形成于公元200～450年间,主要阐述《奥义书》中关于梵、我、幻的哲学理论,并对其他哲学派别的理论进行了攻击和批判。

吠檀多主义在《梵经》中强调"梵我同一",即强调作为外在的、宇宙终极原因的梵和作为内在的、人的本质的自我在本性上是同一的,也就是"大宇宙"与"小宇宙"是统一的。这种"梵我如一"的思想是继承了《奥义书》中唯心主义的中心思想。它不仅是印度教的核心思想,而且在印度传统思想中占主导地位。

2. 日本哲学

在5世纪前后,汉字和儒家思想传入日本,6世纪中期佛教经过朝鲜传入。它们对日本的文化和思想产生了很大的影响。日本有文字记载的哲学思想,最初出现在《维摩经义疏》等著作中。7世纪下半叶,儒学的影响特别显著。编纂于8世纪的《古事记》和《日本书纪》也带有儒学的色彩。

佛教经朝鲜传到日本以后,起初并非一种以教义为核心的宗教,而只是对佛像和佛经等的信仰和崇拜。日本政府在8世纪初发布"僧尼令",把佛教变成国教,从而使佛教思想占了优势。这时,日本原有的神道教虽然继续流传,但实际上处于佛教思想的指导之下。

到了奈良时代,佛教与政治结合得更加紧密,加强了作为国教的地位。神道教和佛教这时开始在教理上调和、折中,但是神道仍然被置于从属的地位。9世纪初,名僧最澄和空海到中国唐朝留学,回日本后分别创立了天台宗和真言宗,在日本确立和传播大乘佛教。

日本的佛教哲学,也是建立在"世界无别法,唯是一心作"和"一念三千"等唯心主义观点的基础上的。天台、真言两宗除被赋予"镇护国家"的任务外,在当时日本人的生活中还作为世界观来看待。到10世纪,佛教思想开始渗透到平民中间去,神道教和佛教的调和、结合也有所发展。

到13世纪,出现了净土宗、禅宗、真宗、日莲宗、时宗等派别。从平安时代到

---

[1] [挪威]G·希尔贝克、N·伊耶著,童世骏等译:《西方哲学史:从古希腊到二十世纪》,上海译文出版社2004年版。

镰仓时代，日本的哲学思想主要以佛教教义为特征，实际上是宗教迷信，还谈不上真正哲学意义上的世界观。哲学意义上的世界观后来在佛教禅宗与中国宋明理学结合的时候才开始出现。

【思考与练习】

一、儒家哲学的代表人物有哪些？他们的哲学主张是什么？

二、道家哲学的代表人物有哪些？他们的哲学主张是什么？

【参考文献】

黄鸣主编:《常用哲学名词词典》，南宁：广西人民出版社1985年版。

第三节 东西方哲学的主要异同

中国哲学的派别众多，先秦时期有儒家、道家、墨家，宋明时代的理学也分了不少派别，各家各派都有自己的见解。西方哲学也是如此，古希腊哲学有很多派别，到了近代、现代，西方哲学派别更多。所以，要简单地讲中国哲学是怎样的、西方哲学是怎样的是很困难的。我们只能就中国大多数思想家与西方大多数思想家的思想相互比较，不排除其中许多例外的特殊的思想家。

大体来讲，根据张岱年先生的分类[1]，中西哲学的差异表现在中西思维方式、本体论、哲学根本范畴、人生理想等方面的不同。

一、中西思维方式的不同

西方哲学的思维方式比较显著的特点就是注重分析。从古希腊一直到近代，尤其是近代西方哲学，分析思维占主流。恩格斯用了黑格尔的"形而上学的思维方式"，把英国培根、洛克以后的科学思维方法叫作形而上学的思维方式。可是中国哲学从古代一直到近代，辩证思维占主流。老子讲"正言若反""反者道之动"。他认为一切事物后来都归于否定。孔子讲"叩其两端"，意思是在解决问题时要从两方面来考虑。宋朝的张载、明朝的王夫之都是辩证思维的代表。

当然，中国也有分析思维，在先秦时期百家争鸣时，墨家比较注重分析思维，但

---

[1] 谢龙编:《中西哲学与文化比较新论：北京大学名教授演讲录》，北京：人民出版社1994年版。

是汉朝以后，墨家逐渐断绝，分析思维逐渐式微。西方也有辩证思维，古希腊辩证思维很丰富，其中的代表是赫拉克利特，他是西方辩证法的开端。

虽然老子与赫拉克利特都是辩证法的大家，但是他们的辩证法也不一样。中国哲学的辩证思维比较注重对立的统一，注重和谐，认为和谐、对立的融合是最重要的。而西方则认为对立面的斗争是最重要的。

二、哲学根本范畴的差异

中西哲学中的许多根本范畴也不同。中国哲学中的根本概念、根本范畴很难翻译成外文；西方哲学中的许多概念、范畴也很难翻成中文。中国哲学中的"道""气""神""诚"等范畴，意义深刻，不容易译成外文。而西方哲学也有类似情况，以"Being"一词为例，"Being"包含了"是""存在"的意义，在中文中难以找到合适的词来译出这两个意义。关于范畴观念在中西哲学中的意义，成中英教授也做了一些分析。他认为西方哲学视范畴为知识论和形而上学本体论，是终极观念；而中国哲学则视范畴为规范人类行为、价值、宇宙万象性质及其变化的分类和法则。前者注重结构的分析，故与逻辑并行发展；后者注重过程的观照，故以体验、修养为目标。前者失之在于过分重视逻辑，而忽视动态具体事物所显示之关系；后者失之在于过分强调变化，而缺乏对宇宙事物的抽象和对观念系统的了解。

从总体上看，中国比较重视社会人伦，西方比较重视个人自由。牟宗三先生认为：从中西哲学传统的长期发展的方面来看，两个哲学传统的领导观念不同，用两个名词表达即——在中国是生命，在西方是自然。他说"中国文化之开端，哲学观念之呈现，着眼点在生命，故中国文化所关心的是'生命'，而西方文化的重点，其所关心的是'自然'或'外在的对象'"。当然，将两者分别概括成生命或自然两个观念，只是说各自重点的不同，并不是说中国人没有自然观念，也不代表西方人不知道生命，只是由此来看中西哲学发展的大体脉络。

中国几千年的学问精华集中在性理、玄理、空理，加上事理与情理。这一方面的学问是属于道德宗教方面的，是属于生命的学问。性理、玄理、情理也即儒、释、道三教，这是中国哲学传统留下的智慧方向。西方哲学概括起来有三个传统，即柏拉图传统，莱布尼茨、罗素传统，康德传统。柏拉图代表了古典传统；从莱布尼茨开始到罗素发展出了数理逻辑传统；而康德则对理性主义与经验主义加以批判，形成了自己的传统。

三、人生理想的差异

中国的人生哲学是一种安宁快乐的哲学，而西方哲学则是死亡和痛苦的哲学。中国的哲学总是试图让人感到快乐。孔子说："学而时习之，不亦乐乎。"孟子说："反身而诚，乐莫大焉。"宋明理学的创始人之一邵雍，自称是安乐先生，写有《安乐吟》："乐见善人，乐闻善事。乐道善言，乐行善意。……为快活人……"禅宗总是通过自净心意的办法尽量将烦恼去掉。六祖主张："自心常起正见，烦恼尘劳，常不能染，即是见性。"也就是说，一个人只要能够做到念念清静无染，明心见性，就能够顿悟，破除一切烦恼，最终获得永远的快乐，乃至成佛。

西方哲学在这一点上正好与中国哲学相反。当然西方哲学也有追求快乐的哲学，但没有成为主流。例如，伊壁鸠鲁就讲过："解除对死亡的恐惧，快乐地生活。"他发现西方人对死亡过分恐惧，认为只要解除了对死亡的恐惧，就能快乐地生活。这表明当时西方人对死亡本身的恐惧已经成为问题了，他想以一种享乐主义来抵消这种恐惧感。只是他的主张并没有成为西方哲学的主流。西方哲学的主流是研究死亡和痛苦。柏拉图认为研究哲学就是进行一种死亡练习，所以他的哲学的主题与死亡无法分离。古希腊的另一位哲学家斯多葛的格言是：只有准备去死的人，才是自由的。如果想获得真正的自由，就要随时准备去死。中世纪集大成的基督教哲学家奥古斯丁则说："我看到的一切只有死亡。"基督教认为，人生来是有罪的，只有不断地吃苦，人的罪行才能减轻。所以基督教主张人要通过受苦来赎罪。霍布斯认为怕死使人们倾向和平的情绪，人类倾向和平并不是因为人类本性是善良的，而是因为他怕死才这样做的。卢梭认为老年人要学习死亡。狄德罗说："死亡对我来说快乐无比。"叔本华、尼采都是举世皆知的悲观主义者，海德格尔则提出人应该向死而生。可以说，西方哲学从总体上是让人们学会痛苦，并以这种方式来激励人生。

四、天人关系论的区别

中国哲学主张天人合一论，西方哲学主张天人相分论。

张岱年先生认为："中国传统哲学，从先秦时代至明清时期，大多数（不是全部）哲学家都宣扬一个基本观点，即'天人合一'。这是中国传统哲学的一个独特的观点，确实值得深入的考察。"[1]

---

[1] 张岱年：中国哲学中"天人合一"的思想的剖析，《北京大学学报》（哲学社会科学版）1985年第1期。

所谓"天人合一",可以看作一个命题,也可以看作一个成语。天人合一的思想起源于先秦时代,而这个成语则出现较晚。汉代董仲舒曾说:"以类合之,天人一也",又说:"天人之际,合而为一",但是没有直接标出"天人合一"四字成语。宋代邵雍曾说:"学不际天人,不足以谓之学。""际天人"即是通贯天人,也是天人合一的思想,但也没有提出这四个字。明确提出"天人合一"四字成语的是张载,他说:"儒者则因明致诚,因诚致明,故天人合一,致学而可以成圣,得天而未始遗人。"他又说:"合内外,平物我,自见道之大端。""天人合一"亦即内外合一。程颢也讲"天人一",他说:"故有道有理,天人一也,更不分别。"但他不赞同讲"合",他说:"天人本无二,不必言合。"程颢讲"不必言合",可能是对于张载的批评。张、程用语不同,但是他们关于天人关系问题的思想还是基本一致的。

中国古代哲学中所谓"天",在不同的哲学家的阐述里具有不同的含义。大致说来,所谓"天"有三种含义:一指最高主宰,二指广大自然,三指最高原理。由于不同的哲学家所谓天的意义不同,他们所讲的天人合一也就具有不同的含义。"合"有符合、结合之义。古代所谓"合一",与现代语言中所谓"统一"可以说是同义语。合一并不否认区别。合一是指对立的两方彼此又有密切相连不可分离的关系。

"天人合一"的思想主要包括以下几个方面:第一,人是自然界的一部分。张载说:"理不在人皆在物,人但物中之一物耳。"明确肯定人是一物。张载《西铭》说:"天称父,地称母,予兹藐焉,乃混然中处。"其主要意义是肯定人类是天地的产物,即自然的产物。第二,自然界有普遍规律,人也服从这普遍规律。张载认为,阴阳相互作用相互推移的规律就是性命之理,自然界与人类遵循同一规律。第三,人性即是天道,道德原则和自然规律是一致的。张载说:"性与天道云者,易而已矣。"他认为性与天道具有同一内容,即是变易。程颐说:"道与性一也。"又说:"道未始有天人之别。"他认为天道、人性、人道是同一的,其内容即是理,也就是仁义礼智等道德原则。张、程都肯定性与天道的同一性,但张载以为这道即是变易,程颐则以为道即是理,这是彼此不同的。

西方与中国的主流哲学思想正好相反,在天人关系上,西方哲学中的天人相分论占主流。天人相分就是意味着人要战胜自然、克服自然、征服自然,即人定胜天,这是西方人的主流思想。当然西方也有不少学者主张天人和谐论,但从整体上看这不是主流。

西方天人相分的思想认为,人是主体,自然界是认识对象,是客体,人类通过大脑的推理、论证,结合实践创造出知识和技术就可以战胜自然。

【思考与练习】

一、谈谈中西方哲学的主要异同。

二、如何与持不同哲学观的人士进行交流？

【参考书目】

辜正坤：《中西文化比较导论》，北京大学出版社2007年版。

任继愈、张岱年、冯契、汤一介等编：《中国哲学通览》，上海：东方出版中心1994年版。

谢龙编：《中西哲学与文化比较新论：北京大学名教授演讲录》，北京：人民出版社1994年版。

张岱年：中国哲学中"天人合一"的思想的剖析，《北京大学学报》(哲学社会科学版) 1985年第1期。

第五章
国外汉学研究

第一节 汉学与传教士

一、关于汉学与中国学的定义及区别

"汉学"一词是西文Sinology的译名,有时也称作"国外汉学""国际汉学"或"世界汉学"。汉学这个名称最早见于19世纪上半叶,从构词上,它是"Sino"(中国)加"-ology"(学问、论说)而构成,意思是有关中国的学问。关于这方面的情况,德国汉学家傅海博(Herbert Franke,1914~2011)曾指出:"'Sinology'是许多'-ologies'中的一种,他们被铸造出来专指19世纪出现的知识领域。它用于英语相对晚。1838年,首见汉学家(sinologist)一词,稍后不久(1857),又有同义词'sinologer'与之并用,但它容易让人想起占星术士(astrologer)令人不快,现已成为废字。'Sinology'被当作'关于中国事物的研究'这个含义,据考证是在1882年,甚至更晚些。因此,大约在1860年至1880年间,'Sinology'这个希腊、拉丁语合成词及其派生词便被普遍使用了。这正是汉语研究和中国总体研究被认作一种学术科目之时。"[1] 这里说的是西欧的情况。俄罗斯的情况与之相近。日本、韩国等邻国的情况有些特殊,它们均有借用汉字进行写作的历史阶段,因此这些国家的传统学术,几乎无处不涉及中国。直

---

[1] Herbert Franke, In Search of China: Some General Remarks on the History of European Sinology, in Ming Wilson & John Cayley (eds.), *Europe Studies China*, London: Han-Shan Tang Books, 1995:12.

到他们有了自己的语言文字，纯粹的本土文学得以滋生之后，汉学才渐渐分立门户，成为一门独立的学科。

东西方国家汉学兴起的年代和动机有很大的差别，但是从研究内容上讲却体现出相同的特点，即都是以中国的人文学科和社会科学为主，包括语言、文字、文学、历史、考古、人类学、哲学及艺术等，对政治、经济等社会科学领域的研究不多。"汉学"这个概念在使用时又有狭义和广义之分。狭义的汉学是关于汉语文献以及相关文物遗存、文化活动的研究；广义的汉学则是关于整个中华民族文献典籍、文物遗存和文化活动的研究。

汉学大致和我国过去的"国学"一词在实质上相近，涉及范围也大体相同。但由于研究主体的不同，所以有"汉学"和"国学"之别。因此，汉学与国学的主要区别在于研究主体，而不在研究对象。汉学的研究主体是外国学者，即外国人研究中国学术，所以在汉学之前往往加上"国外""国际""世界"等词。

与汉学这个词有关的还有一个词是"中国学"或称为"中国研究"，也是外国人研究中国问题。鉴于国外学术史中"汉学"曾有贬义色彩（如日本有"支那学"一名，贬义色彩更加明显），有人主张应该以"中国学"代之。但在实际上，西方国家出现的"中国学"最初多以现代中国的社会问题为研究对象，同汉学在研究领域与研究方法上有所不同。从学科地位上看，汉学在中国学出现之前已有了相对独立的学科地位，而中国学则被置于区域研究之中。在当今的西方学术界，尤其是研究中国人文科学传统深厚的一些国家的学者仍然喜欢把他们的研究称为"汉学"(Sinology)，而有关现代中国的研究则被称作"中国学"(Chinese Studies)。

北京大学比较文学与比较文化研究所所长严绍璗教授指出："我国学术界目前在关于 Sinology、Chinese Studies 等的译名和关于这一学术的名称的认定方面，认识上的差距很大。"所以在论述"Sinology"时，严教授一律使用原文，使用译文时，则译为"国际中国学"，但同时又附加一个括号，括号内注明"汉学"，以示对各学派的尊敬。[1]

二、明清传教士建立汉学的贡献

由于地理的缘故，西方国家对中华文明的接触和研究大大迟于东方国家。意大利的马可·波罗可谓中西文化交流的先驱。他在 13 世纪 60 年代来到中国，并依据 25 年的东方生活经历写成了《马可·波罗游记》。该游记的发表对西方国家了解中国发挥了

---

[1] 严绍璗：我对国际中国学（汉学）的认识，《国际汉学》2000 年第 5 辑，第 8 页。

重要的作用。

到了 16 世纪，随着中西贸易的开展和文化交流的展开，随着西方各国的商贸活动的东扩以及殖民主义势力向东方国家的渗透，西方各国逐渐有了"汉学"。因而早期的汉学家中有航海家、商人、外交人士等，其中随商贸活动的开展深入到中国各地宣传基督教的传教士发挥了重要作用。最初，这些传教士大多都是欧洲天主教传教士，他们从 16 世纪陆续东来并在 17 世纪初打入中国宫廷，通过他们的介绍，西方才逐渐对中国有所了解。

天主教传教士利玛窦、郭纳爵、柏应理、卫方济和白晋等人向西方大量介绍中国儒家典籍。他们的译介曾给西方思想界的启蒙运动造成一定的影响。根据传教士译介的儒家思想，法国哲学家笛卡尔倡导理性主义以反对罗马教廷的御用神学。宋明理学成为德国哲学家莱布尼茨倡导实践哲学的依据，法国思想家伏尔泰则是儒家思想在欧洲最有力的鼓吹者。

新教传教士向西方介绍儒家典籍最成功的是理雅各，自 1861 年出版《中国经典》第一卷起，他在其后的 25 年间，陆续在英国出版了《四书》、《五经》、《孝经》、《道德经》、《庄子》等书。现在这批译本仍是西方的标准英译。

在文学艺术方面，1732 年，法国传教士马若瑟最早将中国元曲《赵氏孤儿》译成法文介绍到西方，伏尔泰将它改编成五幕剧于 1755 年在巴黎公演。

传教士向西方介绍中国的历史与现状，促进了西方各国对中国文化的理解。他们直接参加或帮助欧美学术机构建立了中国学的研究中心。英国第一个汉学讲座就是由英国传教士理雅各于 1876 年在牛津大学建立并由他担任第一任教授的。美国第一个汉学讲座是由美国传教士卫三畏于 1877 年在耶鲁大学建立并由他担任第一任教授的。

三、传教士中的重要人物：利玛窦

利玛窦（Matteo Ricci，1552～1610），意大利的耶稣会传教士，学者。明朝万历年间来到中国居住。其原名中文直译为玛提欧·利奇，利玛窦是他的中文名字，号西泰，又号清泰、西江。在中国颇受士大夫的敬重，尊称为"泰西儒士"。他是天主教在中国传教的开拓者之一，也是第一位阅读中国文学并对中国典籍进行钻研的西方学者。他除传播天主教教义外，还广交中国官员和社会名流，传播西方天文、数学、地理等科学技术知识。他的著述不仅对中西交流做出了重要贡献，对日本和朝鲜半岛上的国家认识西方文明也产生了重要影响。

1552 年利玛窦出生于意大利马尔凯州的名门。他 16 岁来到罗马，1571 年加入了耶稣会。1572 年在耶稣会主办的罗马学院学习哲学和神学，并学习了天算。在这段时期，他还学会了拉丁文和希腊语，而且也会使用葡萄牙语和西班牙语。

1577年9月13日起，利玛窦赴印度果阿开始了为期4年的传教。1582年（万历十年）利玛窦应召前往中国传教，8月7日到达澳门。1584年至1600年间，利玛窦分别在广东肇庆、韶州、南昌、南京等地进行传教活动。为了传教，他从西方带来了许多用品，比如圣母像、地图、星盘和三棱镜等，还有欧几里得《几何原本》。在此期间，利玛窦制作并印行《山海舆地全图》，使中国人首次接触到了近代地理学知识。他还翻译了欧几里得《几何原本》的第一卷，并将《四书》译为拉丁文。从1594年起，利玛窦开始蓄发留须，并穿起了当时儒士的服装，结交了叶向高、李贽、徐光启等。利玛窦带来的各种西方的新事物，吸引了众多好奇的中国人。特别是他带来的地图，令中国人眼界大开。

利玛窦于1601年1月24日抵达北京。进呈自鸣钟、圣经、《万国图志》、大西洋琴等方物，得明神宗信任。1601年，明神宗下诏允许利玛窦等人长居北京。到了1605年，北京已有200人信奉天主教，当中有数名更是公卿大臣。这当中最著名的，也是后来影响最大的是进士出身的翰林徐光启。1610年（万历三十八年）5月11日利玛窦病逝于北京，赐葬于阜成门外的二里沟。

利玛窦开展了晚明士大夫学习西学的风气。由明万历至清顺治年间，一共有一百五十余种西方书籍翻译成中文。

在利玛窦之后，17世纪后半叶，法国国王路易十四派遣了天主教传教士张诚、白晋等5人来华。他们于1688年到达北京，受到清康熙帝的召见并得到任用。最早由耶稣会派遣来华的法国传教士是金尼阁，于1611年来到中国。

四、国外汉学研究的发展

16到18世纪，欧洲传教士把在中国的经历、见闻传回欧洲，也把中国文化译介给了欧洲，形成了被称作"传教士书简阶段"的西方最初的汉学。

不过，学术界认为，由利玛窦等耶稣会士来华而兴起的西方对中华文明的关注和研究，仅能称为"传教士汉学"。中华文明走入西方大学课堂，真正成为学术研究对象，应是从1814年12月11日法兰西学院创设"汉语、鞑靼语和满语语言文学讲座"开始的，其创始者是法国著名汉学家雷慕沙。雷慕沙的讲座，标志着西方经院式汉学研究的开始。紧随其后，西方各国的大学纷纷开设有关中国文化或语言的课程。由此可见，汉学是在19世纪开始进入西方各国的大学的，并确立了独立学科的地位。如果从雷慕沙创设"汉语、鞑靼语和满语语言文学讲座"开始，西方的汉学作为一个独立学科至今已有200年历史。

早期，西方人研究中国，不外乎是为了传教、通商、扩展殖民地，或干脆视中国为一神秘的国度，带着"赏玩古董"，以个人兴趣为主的心情来探究中国。到第二次世界大战后，随着中国在"世界体系"中的地位愈来愈重要，汉学也就从冷门科目逐渐变成以近代中国（从鸦片战争算起）的政治、经济及社会发展为研究主体的美国式"中国研究"了。

第二次世界大战之后，世界格局发生了巨大变化。美国学界认为应当加大对非西方国家的研究，从这些国家的文化背景下理解这些国家的发展和变化。在这样的背景下，区域研究作为一门独立的研究领域开始出现、形成。随着区域研究的形成，当代美国的中国研究也有了相应的学术位置。区域研究在美国的兴起，不仅推动了当代美国中国学的发展，也影响了二战后各国中国学的发展。

从发展阶段上看，当代中国学的发展可以分为两大阶段。

第一阶段是从1949年中华人民共和国成立到20世纪70年代末，在这一阶段，美国中国学研究领域的观点对各国的中国学都有重大影响。从整体上看，政治因素的重大影响成为这一时期的特点，并造成了很多问题。从国外中国学的研究条件上看，这一时期也有很大不足。国外学者不能同中国学者进行充分交流，不能到中国开展有效的实地调查，没有进入中国社会近距离长期观察中国的机会。这些都严重制约着国外中国学的健康发展。国外中国学的这些不足，直到20世纪80年代之后才逐渐有了彻底的改变。

当代国外中国学发展的第二个阶段是20世纪80年代之后，这一阶段是当代国外中国学获得全面发展和丰硕成果的阶段。20世纪80年代之后，中国实行改革开放政策的成效开始显露，国外中国学界也开始进入空前的活跃期。在此后的二十多年里，随着中国在政治、经济、社会方面出现的变化，和国外中国学界发表的有社会影响的成果的问世，在世界范围内形成了关注中国的热潮。在此大背景下，国外中国学界在研究人员、研究对象、研究方法和研究成果方面发生了巨大变化。研究的客观性大大增加、研究条件大大改善、研究领域有所扩展、研究成果剧增、研究队伍也得到壮大，学科地位得到了极大的提升。

【思考与练习】

一、通过对比"汉学"和"中国学"的定义，谈谈对汉学概念内涵的理解。

二、简述明清传教士对汉学研究的影响。

三、简要叙述国外汉学研究的历史与现状。

【参考文献】

顾长声:《传教士与近代中国》,上海人民出版社 2004 年版。

何培忠主编:《当代国外中国学研究》,北京:商务印书馆 2006 年版。

李学勤:《国际汉学漫步》,石家庄:河北教育出版社 1997 年版。

薛爱华:汉学的内涵与状况,《唐学报》(T'ang Studies) 第 8~9 辑 (1990~1991)。

严绍璗:我对国际中国学(汉学)的认识,《国际汉学》2000 年第 5 辑。

朱政惠主编:《海外中国学评论》(第 2 辑),上海古籍出版社 2007 年版。

第二节 各国的汉学研究及汉学家

一、欧洲汉学研究及汉学家

1. 英国

英国早期的汉学研究是伴随着英国的对华传教、商贸及外交活动而出现的。进入 19 世纪后,汉语教学和研究中国问题的机构才开始出现。如 1823 年大不列颠爱尔兰皇家亚洲学会成立,1825 年伦敦东方语言学校建立等。

早期的研究人员出身于传教士或驻华外交人员。应当注意的是,这批第一代的汉学家并非是出于对中国文化的热爱或仰慕而到中国来研究中国语言和文化的,他们带着改变中国人信仰和征服中国的企图来到中国。他们在中国的经历有两面性,一方面,他们了解中国和中国文化的目的是为英国的侵略政策服务,从而使其中国研究带有功利主义的色彩;另一方面,当他们与中国文化深入接触了之后,对中国文化产生了强烈的兴趣,以至于后来走上了研究中国的道路。

早期的著名学者有被誉为"近代英国第一位著名汉学家"的牛津大学首任汉学教授——理雅各 (James Legge, 1815~1897)。他用了 20 年的时间翻译中国的四书五经,集合成 7 卷本的《中国经典》。

另一位剑桥大学教授威妥玛 (Thomas Francis Wade, 1818~1895) 对中国汉字进行了深入研究,总结了"威氏罗马汉字拼音系统"。他的继任者翟理斯 (Herbert Allen Giles, 1845~1935) 编纂了《汉英词典》,著有专著《中国文学史》。在《汉英词典》中,他对威氏罗马拼音系统做了进一步的加工,使得这一拼音系统在西方汉学界得以推广。

20 世纪初,英国的东方语言教学还远远落后于欧洲大陆的其他国家。1945 年以后,欧洲大陆和美国大学的中国研究已不局限于单纯的语言教学,一些大学把中国哲学、文学或艺术等研究从中文系中分离出来，整合到相关的系中进行研究。这一研究趋势对英国汉学产生了影响。

20世纪40年代，英国的中国研究从传统汉学向当代中国研究过渡；50年代，中国学学科地位初步形成；80年代后期，英国的中国学开始向应用方向转变。经过90年代中国学研究的反思，英国的中国研究受到多方面重视，1999年政府专项资金注入中国学研究领域，使该领域的研究出现了前所未有的活力。进入21世纪，英国对中国学研究领域的认识又上升到新的阶段。

20世纪英国著名的汉学家有：亚瑟·韦利（Arthur Waley，1889～1966）、戴维·霍克思（David Hawkes，1923～2009）、李约瑟（Joseph Needham，1900～1995）等。

韦利是翟理斯的学生，在英国博物馆工作了近20年。他翻译、研究《诗经》和唐代白居易的诗歌。除了文学外，他的研究还涉及宗教、哲学以及敦煌学等。

霍克思是牛津大学中文系教授。1948年到北京大学读研究生，1951年回牛津任教。他以研究楚辞和杜甫的诗而闻名。此外他与闵福德（John Minford，1946～）合译了《红楼梦》。

李约瑟是英国科技史学家和生物化学家。他因为尊崇中国古代哲学家老子而改姓李。1937年他了解到中国曾对世界科技史做出过重大贡献，开始对中国科技史产生了极大兴趣，并成为思想上带有中国色彩的西方学者。1948年他开始撰写共7卷34册的巨著《中国科技史》，向西方人宣传中国辉煌的古代文明。

2. 法国

法国的汉学历史悠久，在国外汉学史上占有重要位置。17～18世纪是法国汉学形成的初期阶段，这一时期的汉学家以耶稣会传教士为主，法国传教士将中国的典籍《易经》、《道德经》、《淮南子》、《书经》等译介到法国。由传教士转为汉学家的著名人物有洪若翰（Jean de Fontaney，1643～1710）、张诚（J. Fr. Gerbillon，1654～1707）、白晋（Joachim Bouvet，1656～1730）、马若瑟（Joseph Marie de Prémare，1666～1736）等。

19世纪是汉学在法国成为一门独立学科并获得初步发展的时期。1814年法国汉学家雷慕沙（Jean-Pierre Abel-Rémusat，1788～1832）在法兰西学院开设了"汉语、鞑靼语和满语语言文学讲座"。该讲座有划时代意义，不仅表明汉学在法国有了独立的学科地位，也被视为西方经院式汉学的开始。雷慕沙还著有《汉语语法基础知识》。他的学生儒莲（Stanislas Aignan Julien，1797～1873）的译著有《孟子》拉丁文译本、《大慈恩寺三藏法师传》、《大唐西域记》、《赵氏孤儿》、《白蛇精记》、《平山冷燕》等。

20世纪初到20世纪中期是法国汉学的繁荣昌盛时期。这一时期法国不仅建立了一批新的汉学教学和研究机构,还出现了一批有世界影响的汉学家,如被公认为"欧洲汉学泰斗"的沙畹(Emmanuel Edouard Chavannes, 1865~1918)、敦煌学研究家伯希和(Paul Pelliot, 1878~1945)、汉学社会学研究者葛兰言(Marcel Granet, 1884~1940)等。

20世纪50年代到21世纪初是法国传统汉学恢复、发展以及当代中国研究兴起的时期。二战后,在敦煌学者戴密微(Paul Demiéville, 1894~1979)的带领下,法国汉学重获新生。这一时期的著名汉学家还有研究中国经济思想史、社会史的考古学家谢和耐(Jacques Gernet, 1921~),以及从事语言学、古代中国和中国宗教研究的汪德迈(Léon Vandermeersch, 1928~)等。

法国汉学突出特点有:第一,有连续不断的传统。从1814年12月法兰西学院开设汉学讲座,到1890年《通报》刊行,法国汉学有着一以贯之的精神。第二,对中国古代文化的研究问题集中,精品成果多,例如在元蒙学、藏学、敦煌吐鲁番学、西域学、人类学、佛道教及中国宗教等领域,法国汉学家都有不俗的业绩。第三,法国学者对自身的汉学研究极为关注。

3. 德国

德国的汉学起步较晚,如果以1909年汉堡殖民学院设立汉学正教授职位为德国汉学之始的话,那么德国汉学的建立比法国晚了近100年。即使以莱比锡大学1878年决定设立东亚语言专业副教授一职和翌年7月开始授课为准,也比法国晚了60多年。

然而在此之前的近三个世纪的发展中,德国汉学依然取得了值得关注的成就。如17世纪德国维尔兹堡大学的学者阿坦纳西乌斯·基歇尔(Athanasius Kircher, 1601~1680)编撰的《中国图说》(1667)是对欧洲知识界影响较大的一本书。18世纪戈特利布·西格弗里德·拜耶尔(Gottlieb Siegfried Bayer, 1694~1738)所著的《汉字博览》对中国的语言文字进行了开创性的研究,为日后德汉词典的编撰奠定了基础。19世纪上半叶,德国汉学界的主要代表是威廉·硕特(Wilhelm Schott, 1802~1889),他是将《四书》从汉语直接译成德语的第一人。19世纪下半叶的代表人物则是汉斯·乔治·康农·冯·德尔·加贝伦茨(Hans Georg Conon von der Gabelentz, 1840~1893),他是德国汉学界第一个从语言学的角度对汉语语法进行研究的人,其代表作是《汉语语法》(1881),同时他也是德国汉学莱比锡学派的创始人。

到了20世纪,德国汉学开始呈现出蓬勃发展之势。以汉学正教授职位的设立为准,形成了汉堡(1909)、柏林(1912)、莱比锡(1922)和法兰克福(1925)四大汉学中心。同时,在其他一些大学里,如哥廷根大学、波恩大学、慕尼黑大学、哈雷大学和耶拿大学也开设了汉语课,同时从事一部分研究工作。在20世纪二三十年代,德国的汉学研究在人员和机构上都赶上或超过了欧洲其他国家,其研究成就也有目共睹。如奥托·弗朗克（Otto Franke，中文名福兰阁，1863～1946）的五卷本《中华帝国史》(1930～1952) 和阿尔弗雷德·佛尔克（Alfred Forke，1867～1944）的三卷本《中国哲学史》(1927～1938) 都是这一时期的得力之作。此外，卡尔·奥古斯特·维特福格尔（Karl August Wittfogel，中文名魏特夫、魏复光，1896～1988）的《中国的经济和社会》(1931) 一书，采用马克思和韦伯的模式对中国的社会发展做出说明，在汉学界引起很大的反响。

第二次世界大战之后，在德国汉学中，仍然强调对中国古文献进行研究，而对现代中国的研究则受到忽略，这种情况一直延续到 20 世纪 60 年代才有所改观。例如在民主德国，从 60 年代中期开始，越来越多的汉学家开始注重对现代中国的研究。当然，这也引发了"汉学"与"中国学"两种不同学术观念长达 20 多年的争论。这种争论到 90 年代中期达到高潮。

就目前而言，德国汉学在欧洲汉学中占有非常重要的地位。到 20 世纪 90 年代末，德国共有汉学研究所近 20 个，教授约 40 名，无论从研究人员阵容，还是研究课题精细方面，都是欧洲之冠。目前活跃在学术界的汉学家如从事中国文学艺术研究的沃尔夫冈·顾彬（Wolfgang Kubin，1945～）早年在北京语言大学学习，他的《二十世纪中国文学史》被认定为权威著作。2006 年 11 月 26 日，他接受德国之声记者采访，就中国当代文学提出一些批评意见，在学术界引起极大的反响。

4. 荷兰

荷兰是较早从事中国研究的西方国家之一，最早可以追溯到 17 世纪初。在 17 世纪到 19 世纪的漫长时间里，对中国产生兴趣并进行研究的荷兰人主要是一些航海家、旅行者、传教士、医生、外交官和翻译等，他们对中国的社会、伦理、道德以及文学产生了兴趣，发表了一些有关中国的纪实性报告。在这个时期，荷兰人对中国的关注主要集中在文化、宗教和风俗方面。

从 19 世纪后期到 20 世纪中期，荷兰的中国研究领域发生了几件具有重要意义的事件，使荷兰的汉学地位得以确立和发展：1876 年，莱顿大学设立了第一个汉学教授职位，开始举办中国语言和文化讲座；1890 年，荷兰学者和法国学者共同创办了国际性汉学刊物《通报》；1930 年，莱顿大学建立了汉学专业研究机构——汉学研究院，专门从事汉学研究及人才培养。

这一时期比较著名的汉学家有施古德（Gustaaf Schlegel，1840～1903）、哥罗特（Jan Jakob Maria de Groot，1854～1921）、戴闻达（Jan Julius Lodewijk Duyvendak，1889～1954）、高罗佩（Robert Hans van Gulik，1910～1967）。

施古德在荷兰汉学学术地位的确立过程中发挥了关键性的作用。他于 1890 年与法国汉学家高第共同创办了汉学专业刊物《通报》。此外，他编纂的《荷汉词典》在很长时间里都是荷兰汉学家的必备工具书。

哥罗特是施古德的学生，他对中国的宗教制度、少数民族史研究颇丰，主要著作有6卷本《中国的宗教制度》、《中国人的宗教》、《公元前的西域诸国》等。

戴闻达对荷兰汉学的主要贡献是他在1930年创办了莱顿大学汉学研究院。他的著名成果是翻译了中国古代法学名著《商君书》和老子的《道德经》，以及专著《中国对非洲的发现》。

高罗佩是一位在欧洲久负盛名的荷兰汉学家。他的代表作是他在20世纪40~50年代陆续发表的描写中国唐代名臣狄仁杰断案故事的侦探小说《狄公案》。此外，他的《琴道》被认为是中国古代琴学研究领域的权威之作。他汇编的《秘戏图考》和《中国古代房中术》两书也使他成为西方系统整理中国古代房中术书籍的第一人。

二战后，荷兰现代汉学的中国研究在传统汉学基础上迅速发展起来，莱顿大学汉学研究院现代中国文献研究中心的设立成为荷兰现代中国研究兴起的重要标志。荷兰学者们开始加强对中国现代政治、经济、社会、法律和对外关系等方面的研究，并注重与中国学者的合作。这一时期的代表人物有何四维（A. F. P. Hulsewé，1910~1993）、许理和（Erik Zürcher，1928~2008）、弗美尔（Eduard B. Vermeer，1944~）和赛奇（Tony Saich，1953~）等。

何四维本人的研究兴趣一直是秦汉史，尤其是秦汉法律和制度以及中国史学研究方法。他的主要成果有《汉律残篇》、《中国社会史研究》、《秦律残篇》等。

许理和的重要贡献是建立莱顿大学汉学研究院现代中国文献研究中心。他本人的研究兴趣是中国早期佛教，宋代至明代的社会发展及现代中国的经济和社会问题。著有《佛教征服中国：中世纪前期佛教在中国的传播与适应》、《佛教的起源及其通过文字和图画的传播》、《中国文化面面观》等。

弗美尔是一位社会经济历史学家，主要研究兴趣是当代中国经济，尤其是落后地区的经济及土地开垦情况。著作颇丰，近期主要有《泉州农业经济史》、《中国的股份合作制》等。

赛奇的研究重点是中国现代问题，主要成果有《中国：政治与政府》、《中国80年代的科学政策》、《中国国家社会主义的新前景》等。

荷兰有很多汉学研究机构，较著名的有国际亚洲研究所（International Institute for Asian Studies）、非欧研究中心（Centre of Non-Western Studies）和莱顿大学汉学研究院（Sinological Institute of Leiden）。

国际亚洲研究所成立于1993年，由荷兰皇家艺术科学院、阿姆斯特丹自由（Vrije）大学、阿姆斯特丹大学和莱顿大学共同主办。主要开展有关亚洲人文、社会科学方面的研究，范围包括语言学、人类学、政治学、法学等学科领域。

非欧研究中心由荷兰莱顿大学艺术、社会科学系于1988年成立。主要对东亚、南亚、远东、太平洋及非洲地区国家的语言、文学、历史、社会科学和法律进行研究。该中心研究课题及学术活动信息定期在《非欧研究中心通讯》(*CNWS Newsletter*) 上刊登。

莱顿大学汉学研究院，又名莱顿大学中国语言文化系，专门从事对中国语言和文化的研究，经常开展关于中国语言与文化研究的学术活动和专题讨论会。

5. 瑞典

坐落于北欧半岛的瑞典与中国接触较早，可上溯到 1654 年。当时一位名叫尼尔思·马森·席欧平（Nils Mattson Kiöping，1630？～1667）的瑞典人跟随一位荷兰商人来到中国，回国后于 1667 年出版了第一部有关中国的游记见闻。

瑞典将中国研究上升到学术地位是在 20 世纪，最著名的学者是高本汉（Bernhard Karlgren，1889～1978）。他是瑞典汉学的开创者。他的研究有三方面：一是中国的音韵学。他的《中国音韵学研究》(有赵元任、李方桂和罗常培的合译本) 标志着中国现代音韵学的开端。二是对中国古代青铜器的研究。三是中国古代宗教研究。他对整个北欧半岛在汉学方面的研究影响深远，而且桃李满天下，在他的学生里较著名的有《汉朝的中兴》的作者毕汉思（Hans Bielenstein，1920～）、《汉字王国》的著者林西莉（Cecilia Lindqvist，1932～），以及马悦然（Göran Malmqvist，1924～）这位被誉为瑞典汉学研究中可与高本汉相提并论的巨擘式人物。马悦然早期沿循着高本汉开创的传统，对《公羊传》和《谷梁传》进行了细致的文本研究，为他对《春秋繁露》进行文本分析做了前期工作。马悦然还对中国文学作品做了大量译介的工作，曾翻译《桃花源记》、《水浒传》全译本、《西游记》、《毛泽东诗词》和沈从文、老舍、北岛等人的作品。

此外，出生于瑞典、长期从事道教文化研究的施舟人（Kristofer Schipper，1934～）也是一位重要的欧洲汉学家。

6. 俄罗斯

19 世纪以前，俄罗斯的中国研究也像西欧一些国家一样，密切依靠教会了解中国事务。19 世纪后，俄国早期汉学研究开始以高校为人才培养和研究基地，并形成了符拉迪沃斯托克和圣彼得堡两个中心。到 19 世纪末，作为一门学科的俄国汉学开始形成。20 世纪初俄国的汉学研究有了新的发展。1900 年成立了俄国皇家东方学院（1909 年改组为俄国东方学家协会），1903 年成立了俄国中亚和东亚研究委员会，1906 年成立了圣彼得堡实用东方研究院。

俄罗斯早期的汉学研究重点在中国历史、民俗、地理方面，同时对中国的语言、文学也有一定的了解，但是仅仅停留在对中国社会各种文化现象的记录上，对社会发展的深层研究不够。被誉为俄罗斯汉学奠基人的是比丘林（Иак ИНф Бичурин，1777～1853），他早年作为俄国驻北京宗教使团团长在北京居住了十多年，其间翻译了大量的中国典籍，如《四书》、《大清一统志》、《西藏志》、《西域记》等。回国后，因未完成宗教使命等情节受到东正教事务管理局法庭审判。1826年获释后任外交部亚洲司译员。1828年12月当选为俄国科学院东方文学和古文物通讯院士。1835年在恰克图开设了汉语学校。他为教学编写的《汉语语法》是俄国第一部比较完整和系统的汉语语法著作。比丘林的汉学研究范围非常广泛，其著述覆盖了中国的语言、历史、地理、民族、政治、经济、军事及风俗习惯等方面。由于他在研究活动中始终坚持以中国史料为本的原则，从而确立了俄国汉学独树一帜的科学地位。

苏联时期中国研究的特点之一是以各大学的研究人员和教授为主的新一代学者群的出现。包括研究中俄贸易经济史的著名学者斯拉德科夫斯基（Сладковский, Михаил Иосифович, 1906～1985）、研究中俄关系史的米亚斯尼科夫（V. S. Miasnikov, 1931～）等。这一时期研究重点向社会科学领域转移，研究中心由圣彼得堡转到了莫斯科。

20世纪90年代后，俄罗斯的中国研究进入了一个崭新的发展阶段。在研究领域方面，人文学科与社会科学学科研究趋于平衡；经济问题的研究保持着增长趋势，表明了俄罗斯中国学家对中国经济问题的关注；同时，俄罗斯学者对中国的研究涉及历史、外交、国际关系、经济、文化、社会、宗教、语言、哲学、文学、艺术、民族、法律、考古、教育、政治、科学等各个领域。

这一时期著名的俄罗斯中国学家有齐赫文斯基（Тихвинский, Сергей Лео-нияович, 1918～）、李福清（Борис Львович Рифтин, 1932～2012）、季塔连科（Титаренко, М. Л., 1934～）等。

二、美洲汉学研究及汉学家

1. 美国

美国对中国的研究晚于欧洲，开始于19世纪中叶。美国早期的汉学家以传教士为主体，其次是大学教授和官员，有的人具有双重身份。美国早期的汉学主要以人文科学研究为主，社会科学和自然研究只占次要的部分。早期的汉学家有裨治文（Elijah Coleman Bridgman, 1801～1861）、雅裨理（David Abeel, 1804～1846）、伯驾（Peter Parker, 1804～1888）、卫三畏（Samuel Wells Williams, 1812～1884）、丁韪良（William Alexander Parsons Martin, 1827～1916）等。他们中的一些人与美国政府关系密切，甚至成为美国政府的外交官。如伯驾、裨治文、卫三畏1844年曾担任美国与中国签订《中美望厦条约》使团的秘书与译员。伯驾于1845至1855年担任美国驻华使馆头等参赞，1855至1857年正式担任美国驻华公使。丁韪良参加了1858年和1860年的两次外交活动，在这两次活动中分别订立了《天津条约》和《北京条约》。

雅裨理著有《1830～1833年居留中国和邻近国家日记》。卫三畏著有《简易汉语教程》、《汉英韵府》、《中国历史》等书。丁韪良翻译了《万国公法》，著有回忆录《花甲记忆》。裨治文1832年在广州创办了英文月刊《中国丛报》并担任主编。1877年，耶鲁大学建立了美国第一个汉语教研室，并开设汉语课程，由卫三畏任中国语言文学教授。1879年，哈佛大学聘请中国文人戈鲲化正式在哈佛讲授汉语。汉语在美国高校中的讲授为汉学家的培养提供了必要条件。

20世纪初到第二次世界大战结束前，美国的汉学取得初步发展。这一时期美国相继成立了一批从事亚洲研究或东亚研究的学术团体和机构。中国研究在美各高等教育机构中得到进一步发展。中国研究还得到基金会的支持。在资料建设方面，一些大学和图书馆开始收藏中文资料和图书。同时美国加强了对中国历史和文化著作的翻译和出版。所有的这些工作都初步搭建了美国现代中国学的构架。

美国现代中国学作为一个领域约与中华人民共和国同龄。其创始人是哈佛大学的历史学家、政治学家、被誉为"中国学之父"的费正清（John K. Fairbank, 1907～1991）。他对美国现代中国学的创立和发展做出以下贡献：首先，他打破了传统汉学的束缚，改变以往汉学研究重历史轻当代，重人文科学、轻社会科学，重西方观点、轻中国现实的状况，呼吁建立全新的中国研究模式。第二，他大力加强基础资料建设。第三，他提携后进，培养人才。他的学生中后来成为当代美国中国研究队伍中坚力量的有孔复礼（Philip Kuhn, 1933～）、孔宝荣（Paul Andrew Cohen, 1934～）、黎安友（Andrew Nathan, 1943～）、谢文孙（Winston Wen-sun Hsieh, 1935～）、史华慈（Benjamin I. Schwartz, 1916～1999）等人。第四，费正清大力强调中国学的学科重要性，并于1955年在哈佛大学建立东亚研究中心，确立了现代中国学的学术标准。

20世纪80年代后美国的中国学在研究条件、研究队伍、研究内容、学科地位和组织形式方面都有变化。

自中国实行改革开放后，美国的中国学家不仅可以获得丰富的有关中国的研究资料，而且拥有大量从事实地调查与研究的机会，并可以与中国同行进行学术交流和开展合作研究。

在研究内容方面，美国的中国学研究的学科范围扩大，人文和社会科学研究并重，研究的时间跨度加大，对古近代的研究与对现当代的研究并重，研究的问题深化细化，几乎涉及现当代中国社会的各个方面。

在学科地位上，美国的中国学逐渐克服了过去与其他主流学科相比长期处于边缘地位的困境。今天的美国中国学已经步入学科的主流，已成为区域研究与学科研究的结合体，成为一个新的快速增长的社会科学综合学科和跨学科研究领域。

在组织形式上，更为灵活。近几十年的一个趋势是大批灵活的研究中心、研究所和研究计划出现。这些中国研究得到美国政府部门、大学、学术团体、基金会或企业的支持。大学是组织和资助中国研究的重要基地。美国的中国研究已经形成了以哈佛、哥伦比亚、耶鲁、普林斯顿、斯坦福等大学为中心的研究体系。

这一时期有代表性的中国学家有：孔宝荣，1955年进入哈佛大学，师从费正清教授和史华兹教授开始致力于中国思想史和中西关系史研究，先后取得硕士和博士学位。于1990年、1992年分别编纂了纪念史华慈和费正清的论文集《思想穿越文化：纪念史华慈中国思想论文集》与《费正清的中国世界：同时代人的回忆》。2003年，孔宝荣教授重新整理了自己的近十年发表的论文，以《变换中的中国历史研究视角》为名出版，对自己近半个世纪的学术生涯进行了一次回顾与总结。

孔复礼，美国哈佛大学历史系教授，历史与东亚语言研究所所长，主持过哈佛大学费正清东亚研究中心工作。主要从事中国晚清以来的历史研究，著有《中华帝国晚期的叛乱及其敌人》、《清代资料》等论著，并参与了《剑桥中国晚清史》、《剑桥中华民国史》的编写工作，被认为是继费正清之后引领美国中国近代史研究走向新方向的一个重要学者。

此外，美国还有许多汉学研究学会，如美国亚洲研究协会（Association for Asian Studies）、亚洲学会（Asia Society）、布鲁金斯学会约翰·桑顿中国中心、美国企业公共政策研究所等。

2. 加拿大

加拿大的汉学研究最早可以追溯到20世纪20年代。1925年，葛斯德中国研究图书馆在麦吉尔大学建立，该图书馆的建立促使该大学在1930年开设了加拿大第一个中国学系。但是由于某些原因，该图书馆在1936年关闭，麦吉尔大学中国学系在1934年解散。加拿大中国学从此陷入长达30年的沉寂。

加拿大的中国研究真正的发展始于20世纪60年代中期。20世纪70年代后，随着中加两国交往的加深，以及华人移民大量涌入加拿大，在加拿大与中国研究相关的研究机构纷纷成立，研究人数稳步上升，研究领域得到较大拓展。

加拿大中国研究相关的研究机构与组织多成立于20世纪70年代至90年代。这些研究机构多分布于加拿大的高等院校中。多伦多大学和不列颠哥伦比亚大学是加拿大中国学研究中心。多伦多大学将中国研究作为其亚洲研究的一部分。在多伦多大学2001年成立的亚洲研究学院中，有22位从事中国研究的专家，他们的研究领域相当广泛，涉及中国政治、历史、宗教与哲学、文学、经济、艺术学、社会学等。不列颠哥伦比亚大学把中国研究作为其亚洲研究的开端，1948年开设了其关于亚洲的第一门课，1957年开设了第一门汉语课程。1978年成立亚洲研究学院，1992年成立了隶属于亚洲研究学院的中国研究中心。该中心目前有40多位研究人员，研究课题涵盖了传统意义上的汉学研究，以及当代中国问题，此外，不列颠哥伦比亚大学还有一所成立于1985年的维真学院中国研究部，它的宗旨在于关注基督教与中国文化在各个层面的交流。

除上述大学外，加拿大的其他大学也纷纷成立了与中国研究有关的中心，如蒙特利尔大学的东亚研究中心、约克大学的东亚研究系、维多利亚大学的亚太研究中心和亚太研究系等。

加拿大的汉学家主要有三类：

一是在国外接受教育或从英、美等国来加拿大工作的学者。如不列颠哥伦比亚大学的蒲立本教授（Edwin George Pulleyblank，1922～2013）曾在英国剑桥大学长期主持汉语研究。他的主要著作有《中古汉语：历史音韵研究》、《中国汉语语法大纲》、《论唐代及前唐时期的中国》等。

第二部分是有着中国文化背景的华人学者。曾担任多伦多大学哲学系教授的秦家懿教授（Julia Chia-yi Ching，1934～2001）出生于上海，在澳大利亚国立大学获得博士学位。她的研究领域是宗教学，著有《中国宗教与基督教》、《中国诸宗教》等。此外，加拿大莱克哈大学陈明生教授（Min-sun Chen，1921～）与加拿大皇家学会第二学院院士陈志让教授（Jerome Chen，1919～）也是加拿大在中国研究方面成绩卓著的华人学者代表。

第三部分是加拿大本国培养出的中国学家。然而，完全由加拿大自己培养出的中国学家并不多。维多利亚大学亚太学系的白润德教授（Daniel Joseph Bryant，1942～）是其中佼佼者。他主要研究中国文学，著有《南唐词人：冯延巳、李煜》和《何景明丛考》。

三、亚洲汉学研究及汉学家

1. 新加坡

新加坡是一个以华人为主体的国家，华人占全国人口比例的70%以上。19世纪20年代前后，大量华人涌入新加坡，将中国的语言、文化和习俗带到这里。新加坡的汉学研究，以第二次世界大战为界线，大致可以分为两个发展阶段：第二次世界大战以前，是汉学研究的初创阶段。与中国问题相关的主要活动仅仅是普及汉语教学、倡导中华文化。汉学研究尚未形成规模。第二次世界大战以后，是汉学研究的恢复与发展阶段。这两个阶段之间的沦陷时期,汉学研究处于停顿状态。在二战后,专门的汉学研究机构纷纷成立。目前,新加坡的汉学研究范围相当广泛,涉及中国的历史、哲学、政治学、行政学、经济学、社会学、教育学、医药学,以及文学、语言学、音乐、舞蹈、雕塑等领域。此外,新加坡的汉学研究的一大特色是有关南洋华人的各种研究,即"南洋研究",如对南洋华人的语言、文字、文学、艺术、历史、文化、宗教、习俗,以及政治、经济、社会、教育等领域的研究。

新加坡国立大学中文系,新加坡南洋理工大学中文系和新加坡南洋理工大学中华语言文化中心汇集了一批从事汉学教学和有关中国问题研究的学者。其中王润华、李焯然、李元瑾等人研究成果颇丰。

此外,研究中国说唱文学传统的郭淑云,研究中国文学、语言学、古文字学、敦煌学、宗教学等领域的饶宗颐,中国文学史、老庄文学和先秦儒家思想研究的专家陈照明等人也都是中国学研究领域的佼佼者。

除了高等院校,在新加坡研究中国问题的机构和团体还有:新加坡南洋学会、新加坡中国学会、新社、新加坡亚洲研究学会、华裔馆和新加坡东亚研究所等。其中,王赓武、魏维贤、李绍茂、李廷辉、崔贵强、许云樵等学者享有盛名。

王赓武是东南亚历史与华人历史方面的权威学者,自1996年起,担任新加坡国立大学东亚研究所所长,被聘为北京大学与复旦大学名誉教授、中国社会科学院名誉研究员、清华大学外语系客座教授。著有《中国与海外华人》、《中国的中国性》、《社会与国家:中国、东南亚与澳大利亚》等多部重量级著作。

此外,魏维贤是北京大学、暨南大学、华东师范大学等院校的客座教授和学术顾问。李廷辉是先秦哲学思想研究专家。崔贵强对新加坡华人族谱颇有研究。许云樵对中国中医药颇有研究。

新加坡中国学会,是新加坡中国学研究的全国性机构。该学会于1949年成立,会刊《中国学会年刊》同年创办。该学会在协助非华裔人士了解中华文明与本地华人社会和事物方面发挥了一定作用。学会以促进对中国的了解、开展对中国研究和推动东南亚文化事业发展为宗旨。

2. 日本

日本是中国的近邻,中国文化是日本文化的重要源泉。在历史上,日本对中国事物一直极为关注,有关中国问题的研究也一直非常活跃。日本对中国研究的称谓随着时代不同而不同。简略地讲,分为"汉学""支那学""中国研究"和"中国学研究"四个时代。

"汉学"时代是日本古代的中国研究。日本所说的"汉学"是中国儒学或中国学问的总称，尤其是在奈良、平安时代（710～1185），日本的汉学特别兴盛，对日本的礼乐、各种制度有很大影响。到了江户时代（1600～1867），日本的"汉学"研究高潮再起。在明治时代（1868～1911），为了纠正过于西化的倾向，明治政府在教育方面仍旧提倡儒学。此时的日本"汉学"有了较强的"体制教学"的特点，成了主要是"信奉儒教、试图利用儒教维护现行体制"的学术流派。

"支那学"时代是近现代日本对中国的研究。明治以后的日本认为，现实的中国是落后的，没有可以借鉴的地方。导致"汉学"地位日渐衰微，研究内容仅局限于古代或古典，现实问题少人问津。到了侵华战争时期，有关中国的研究更是同现实政治错综复杂地交织在一起。这一时期，对现实中国表示关心的学者有东京大学的教授白鸟库吉、京都大学的内藤湖南等人。此外，一些记者出身的人士如橘璞、中江丑吉、铃江言一、尾崎秀实等人在中国研究方面做出了突出成绩。

第二次世界大战后至20世纪70年代是日本的"中国研究"时代。1946年1月，民间研究所——"中国研究所"的成立是日本"中国研究"时代的开端。1946年研究所的刊物《中国资料月报》创刊，成为战后初期日本社会民众和学者了解中国的重要窗口。1949年"日本中国学会"成立，开展以中国哲学、文学及语言为主要对象的研究。1951年，以中国研究所为母体的"日本现代中国学会"成立。这两个机构在战后初期的日本中国研究中发挥了重要作用。之后，日本有关中国的研究有了稳固的学科地位。学者们逐渐消除了分歧、对立，修复了合作的基础，获得进一步的发展。这一时期重要的学者有仁井田升（1904～1966）、吉川幸次郎（1904～1980）、竹内好（1910～1977）等。

竹内好早年曾研究鲁迅等中国作家的作品，战后完成了《现代中国论》、《中国的革命与文学》、《为了了解中国》等著作，并致力于译介鲁迅的作品。时至今日，他对中国研究所阐述的看法仍是很多人研究的对象。

20世纪80年代后是日本的"中国学研究"时代。中国1978年的改革开放政策使国力增强、国际地位得到提高。同时，世界各地也纷纷出现了研究中国的热潮。日本的中国研究领域也出现了许多变化。首先，政府投入大量的科研经费，有力地支持了涉及中国问题的重大研究。其次，研究机构与团体快速发展。日本几乎所有的大学都开设了汉语教学，几乎所有大学都设立了有关中国问题的研究机构。第三，研究人员交流与实地调查开展。第四，研究人员的构成逐渐多样化，媒体记者、中国留学生以及社会各界人士都加入到中国研究的队伍中。以上所有方面，外加研究手段的信息化，导致日本的中国学研究领域扩大、研究成果大大增加。贝冢茂树、矢吹晋、田仲一成等人都是知名的中国学研究学者。

贝冢茂树主要专注于中国文学、中国古代史、中国古典研究和现代中国研究，著有《毛泽东传》、《中国通史》等。矢吹晋是在中国学研究领域涉猎很广的学者，著有《图说中国经济的水平》、《文化大革命》、《毛泽东与周恩来》、《邓小平》、《中国人民解放军》、《朱镕基：中国市场经济的走向》。田仲一成研究中国文学，他的《中国戏剧史》在中国学术界影响很大。

日本有较多的从事汉学和中国学研究的学会。较具规模的有3个：第一个是"日本中国学会"，成立于1949年，主要从事中国哲学、中国文学和汉语研究。2000年时，该学会会员已超过2000人。其会刊是《日本中国学会报》，每年发行一次。第二个是"现代中国学会"，成立于1951年，以现代中国为主要研究对象。第三个学会是"中国社会文化学会"，它的前身是设在东京大学本部的"东大中国哲学文学会"，在1986年经大幅度改组而成。起初主要从事对中国哲学和文学的研究，后来也增加了中国史学的内容。

3. 韩国

历史上韩国对中国的研究称为"汉学"。在朝鲜王朝时期（1392～1910）实施的科举制度中，中国的经书及诗文是必修科目。因此，许多韩国人自幼学习汉文，熟读中国的经书和文选。韩国历史上出现了很多汉学家。

1948年大韩民国成立初期，即20世纪40至50年代，韩国有关中国研究的成果很少。50年代中期后，韩国开始提倡研究中国问题，并创办学会和研究机构。如1957年高丽大学创办的亚洲问题研究所。60年代"中国学"的称谓开始在韩国出现。这一时期韩国的中国研究仍以历史、哲学、文学等人文领域为主。重要研究成果有金相浹的《毛泽东思想》、金河龙的《中国共产党的对外政策路线》、金俊烨的《中国圈的将来》和《朝鲜战争对中国共产党政治的影响》等。70年代开始，韩国的中国学研究环境有了很大改善，各界都加强了中国研究的力度。

从20世纪70年代末到中韩建交之前，韩国的中国研究发展迅速，研究成果大批涌现，主要有汉阳大学罗昌柱的《毛泽东的生平和斗争》、亚洲大学郑钟旭的《新中国论》、高丽大学林薰的《中国共产党的建党历程》等。

1992年中韩建交后，韩国的中国研究得到政府和企业资助，研究领域进一步扩大，涉及中国文学、哲学、历史、政治外交、经济、汉语研究等多个领域。

车柱环是韩国中国文学研究的代表人物，在中国古典文学研究方面著作颇丰。著有《孔子》、《中国词文学论考》、《中国诗论》等著作，并翻译了《中国新文学评论选》和钱穆的《中国文化史导论》等。

宋荣培是韩国中国哲学研究领域的著名学者，他能用韩文、德文、英文、中文写作和演讲，在国际学术舞台上十分活跃。主要著作有《中国社会思想史》、《诸子百家之思想》、《韩国儒学与理气哲学》。

四、大洋洲汉学研究及汉学家

1. 澳大利亚

澳大利亚的中国学研究是在其亚洲研究兴起的大背景下逐渐发展起来的。澳大利亚的中国学成形于20世纪50年代，70至80年代以来取得重大发展。

在澳大利亚，亚洲研究最早是以教授亚洲地区语言的形式出现的。1917年，悉尼大学任命詹姆斯默多克教授日语，1922年墨尔本大学也开始教授日语，这些课程的设置标志着亚洲研究的启动。第二次世界大战后，各种各样的与亚洲地区的历史政治有关的课程被引入大学中。1945年，墨尔本大学与悉尼大学各自成立了开展中东研究与闪米特人研究的院系。之后，到1970年，澳大利亚各大学如堪培拉大学、国立大学、昆士兰大学等共开设62门与亚洲有关的课程。

1953年，澳大利亚国立大学设立了第一个中文教授职位，之后，悉尼大学和墨尔本大学分别于1955年和1960年设立了中文教授职位。初期澳大利亚的中国研究沿袭了牛津和剑桥大学的汉学模式，重点在于掌握和使用高水平的文本阅读技巧，并将其作为文学、哲学和历史等学科研究的基础。20世纪60至70年代，随着中国研究成为亚洲研究院系中的一部分，研究重点也逐渐向现代和当代转移。20世纪80至90年代，随着澳大利亚各个大学中亚洲研究的总体扩展，以及中国再次向外界敞开大门，中国研究经历了实质性的发展。这一时期开设中文课程的大学从1988年的13所增加到1996年的30所。到90年代末，澳大利亚近半数的大学成立了亚洲研究中心。

澳大利亚早期的汉学家多是来自欧洲和北美，有着中国和亚洲国家学习背景的学者。他们旅居澳大利亚并进入高等教育机构，为中国研究力量的形成与发展做出了贡献。其中，澳大利亚国立大学任命的第一位中文教授毕汉思（Hans Bielenstein，1920～）和他的继任者马悦然（Göran Malmqvist，1924～）都是来自瑞典。在马悦然之后的第三任中文教授柳存仁（Liu Ts'un-yan，1917～2009）曾在北京大学学习，在英国完成了研究生课程。他于1966年开始在澳大利亚国立大学工作了近30年的时间。

早期的中国学领域中，费子智教授（Charles Patrick Fitzgerald，1902～1992）享有很高的学术声望。他曾任澳大利亚国立大学高级研究院远东历史教授，著有《中国的革命》、《1945年之后的中国与东南亚》、《为什么是中国？》等。

如今，在澳大利亚中国学领域中发挥领军作用的新一代中国学家有马克林（Colin Mackerras）、费约翰（John J. Fitzgerald）、弗雷德·C·泰维斯（Fred C. Teiwes）、白杰明（Geremie Barmé）、戴维·古德曼（David Goodman）、安戈（Jonathan Unger）、陈佩华（Anita Chan）、雷金庆（Kam Louie）、杭智科（Hans Hendrischke）、黄宇（John Y. Wong）和安妮·麦克拉伦（Anne Elizabeth McLaren），等等。

澳大利亚亚洲研究协会（Asian Studies Association of Australia）是澳大利亚重要汉学研究机构，由澳大利亚国立大学主办，主要进行亚洲各国的语言、文化、政治等方面的研究，并为政府提供服务，定期出版网刊《亚洲研究评论》(Asian Studies Review)。

2. 新西兰

新西兰的中国研究大致可分为第二次世界大战之前，战后至20世纪80年代以及20世纪80年代至今3个时期。

第二次世界大战之前，新西兰的中国研究处于起步阶段，特点是以个人研究为主，社团研究为辅，主要研究课题是移民和中国政治。

二战后至20世纪80年代，新西兰的中国研究发展缓慢。这一时期新西兰的中国研究在移民问题上投入的力量有所减少，对中国政治的研究明显增多。此外，中国社会问题、教育问题、经济问题等也进入新西兰学者的研究范围。1968年奥克兰大学亚洲研究学院成立，标志着新西兰对亚洲地区的研究进入了新的阶段。到目前为止，该学院仍是新西兰最大的研究中国问题的综合性机构。

20世纪90年代至今是新西兰中国研究发展迅速的阶段。新西兰有关中国问题的主要研究成果以及大部分的研究机构都产生于这一时期。研究范围也发展到包括人文科学和社会科学的众多领域。

新西兰早期的中国学专家中，最著名的当属路易·艾黎（Rewi Alley, 1897~1987）。艾黎于20世纪30年代到90年代居住于中国，曾从事于中国工业合作社运动，其著作既有政治、经济社会评论，如《工合两年记》(1940)及《有办法》(1952)，也有专业的中国诗歌翻译。贝特兰（James Bertram, 1910~1993）也是新西兰比较著名的中国学家之一。他曾于1936年来华，是毛泽东主席邀请访问延安的第一位英联邦记者，还曾担任过宋庆龄的助手。到新西兰后在维多利亚大学执教，撰写多部有关中国的著作。此外著名的学者还有研究中国晚清和满族问题的专家狄宇宙（Nicola Di Cosmo），研究中国历史问题的专家阿谢德（Sam Adshead），从事中国文学研究的康浩（Paul Clark）教授和翻译及评论中国当代作品及作家的玛丽亚·加利科夫斯基（Maria Galikowski）和林敏（Lin Min），从事中国政治、经济、国际关系研究的黄小明、陈瑞德等。

新西兰亚洲研究会是新西兰重要汉学研究机构。该研究会成立于1974年，定期举办学术讨论会，并通过各种出版物开展对亚洲问题的研究。新西兰当代中国研究中心成立于2009年，是新西兰另外一个重要的汉学中国学研究机构。

【思考与练习】

一、简要叙述所任教国的汉学家及主要的汉学著作。

二、谈谈如何将所任教国汉学研究的内容融入教学中。

【参考文献】

何培忠主编:《当代国外中国学研究》,北京:商务印书馆2006年版。

刘梦溪主编:《世界汉学》,北京:中国艺术研究院中国文化研究所世界汉学杂志社。

张西平主编:《国际汉学》,郑州:大象出版社。

阎纯德主编:《汉学研究》,北京:学苑出版社。

阎纯德、吴志良主编:《列国汉学史书系》,北京:学苑出版社。

关山:德国汉学的历史与现状,《国外社会科学》2005年第2期。

第六章
中外社会价值观与世界文化风俗

第一节　中外社会价值观比较

一、社会价值观的定义

社会价值观,是指一个社会中所有的社会群体进行评价活动所形成的共同的价值观念。社会价值观作为一个社会时代精神的内核,渗透到社会的各个方面,在全社会发挥着导向功能、凝聚功能和整合功能。作为社会意识形态,社会价值观体系必然随着社会生产方式的变化而变化。

二、普世价值

在哲学上,普世价值是指一些有限的、所有人类都认同的观念集合在一起的价值观念。根据讨论普世价值的立场不同,普世价值可以分为"客观主义"与"相对主义"两个不同的类别。客观主义认为,普世价值是客观存在的人类共同价值观,是放之四海而皆准的,人们必须认识、接受和实践这种价值观。相对主义则认为,人类没有绝对的普世价值,所谓普世价值也是相对的,每个民族和文明都有自己的普遍价值观念。

坚持价值观念的相对性和多样化,本身就是普世价值的体现。因为普世价值是人类在长期的生活实践和交往中,在不同文化的交流碰撞中逐渐形成的共同价值取向,最后以规范化的形式表述出来。它来源于人类的共性,形成于诸多民族的共同参与之中，只是不同民族、国家对普世价值形成参与的早晚、贡献的大小不同而已。世界上绝大多数国家和民族都是普世性价值的创作者，普世价值不是某个民族独特的发明，普世价值体系是开放的体系。

佛教文化所提倡的"众生平等"主张，伊斯兰文化所提倡的"为正义和敬畏而互助互爱"的观念，儒家文化中"三军可夺帅也，匹夫不可夺志也"（思想自由）、"和为贵"、"己所不欲，勿施于人"等思想主张，都包含有许多普世性的价值观念，它们都为普世性价值的形成做出了积极的贡献。美洲印第安人和非洲黑人都主张人类平等相待、和平共处。今天的人们已经认识到，需要努力发掘美洲印第安人文化、非洲黑人文化、伊斯兰文化、儒家文化以及印度文化等所包含的普世性价值，寻找出人类普世性价值观念形成的多样性文化资源。

三、世界各国社会价值观的差异

荷兰马斯特里赫特大学（Maastricht University）跨文化研究学者吉尔特·霍夫斯戴德（Geert Hofstede）的研究为我们进行跨文化研究提供了新的思路。

霍夫斯戴德的跨文化研究理论基于他从1968至1972年间对IBM公司分布于全球64个国家的子公司中的雇员在价值观念和民族文化差异方面进行的一项大型研究项目。这个研究项目采用抽样调查的方式，涵盖了23个国家的学生、19个国家的社会精英、23个国家的商业航空公司飞行员、15个国家的高消费者以及14个国家的市政服务管理人员，最后发放的调查问卷总数为116000份。这项研究总结了反映民族文化差异的五个独立维度：权力距离(PDI)、不确定性规避(UAI)、个人主义（IDV）、男性化倾向(MAS)、长期取向（LTO），并且计算出了50多个国家和地区在这五个维度上的量值。霍夫斯戴德抓住了文化的五个基本维度，并通过量表进行了比较准确的计量，基本上能够描绘一个民族的文化特征，从而揭示了不同文化之间量的差异性。

尽管英国艾塞克斯大学（University of Essex）的布伦丹·麦克斯韦尼（Brendan McSweeney）认为霍夫斯戴德的文化维度五分法不能够反映文化差异的所有方面，认为霍夫斯戴德的文化价值理论有将一国文化价值"平均化"的趋向，但是霍夫斯戴德文化理论的五个维度归纳总结了文化差异的最主要的方面，而且霍夫斯戴德的文化价值理论为跨文化研究创立了一个可操作的理论框架，他的专著《文化的影响》（*Culture's Consequences*）中列举了大量的调查数据。这项研究成果的影响之所以延续至今，广泛应用于管理学、社会学、跨文化交际学等领域，与它基于可靠的大量调查有密不可分的关系。

下面，我们借用霍夫斯戴德价值分类体系来对比各国文化价值观的异同。

(1) 权力距离指数——Power Distance Index (PDI) 是指不同文化中人与人之间的平等程度。高权力距离意味着在该社会对于由权力与财富引起的层级差异有很高的认同度；这些社会一般取向于遵从层级制度体系，自下而上的沟通受到严格的限制；人们接受较强的等级制，安心于自己的位置；个体容易接受专断的领导人和雇主，家长喜欢听话的孩子。低权力距离文化则指该社会不再强调公民间的由财富或权力引起的层级差异，而更加强调人与人之间地位、机会的平等；人们接受较弱的等级制，领导人或雇主比较愿意与下属商量，家长注意培养孩子的独立性。权力距离指数高的国家和地区有菲律宾、墨西哥、委内瑞拉、印度、新加坡、巴西、中国香港、法国、哥伦比亚等。权力距离指数低的国家有澳大利亚、以色列、丹麦、新西兰、爱尔兰、瑞典、挪威、芬兰、瑞士等。

(2) 个人主义——Individualism (IDV) 是指社会对于个人成就及人际关系的认同程度。这一指数的数值越大，说明社会的个人主义倾向越明显，如美国；反之，数值越小，则说明该社会的集体主义倾向越明显，如日本和亚洲大多数国家。高个人主义强调个性及个人权利在一个社会中是头等重要的，强调的是自我和个人的成就，与集体、社会的关系松散，相互依赖程度弱，倾向于建立一种松散的组织关系架构。低个人主义（集体主义）文化指组织更强调个体之间紧密的联系，强调社区或群体的和谐，强调家庭式的观念和情感依赖以及成员对于组织中其他成员的责任感，与集体、社会联系紧密，相互依赖程度强。集体主义文化主要集中在亚洲和拉丁美洲，个人主义文化主要集中在北美、欧洲和大洋洲。

(3) 男性化倾向——Masculinity (MAS) 是指对于传统女性的工作角色及男性成功、控制、权力的社会角色模式的认同程度。男性化倾向与女性化倾向用男性度指数 (Masculinity Dimension) 来衡量。这一指数数值越大，说明该社会的男性化倾向越明显，男性气质越突出；反之，数值越小，说明该社会的男性化倾向越不明显，而女性气质突出。在男性气质突出的国家，社会竞争意识强烈，社会鼓励和赞赏工作狂，其文化强调公平、竞争，注重工作绩效，"活着是为了工作"。而女性气质突出的国家中，人们更看重生活的质量，其文化强调平等、团结，"工作是为了生活"。霍夫斯戴德认为，性别的二元性是人类社会的基本事实，而不同文化对此采取不同态度。男性文化表现出的是力量、自我表现、竞争和雄心壮志。女性文化是指那种注重感情、富于同情心的文化。

(4) 不确定性回避指数——Uncertainty Avoidance Index (UAI) 是指对于不确定性及含糊性的容忍程度。按照霍夫斯戴德的观点，对于将来情形的不确定性是人类生活中的一个基本事实。回避不确定性是指一种文化可以在多大程度上容忍或要避免不确定性。不确定性回避指数越高，表示这个文化中的成员在心理上越难以忍受模模糊糊的事情，比较"较真"，于是他们用制定一系列的行为规范来减少不确定性，追求低风险和安全，拥有统一的国家宗教。不确定性回避指数低，表示该文化成员很有能力对付模模糊糊、模棱两可的事情，对此没有心理压力，显得沉静、矜持、随遇而安。不确定性回避指数高的国家包括希腊、葡萄牙、比利时、日本、秘鲁、法国、智利、西班牙、阿根廷等。不确定性回避指数低的国家和地区有新加坡、丹麦、瑞典、中国香港、爱尔兰、英国、印度、菲律宾和美国。

（5）长期取向性——Long-Term Orientation (LTO) 是指一个国家或地区是否愿意长期忠诚于传统的、先前的思想和价值观。高长期取向国家或地区强调长期承诺，尊重传统，认为长期忠诚会带来丰厚的结果。然而，这样的组织往往需要很长时间去组建、发展。短期取向的国家或地区则不强调长期观念，同时传统和承诺不会成为发展的绊脚石。霍夫斯戴德对这一维度的研究最初是中国（主要是香港地区）的价值观调查（Chinese Value Survey），随后在23个国家进行调查。调查发现东亚国家指数值最高，西方国家较低，第三世界国家最低。

例如，下表显示中国的PDI为80，IDV为20，MAS为66，UAI为30，LTO为118，而美国的PDI为40，IDV为91，MAS为62，UAI为46，LTO为29。这表示中国文化较美国文化更能注重上下级在各方面的差异，不太注重个人主义取向，在注重生活质量方面稍差，而在承受不确定性的能力方面以及在尊重传统方面都要高于美国。而这样的比较只是量的差异，并不是质的差异。也就是说中国文化只是在量的意义上在注重个人权利方面低于美国，而并不表示中国不注重个人权利。

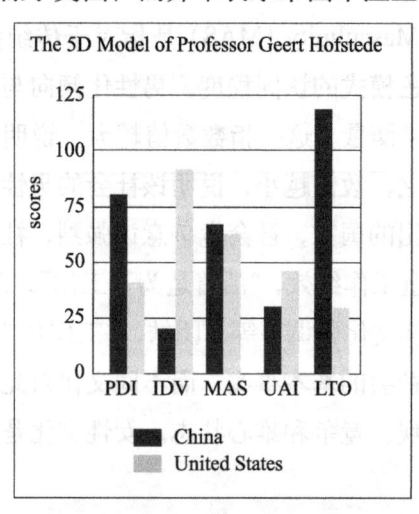

中美文化差异霍夫斯戴德五分法对照表

在跨文化交流中首先要对不同的价值观有所了解。在了解的基础上，要逐渐形成多元价值观，尊重对方的价值标准。如果能够求同存异，在有争议的问题上找到共同点就更好了。对和平的追求、主张正义、反对压迫、共同的文艺体育爱好、关心环境、注意健康，等等，都是人类共同追求的目标。通过求同存异，可以缓和或化解矛盾，达到交流的目的。

【思考与练习】

一、简要回答霍夫斯戴德的文化价值观维度。

二、简述中外社会价值观的异同。

【参考文献】

霍夫斯戴德教授的个人主页 http://www.geert-hofstede.com

Hofstede, Geert, *Culture's Consequences*, Thousand Oaks, CA: SAGE Publications, 2001.

McSweeney, Brendan, Hofstede's Model of National Cultural Differences and Their Consequences, *Human Relations*, Vol. 55, No. 1, January, 2002: 89-118.

第二节 世界主要文化习俗

风俗习惯与道德规范、法律规范和宗教规范都是社会规范的具体形式。我们在前面介绍了法律与宗教方面的知识，在这里我们主要介绍习俗。

习俗是社会规范的主要组成部分，它指的是被广泛接受、渗透在日常生活活动各个方面的习惯，包括衣食住行等诸方面所要遵循的规范。风俗习惯出现最早、流行最广，是最传统的社会规范，是各个民族、各种文化的人们在长期的历史发展过程中积累而形成的一种生活方式。它是民族的、长期的、传统的。

一、亚洲主要国家和地区文化习俗

1. 日本[1]

今天的日本文化是传统日本文化与外来文化不断接触、融合的结果。有学者按时间顺序，将日本传统文化划分为岩宿文化（约8500年之前）、绳纹文化（约8500年至约2500年前）、弥生文化（前3世纪～3世纪）、古坟文化（4～6世纪）、飞鸟文化（538～710）、奈良文化（710～784）、平安文化（784～1192）、镰仓文化

---

[1] 主要参考胡令远、邱岭、朱静雯主编：《世界文化史故事大系·日本卷》，上海外语教育出版社2003年版。

(1192~1333)、室町文化（1333~1603）、江户文化（1603~1868）等几个时期。[1]经过1868年明治维新，日本走上现代化之路，西方的文化逐渐进入了日本。目前，日本文化正处在中西交流的漩涡之中，西方文化看似遍布全国，但传统文化依然生生不息。

传统日本文化是东方文化传统的产物，它重视事物内在的精巧雅致，甚于其外表的宏大辉煌。正如"雅""物哀""佗"以及"寂"等概念所表现的，日本民族美学感觉的特点是客观事物和主观感情的和谐统一。

日本人的传统服装是和服，最早是从中国的唐朝时期传过去的。穿和服对发型、首饰、鞋子都有一定的要求。一般穿一套和服需要花一至两小时的时间。在成人式、婚礼、参拜神社等重大活动时，人们都会穿上精美的和服。在和服的颜色上，日本人都喜欢淡雅的颜色，尤其是白色。

传统的日本料理讲究原料的原风原味，在制作时要求材料新鲜，注重味觉和视觉的享受，素有"观赏料理"之称。料理主要是米饭、副食、蔬菜和鱼鲜。"和食"中最有代表性的是盖浇饭、寿司、生鱼片、天麸罗等。日本饮食结构低热量、低脂肪、营养平衡，被认为是理想的健康饮食。

樱花是日本的国花，每年3月15日到4月15日是日本的"樱花节"。樱花盛开的时候，人们会结伴到公园赏花。大家在樱花树下铺上席子、饮酒、作诗、唱歌、赏花。樱花的花期很短，开的时候花丛云簇，谢的时候纷纷扬扬。樱花历经短暂的灿烂随即凋谢的特点，正是日本人所欣赏的气质。

日本人最喜欢的一种细致感官享受是泡温泉。从古代传下来的茶道、花道是他们对精致生活爱好的另一表现。日本也是一个爱好体育的民族，他们钟爱的体育运动有棒球、相扑等。

2. 韩国[2]

约在公元前3万年前的旧石器时代，朝鲜半岛这片土地上就有人类生活的痕迹。公元前800至公元前400年是朝鲜的"青铜时代"，朝鲜的"墙围城邦"融合成联盟。在之后的一千多年时间里，朝鲜经历了"三国时期""新罗王国""高丽王国"和"李朝"的统治。朝鲜借鉴了中华文明的精华，并努力保留发展了独特的民族身份。在漫长的历史中，为了生存，朝鲜人逐渐形成了忍耐、坚韧、固执的性格，并发展出具有粗野、讽刺意味的泰然自若的幽默感。

---

[1] 王勇：《日本文化——模仿与创新的轨迹》，北京：高等教育出版社2001年版，第1~5页。
[2] 主要参考新加坡APA出版有限公司编辑，赵媛等译：《韩国》，北京：中国水利水电出版社2002年版。

韩国的礼仪规范丰富,已经形成了一套详尽的程式化的身体语言,用来培育良好融洽的人际关系。在韩国,人们对名片非常重视,当对方递交名片时,应礼貌地接过来并仔细阅读。

韩国的传统服饰被称为"韩服"。女士上身穿短上衣,下身穿长裙;男士上身穿短马甲,下身穿在脚踝处扎紧的宽松长裤。现在,人们在正式场合,如婚礼、祭祀时会穿上传统服饰。

韩国是个爱好美酒佳肴的国度,辣椒与烈酒是烹调中必不可少的元素。用辣椒腌制的泡菜使韩国食品闻名于世。韩国餐的另一个重要组成部分是汤和米饭。但是在招待客人时,烤牛肉通常是主菜。如果要了解韩国文化,最好与韩国人痛饮。米酒、烧酒都是经久不衰的酒类。

3. 泰国[1]

泰国被称为"自由的土地",又被奉为"微笑的国度"。早在公元前3600年到公元前250年,班清文化就在泰国东北部繁荣起来。公元前3世纪,印度人的影响就已经存在了。在公元4世纪泰国南部出现了印度石像。随后的几个世纪里,印度文化在统治阶层传播开来。约10世纪时,居住在中国云南地区的一部分中国人来到东南亚北部河流谷地,逐渐发展为泰人。后来,泰国的发展受到周边国家如柬埔寨、缅甸的影响。但是泰国是东南亚唯一一个没有受到西方殖民统治的国家。

泰国人热情、友善。他们喜欢的词是"撒奴"——意思是"好玩的"或者"快活的"。因此,人们喜欢与朋友聚会,即使上班时间,人们也会通过相互传递小吃来调剂气氛。

有人说泰国人的性格像竹子,宁弯不折。的确,泰国人一般很难生气,一个微笑或道歉常常可以化干戈为玉帛。但是,与泰国人相处,要避免触摸他们的身体,尤其是头顶,也不要用脚指人。大声叫嚷也被认为是没礼貌的行为。

泰国饮食融合了中国菜和印度菜的特点。咖喱是泰国菜的核心。人们用各式各样的咖喱做成各种香辣可口的菜肴。通常泰国人用刀叉吃饭。他们右手拿勺,左手拿叉。叉子用来将食物拨到勺里,再用勺将食物送到嘴里。只有吃中式面条时才用筷子。此外,泰国的甜点也非常有名。

---

[1] 主要参考新加坡APA出版有限公司编辑,莫苛、蒙和译:《泰国》,北京:中国水利水电出版社2002年版。

4. 印度[1]

印度是世界文明古国之一，有悠久的历史和灿烂的文化。早在公元前 2000 多年，印度的原始居民达罗毗荼人就已经有了高度发达的城市文明。大约公元前 2000 年，游牧民族雅利安人从西北进入印度，打败了达罗毗荼人，将他们赶到了南方。此后，在近千年的时间里，雅利安人由印度河流域逐渐向东南发展，移住恒河流域。这一时期，历史上称为"吠陀时代"和"史诗时代"。"吠陀"原意为"明"或"知识"。吠陀本集共有 4 部：《梨俱吠陀本集》、《娑摩吠陀本集》、《夜柔吠陀本集》和《阿闼婆吠陀本集》。史诗时代产生了两部不朽的史诗：《摩诃婆罗多》和《罗摩衍那》。这两部史诗对印度人民的思想行为、道德观念以及文学艺术、风俗习惯都具有深远的影响。

印度在历史上长期处于封建割据、大小王国互相争霸的分裂状态。印度在历史上屡遭民族入侵、占领和殖民统治，因而血统混杂，人种繁多，素有"人种博物馆"之称。各族人民仍保持着各自的特有的衣着、饮食、风俗习惯和文化传统。印度的语言也很复杂，极不统一。全印度各民族和部族的语言及方言超过 150 种。印地语和英语同为官方语言。

印度是一个充满神话传说的国家。这些神话传说往往和宗教联系在一起，在印度人民中广为流传，成为他们思想行为、道德观念的准则和生活的楷模。印度自古存在种姓制度——按职业的不同把人分为 4 个等级不同的种姓，分别是：婆罗门、刹帝利、吠舍和首陀罗。种姓制度对国家的发展和个人生活的改善均有影响，是社会发展的一大障碍。自印度独立后，政府制定了有关法律，采取了有关措施，使情况有所变化。

印度的食物花样繁多，但有一个共同特点，即带有辣味或甜味。最引人注意的是饭菜的调料很多，主要是咖喱粉。印度人吃饭和很多国家不同，他们每餐饭前都要洗手，然后大多使用盘子，用右手抓取。他们只用三四个手指，不但可以吃米饭，甚至能把菜汤同米饭一起搅拌，然后一一送进嘴里。

在印度，人们不论地域、宗教、年龄，都习惯使用右手吃饭、给人东西，他们认为右手干净。

印度男子大多穿长衫和陶迪（围裤）、包头巾。女子主要是裙子、沙丽（传统服饰，裹在身上的经过简单裁剪的布）和紧身上衣等。印度女子喜欢在前额中间点"吉祥痣"，其颜色不同、形状各异，在不同情况下表示不同的含意。总的来说，"吉祥痣"是欢乐、吉祥的象征。

---

[1] 主要参考王树英、张保胜主编：《世界文化史故事大系·印度卷》，上海外语教育出版社 2003 年版。

二、欧洲主要国家和地区文化习俗

1. 英国[1]

在石器时代,现代英国所在的大不列颠岛和欧洲大陆连为一体,那时那里就有人类生活。后来由于地质活动,大不列颠岛才与欧洲大陆分离开来。公元前 3000 年到公元前 2000 年时,伊比利亚人来到这里,他们创造了圆形石林。公元前 43 年罗马帝国入侵不列颠后,将统治逐渐扩展到英国东南部与威尔士地区。公元 2 世纪初,罗马人修建了哈德良长城,用来防御北部凯尔特部落的进攻。公元 409 年罗马人撤离不列颠后,来自北欧的盎格鲁人、撒克逊人和朱特人纷纷入侵不列颠。慢慢地,征服者与被征服者逐渐融合成为今天的英格兰人。1066 年,诺曼人入侵英格兰,又将法国的语言、文字和宗教带入英格兰。1689 年经过"光荣革命"之后,英国资产阶级革命终于成功,确立了君主立宪制,从而为工业革命奠定了政治基础。到 19 世纪中期,英国成为世界上最先进的资本主义国家,拥有"世界工厂"的美誉。

和法国人、意大利人相比,英国人在饮食上不太讲究,也不精于烹饪。英国人喜欢喝茶。他们大多喝红茶,并加入牛奶、糖或柠檬。下午茶时间是下午 4 点至 5 点间。英国人款待朋友也多采用喝下午茶的方式。此时,主妇往往会拿出最好的茶具,摆上各种点心来招待客人。下午茶已经成为英国人重要的生活习惯。此外,炸鱼和炸薯条是英国人喜爱的一种快餐食品。

英国或英国人的绰号是"约翰牛",来自 1727 年的一本书《约翰·布尔的历史》。书中的约翰·布尔是个性情急躁、执拗的绅士。后来,经过漫画家的渲染,这个名字就用来形容英国人傲慢、固执的性格。事实上,英国人大多性格内向、保守。熟人见面往往只谈论天气情况。英国人很注重礼节,在公共场合不能大声喧哗,要排队而不是加塞儿。另外,女士优先是体现英国男人绅士风度的重要方面。

英国三大传统运动有:猎狐、打猎、赛马。此外,在英格兰的老牌大学里,划船是非常受欢迎的运动。牛津、剑桥每年三四月都举办划船比赛。传统的项目还有板球和高尔夫球。英国还是许多现代体育项目的诞生地,跨栏、障碍赛跑、现代足球、橄榄球运动都起源于英国。

苏格兰人更愿意被称作苏格兰人而不是英国人。他们重视自己的文化传统。他们的男子有穿方格呢裙的习惯。苏格兰的民族乐器是风笛。苏格兰还是威士忌酒的发源地,在苏格兰,威士忌被人们称作"生命之水""液体黄金"。

---

[1] 主要参考毕继万主编:《世界文化史故事大系·英国卷》,上海外语教育出版社 2003 年版。

2. 法国[1]

　　法国是欧洲最古老的国度，法国文化是人类历史上一笔有特殊意义和价值的宝贵财富。无论是从史前的拉斯科岩画算起，还是从公元前1世纪罗马帝国凯撒大帝征服高卢算起，法国的文化发展都可以称得上是源远流长。

　　在西方各国文化的变化与发展过程中，法国常常起到先锋或标兵的作用。法国的古典主义曾经是欧洲各国的楷模。18世纪的资产阶级启蒙思想运动在法国兴起，普及了"理性"和"科学"，首先提出了"自由""平等"的概念。这种推动历史发展的先进思想不仅导致了法国大革命，也在欧洲普及了资产阶级的价值观。19世纪后，法国巴黎成为欧洲文化的中心，新的文化思潮和流派在巴黎诞生，然后迅速地蔓延到欧美其他国家。巴黎作为世界文化的中心，一直到20世纪中期都保持其优势地位。第二次世界大战后，虽然美国成为超级大国，但法国的文化优势及其影响并未完全被美国所替代。法国在文学、美术、戏剧、音乐、建筑等领域内仍旧不断推出新的理念，大胆进行新的实践。巴黎作为世界时装中心的地位不可动摇。法国电影与好莱坞电影旗鼓相当。存在主义哲学和文学、荒诞派戏剧和反传统小说、结构主义、序列音乐、电子音乐等都滥觞于巴黎。

　　法国的国土轮廓几乎呈对称的六边形，法国人为此深感自豪。这片国土包含了各种迥异的特质，也养成了法国的独特民族性格：时而诡秘奇异，时而飘逸不定，却又井然有序，和谐融洽。他们的气质重理智，爱好构思、理论和纯粹的思考。同时他们爱好表述思想，注重逻辑和分析现实的严密性。法国人看上去似乎对秩序、纪律和工作不置可否，但工作起来是认真踏实的；他们个性活泼浪漫，家庭有凝聚力。

　　法国菜在西方世界影响巨大，它的烹饪方法及有关吃的礼仪文化构成了西餐文化的主体。法国还是名副其实的奶酪王国，法国全国有36个奶酪生产区，奶酪品种超过300种，堪称世界之最。法国的葡萄酒也是世界驰名。由于法国有得天独厚的栽培酿酒葡萄的气候、土壤与环境，法国的葡萄酒产区几乎遍布全境，其中著名的有波尔多地区、勃艮第和香槟地区。

　　法国人也爱咖啡，但他们喝咖啡讲究的似乎不是味道，而是环境和情调。他们喜欢到咖啡馆里，一小杯咖啡，慢慢地品，同时或读书看报或高谈阔论，消磨时间。正因为这种传统独特的咖啡文化，法国的咖啡馆遍布大街小巷。有些咖啡馆，如"德马格咖啡馆""圆顶咖啡馆""丁香园咖啡馆"等，都曾经是艺术家云集的地方。圆顶咖

---

[1] 主要参考何敬业主编:《世界文化史故事大系·法国卷》，上海外语教育出版社2003年版；新加坡APA出版有限公司编，冯海颖、张志娟、宋春胜译:《法国》，北京：中国水利水电出版社2001年版。

啡馆的柱子与画还被列为法国国家文化财产而受到保护。

3. 德国[1]

在青铜时代晚期（公元前 500 年），日耳曼民族就已在北德低地平原定居。1871 年，普鲁士完成了德意志的统一，建立了德意志帝国。与世界上许多国家相比，德意志的历史并不算长。但是就在这不长的一千余年间，德意志民族却创造了自己独特的文化。在德意志哲学、政治、音乐、文学以及科学技术历史上，莱布尼茨、康德、黑格尔、马克思、恩格斯、巴赫、贝多芬、瓦格纳、歌德、席勒、海涅、格林兄弟、普朗克、爱因斯坦……这些光辉的名字足以说明德意志民族的思辨与理性，才智与创造。

音乐在德国人的文化生活中占据重要的位置。能够欣赏音乐被认为是个人教养的重要组成部分。德国人从小就接受良好的音乐素质教育。他们喜爱唱歌，合唱是德国的音乐传统。德国人喜欢组成各种合唱团自娱自乐。

足球是最受德国人欢迎的体育项目。德国国家足球队曾三获世界杯冠军。球队的风格偏于力量型，讲究充沛的体能和完美的战术。德国人还创造了举世闻名的自由人战术，对现代足球的发展做出了杰出贡献。

德国人喜欢按计划办事，因此他们无论年龄大小、职位高低，都有随身带记事本的习惯。他们做事情必定事先拟好计划，体现出严格认真的态度。德国人大都严肃沉稳，不尚浮夸。他们遵纪守法和服从的精神给人印象深刻。

德国人爱吃猪肉。红肠、香肠、火腿是德国最有名的食品。德国有名的国菜就是在酸卷心菜上铺满各式香肠与火腿。面包在德国人的一日三餐中不可或缺，奶酪是德国人早餐桌上的必备食品。

4. 俄罗斯[2]

16 世纪才逐渐形成的俄罗斯经过历代沙皇东征西讨，最终成为一个横跨欧亚的庞大帝国。由于历史、社会和地理环境等原因，俄罗斯形成了自己独特的民族文化。在 18、19 世纪，尤其是 19 世纪，其文化的成就可以说达到了巅峰。最引人注目的是从 18 世纪末到 20 世纪初的俄罗斯文学。在 100 年左右的时间里，俄罗斯产生了一个世界上罕见的作家群。其中普希金和列夫·托尔斯泰是世界公认的大文豪。

---

[1] 主要参考马树德、[德]顾彬主编：《世界文化史故事大系·德国卷》，上海外语教育出版社 2003 年版。

[2] 主要参考张月明、赵泓主编：《世界文化史故事大系·俄罗斯卷》，上海外语教育出版社 2003 年版。

俄罗斯地大物博、民族众多，人文景观丰富多彩。在俄罗斯领土上生活着130个民族，其中俄罗斯族人最多，占全国人口82.6%。俄语是俄罗斯联邦的官方语言。此外还有阿尔泰语系、高加索语系和乌拉尔语系。

俄罗斯民族热爱冰上运动，性情豪爽，此外，还是个能歌善舞、极富艺术天分的民族。俄罗斯有世界上水平最高的芭蕾舞团。欣赏交响乐和歌剧成为大众文化生活的重要组成部分。

面包是俄罗斯人的主食，分黑白两种。相比起来，他们更偏爱黑面包。土豆是他们的第二面包，一桌酒宴上要是缺少了土豆就不能成为完整的宴席。此外，俄国人还喜爱鱼子酱、冰淇淋、伏特加、牛奶、红茶等食物和饮料。

5. 西班牙[1]

西班牙坐落的伊比利亚半岛，在50万年前就有人类狩猎的痕迹。在西班牙的史前遗迹中，最引人注目的是位于大西洋北岸的阿尔塔米拉洞穴。14000年前，石器时代的人类在石壁上刻绘野牛、牡鹿、马和野猪的图案。这些生动的图案成为西班牙艺术史上的第一章。公元前3000年左右，伊比利亚人来此定居。公元前900年，凯尔特人迁移至此。公元前7世纪时，希腊人开始向伊比利亚半岛殖民。后来，罗马人征服了西班牙，建立了罗马帝国，从而将它的宗教、建筑工程、拉丁语带到这里。756年，阿拉伯王子建立了埃米尔王国，从而将伊斯兰文明引入西班牙。今天，西班牙语中有大约4000个词来自阿拉伯语。

在西班牙，斗牛是传统表演类节目。斗牛的公牛经过精心挑选，血统纯正。斗牛士通过使用披肩和红布来艺术化地挑逗、控制牛，表现自己的情感，并最终杀死公牛。西班牙人认为斗牛是斗牛士与公牛间戏剧性的舞蹈。每年3月19日，西班牙的斗牛季节正式开始，10月12日结束。

西班牙举世闻名的弗拉明戈舞综合了唱歌、音乐和舞蹈，是一种起源于遥远过去的舞蹈，现在成为一种复杂交错的艺术形式。通常认为，非洲音乐和原始舞蹈、罗马时期的舞蹈、希腊拜占庭式的宗教色彩和圣歌，还有穆斯林的风格、犹太宗教歌曲都对弗拉明戈的形成做出了贡献。

西班牙人的性格外向、热烈且骄傲。他们喜欢热闹，于是酒吧成为他们表现自我的地方。这里的酒吧喧嚣热闹，人们高谈阔论。西班牙人还非常慷慨，乐于助人。

西班牙的饮食就像他们的文化一样丰富多彩。鱼、熏肉、干酪、葡萄酒是人们喜爱的食品。

---

[1] 主要参考新加坡APA出版有限公司编辑，李萍译：《西班牙》，北京：中国水利水电出版社2000年版。

6. 奥地利[1]

公元前400年，克尔特人在此建立了诺里孔王国。公元前15年被罗马人占领。中世纪早期哥特人、巴伐利亚人、阿勒曼尼人入境居住，使这一地区日耳曼化和基督教化。公元996年，史书中第一次提及"奥地利"。12世纪中叶巴奔堡家族统治时期形成公国，成为独立国家。1276年被神圣罗马帝国侵占，1278年，开始了哈布斯堡王朝长达640年的统治。1699年获得对匈牙利的统治权。1804年弗朗茨二世采用奥地利皇帝称号。1815年成立了以奥为首的德意志邦联。1860～1866年向君主立宪制过渡。1866年解散德意志邦联，次年与匈牙利签订协议，成立二元制的奥匈帝国。第一次世界大战中，奥匈帝国瓦解。1918年11月12日奥地利宣布成立共和国。1938年3月被纳粹德国吞并。第二次世界大战中作为德国的一部分参战。1955年10月26日奥国民议会通过永久中立法，宣布不参加任何军事同盟，不允许在其领土上设立外国军事基地。

奥地利丰富多彩的文化财富得益于它对欧洲各国文艺运动的吸纳兼容。千百年来它深受各国文化的熏陶渗透。十字军东征时，途经奥地利，沿原路返回时带来了珍贵的战利品和拜占庭文化。13世纪中叶，由法国云游僧人以及意大利流浪艺术家带到奥地利的哥特式艺术风靡一时。17世纪20年代，巴洛克时期留下了许多引人注目的艺术遗产。18世纪时，维也纳古典主义代表人物海顿、莫扎特、舒伯特、贝多芬等人创立了革命性的音乐准则。这些音乐大师为奥地利留下了极其丰厚的文化遗产，形成了独特的民族文化传统。到了19世纪，维也纳成为一个庞大帝国的神经中枢和文化中心。进入20世纪后，奥地利文化领域中人才辈出，焕发出强大的生命力。奥地利萨尔斯堡音乐节是世界上历史最悠久、水平最高、规模最大的古典音乐节之一。一年一度的维也纳新年音乐会可谓世界上听众最多的音乐会。建于1869年的皇家歌剧院（现名维也纳国家歌剧院）是世界最有名的歌剧院之一，而维也纳爱乐乐团则是举世公认的世界上首屈一指的交响乐团。

奥地利人酷爱美味佳肴，餐馆以"鸽子"作为星级标志。"鸽子"越多，餐馆越高级，最高为四星级。他们世代相传的食谱上有维也纳肉排、各种甜点蛋糕。牛肉是奥地利人所热衷的肉类，他们可以用牛肉做成各种菜肴。地窖酒吧、咖啡馆是奥地利最受人们欢迎的好去处。

奥地利是现代滑雪运动的发源地。东阿尔卑斯山等处是冬季运动的圣地。此外，奥地利是登山者的摇篮。洛克纳山、大维迪格峰等都是奥地利驰名的登山胜地。普通

---

[1] 主要参考新加坡APA出版有限公司编辑，徐元铭、常烨、张艳丽译：《奥地利》，北京：中国水利水电出版社1999年版。

人热衷的休闲娱乐主要是各种水上运动、山地自行车和徒步旅行。

7. 意大利[1]

意大利有着悠久的历史与文化。据古代神话，罗慕路斯和孪生兄弟雷穆斯由母狼哺育长大后，于公元前753年建立了罗马。事实上，自公元前2000年左右，古意大利部落就居住于此。从公元前900年开始，伊特鲁里亚文明开始发展，而在公元前3世纪末期，古罗马人占领了伊特鲁里亚城。新罗马共和国延伸到意大利南部，在公元前241年的第二次迦太基战争后，将西西里纳入自己的版图。公元前202年，罗马击败了迦太基，将西班牙和希腊纳入版图。在凯撒的统治下，罗马征服了高卢和埃及。而在凯撒被刺杀以后，凯撒的养子屋大维击败了对手安东尼和埃及女王克娄巴特拉，于公元前27年建立了古罗马帝国。君士坦丁大帝宣布基督教为国教，并于公元330年迁都拜占庭，但不久就被哥特人和汪达尔人消灭。在随后的几个世纪里，匈奴人和阿拉伯人不断从南边侵入这块土地。意大利中世纪最显著的特征就是北部强大城邦的崛起。到了16世纪早期，意大利大部分领土处于奥地利哈布斯堡王朝统治之下。19世纪60年代，在爱国者马志尼和加里波第的努力下，统一运动蓬勃开展。1861年，意大利王国宣布成立，国王埃马努埃莱二世成为统治者。1921年，墨索里尼的法西斯党掌握了国家大权。墨索里尼在第二次世界大战中和德国结盟，后于1945年4月被意大利游击队击毙。意大利是1957年成立欧洲经济共同体时的6个创始国之一。

14～17世纪的文艺复兴运动发源于意大利佛罗伦萨。在文艺复兴运动中出现了众多的文学艺术大师，如诗人但丁、彼特拉克、薄伽丘等。绘画大师有达·芬奇、米开朗基罗、拉菲尔、提香等。

意大利还是歌剧艺术之乡。歌剧最早产生于16世纪末的佛罗伦萨。后来罗马、威尼斯、那不勒斯也都成为歌剧中心。18世纪，意大利的歌剧艺术传播到整个欧洲，推动了欧洲歌剧艺术的发展。著名的作曲家有罗西尼、威尔第等。

意大利人充满活力而且极富创造力，他们拥有世界上著名的时装设计、制作中心——米兰、罗马和佛罗伦萨。意大利时装业的收入仅次于旅游业。意大利时装设计源于中世纪的手工业，有很长的手工制作历史。大批的设计天才从古典文化中取得创造性的灵感，创造出风格朴素又富有美感的作品。

9世纪时，阿拉伯人入侵意大利，带来了水果冻、冰水和甜点。18世纪时，意大利人培育出了番茄。此外，中世纪晚期，面食开始出现。通心粉、实心粉很有特色。意大利馅饼——比萨，已经成了风靡全世界的食品。在意大利许多地区，人们都要回

---

[1] 主要参考新加坡APA出版有限公司编辑，梁宝恒译：《意大利》，北京：中国水利水电出版社2000年版。

家吃中午饭,午饭是一天中最重要的事,一家人可以在这段时间聊天。

意大利90%以上居民信奉天主教。意大利人热情好客,待人接物彬彬有礼。和意大利人谈话要注意分寸,一般谈论工作、新闻、足球,不要谈论政治和美国橄榄球。意大利人忌讳交叉握手,忌讳数字"17"。在意大利人心目中,自由是最重要的,意大利人的守时和集体观念相对差一点,宴会迟到20分钟左右都是十分正常的事情。意大利人有早晨喝咖啡、吃烩水果、喝酸牛奶的习惯。酒,特别是葡萄酒,是意大利人离不开的饮料,不论男女几乎每餐都要喝酒,甚至在喝咖啡时,也要掺上一些酒。

三、美洲主要国家和地区文化习俗

1. 美国[1]

美国的文化发展大体上分为三个时期:(1)欧洲化时期(18世纪前)。美国早期文化是新移民在继承欧洲传统的基础上在新大陆上不断创新的结果。早期的移民是逃避宗教迫害才来到新大陆的。美国清教徒传统深深影响了美国文化的内涵与精神。对宗教信仰的追求还塑造了美国文化的核心理念之一——自由。(2)美国化(民族化)时期(19世纪)。独立后的美国,开始了塑造自我的美国化时期。这一时期也是美利坚民族的形成时期,美国文化开始表现出开拓型文化和整合型文化两种特征。如果说欧洲化时期体现了继承的力量对美国文化形成的影响,美国化时期则充分展示了环境因素在塑造美国文化形成中的特殊作用。(3)国际化(世界化)时期(20世纪)。这是美国文化不断创新和辐射世界的时期,也是美国通过"门户开放"政策和经历两次世界大战后开始的文化扩张时期。工业化、商业化和信息化成为世界化时期美国文化的主要特征,并由创造这一文化体系的经营和商标来体现。以发明大王爱迪生为代表的科技文化,以通用汽车为代表的工业文化,以可口可乐为标志的商业文化和以迪斯尼、好莱坞为代表的娱乐文化,以及以比尔·盖茨为代表的信息文化等,共同塑造了美国现代文化的物质、制度与价值层面,并随着美国的文化输出而成为世界性的。

除了文化的物质、制度与价值层面外,世界化时期的美国文化也由其载体——美国人的构成变化所体现。20世纪60年代以来,来自亚洲和拉美地区的移民数量大增,文化多元化在美国本土上得到了进一步的发展。

美国是一个多民族的移民国家,移民来自世界各地,因此美国又被称为"大熔炉"。白人是大多数,其次是黑人、亚洲人、说西班牙语的拉美人、印第安人、阿拉

---

[1] 主要参考倪世雄、乔长森主编:《世界文化史故事大系·美国卷》,上海外语教育出版社2003年版;朱耀廷主编,司美丽编著:《欧美文化旅游》,北京大学出版社2006年版。

斯加土著人、夏威夷土著人和太平洋岛民。

"山姆大叔"是美国的绰号。这个绰号源自 1812 年间美国战争时期的一个名叫山姆的检验员。他负责在供应军队的货物上盖 US 的标记。此人开玩笑说这些货物都是"山姆大叔"的。因为"山姆大叔"的缩写也是 US。后来，19 世纪 30 年代，美国漫画家将"山姆大叔"画成了一个白发、蓄山羊胡子、头戴星条旗帽的瘦老人。1961 年，美国国会通过决议，正式承认"山姆大叔"为美国的民族象征。

爵士乐是 19 世纪末 20 世纪初在美国新奥尔良发展起来的一种流行音乐。它保留了非洲音乐的音乐与舞蹈相结合的传统，又吸收了欧洲音乐的和声与声调。布鲁斯，又称为蓝调，也是由非洲后裔创造的音乐流派，内容多是表现黑人的不幸生活、对世事的嘲讽，以及对幸福的向往等。摇滚乐也是由爵士乐发展而来，音乐节奏感强、热情奔放、有利于发泄感情。摇滚乐的最大特点就是它的反叛精神，彻底改变了传统的音乐形式。

由于美国人生活节奏快，因此快餐就在美国流行起来。各种各样的快餐有"热狗""汉堡包""三明治"，等等。"麦当劳"和"肯德基"已经成为世界知名的连锁快餐店。美国人为了营养还有一大嗜好，就是大量服用维生素。在美国，维生素已被划为健康食品。一些美国人每餐之前都会手握大把维生素，一吞而进。

2. 加拿大[1]

加拿大原为印第安人与因纽特人居住地。2 万~4 万年前，一群群的游牧民族从西伯利亚出发，越过白令海峡来到阿拉斯加北部。他们在险恶的环境中生存了下来并保存了古代文化传统。16 世纪，加拿大沦为法、英殖民地，后又被法国割让给英国。1867 年，加拿大成为英国最早的自治领。1926 年，英国承认其"平等地位"，加拿大始获外交独立权。1931 年，成为英联邦成员国，其议会也获得了同英议会平等的立法权，但仍无修宪权。1982 年，英国女王签署《加拿大宪法法案》，加拿大议会获得立宪、修宪的全部权力。

很多早期的加拿大移民是难民，他们固守着自己的文化习俗，希望在加拿大创造出他们在家乡曾拥有的一切。与美国有形的文化传统不同，加拿大的文化传统更为隐秘微妙。作为一个移民国家，1970 年，多元文化主义成为加拿大政府的官方政策。加拿大的国际大家庭形象被称为"拼花板"。加拿大社会的多元文化环境被加拿大政府和人民引以为豪，它不但是区别于其他移民输入大国的显著标志，而且是吸引移民的主要原因之一。加拿大是当之无愧的无明显种族歧视的国家。不同种族文化背景的社

---

[1] 主要参考新加坡 APA 出版有限公司编辑，梁妍等译：《加拿大》，北京：中国水利水电出版社 2000 年版。

区或团体为保持或发展本民族或种族的文化而举办的活动不仅会受到社会的尊敬，还会得到政府支持。

啤酒、熏肉、冰球和寒冷的冬季共同构成加拿大的特色。加拿大的食品不是单一品种的，而是包括土著人的、法国的、英国的、美国的和接连不断的移民潮带来的少数民族的食品。

在各种体育活动中，高尔夫球和网球是夏季最适宜的活动。在冬季，人们都爱冰雪运动，越野滑雪、滑冰、在冰上凿洞钓鱼、狗拉雪橇等都是人们热衷的运动。

3. 南美洲[1]

人类于公元前20000年左右到达南美洲。公元前7500年到公元前4500年，印加人开始季节性地种植包括土豆、玉米在内的粮食作物，并开始驯养狗、美洲驼等动物。在公元前3000～公元前2000年左右，安第斯山区就已经有了黄金加工，达到了高度的文明。约1100年，以秘鲁南部库斯科为中心的印加帝国出现，并在15世纪中期达到鼎盛，其疆域北起厄瓜多尔北部，南达智利的塔尔卡。光辉的印加文化是人类物质和精神文明的重要组成部分。此外，南美洲在农业、水利灌溉工程、交通驿道、建筑、手工业等方面也达到较高水平。

16世纪初，葡萄牙、西班牙殖民者开始入侵。葡萄牙侵占了巴西，西班牙统治了除巴西以外的南美广大地区。16世纪末，英国、法国和荷兰殖民者经过激烈争夺，分割了圭亚那地区和近海一些岛屿。从此，全洲进入了长达300年的殖民统治时期。西班牙、葡萄牙等国的社会制度、风俗习惯、宗教信仰以及文化传统，随移民大批涌入，传播到南美各地，西班牙语、葡萄牙语也逐渐取代印第安语，成为普遍使用的正式语言。与此同时，白人男子和土著女人的后代混血儿降生，非洲黑奴也被运来从事蔗糖生产。1888年，更多的移民来到南美洲。形形色色的民族使得南美洲各个地区的民族特色各不相同。

流行于秘鲁、厄瓜多尔、玻利维亚等国的排箫音乐——贝尼亚曲调忧伤，令人难以忘怀。排箫音乐传统上不带伴唱，但现在发生了一些变化。伴唱的歌声忧伤粗哑，记录了美洲印第安乡下人的日常生活。

探戈是阿根廷最有代表性的舞蹈。起源于一个世纪之前布宜诺斯艾利斯的一个贫民区。起初是没有伴侣的男性移民之间的舞蹈。由于该舞蹈舞步快速、臀部扭动剧烈而受到上流社会的鄙视。在第一次世界大战前才得到国际认可。

桑巴舞则是属于巴西人的舞蹈。"桑巴"一词源于非洲的"肚皮舞"。最早的关于

---

[1] 主要参考新加坡 APA 出版有限公司编辑，翁妙玮、刘健译:《南美洲》，北京：中国水利水电出版社 2002 年版。

桑巴舞的记载是 1875 年巴西北部巴依亚的节日庆典上。狂欢节上跳的桑巴舞确切的名称是桑巴团。

在南美洲，人们热爱户外运动。登山、滑雪、骑车、乘木筏和皮艇漂流、跳伞、滑翔、丛林旅行等都是人们乐于从事的运动。

四、大洋洲主要国家和地区文化习俗

1. 澳大利亚[1]

澳大利亚一词，原意是"南方大陆"，在 1788 年大英帝国的第一舰队抵达澳大利亚之前，澳大利亚占主导地位的文化是土著人的文化，1788 年后，澳大利亚的文化由欧洲人，主要是英国人占主导地位。

澳洲土著人的文化主要是口口相传，几乎没有文字记载。澳大利亚土著居民的生活方式相对单纯，但是简单的生活并不意味着文化的卑劣。他们留下了大量的洞穴岩画和神话故事。这些岩画具有相当高的艺术成就，不输于任何其他文化的艺术。他们流传下来的神话故事反映出澳大利亚土著人对世界较深刻的理解。他们的"创世纪"与基督教等主要宗教故事相比毫不逊色。除了岩画与神话之外，土著文化还有丰富的音乐、舞蹈艺术。他们的音乐作品带给听众一种简单、朴实的心灵震撼。

1788 年是澳大利亚文化史的重要年头。英国人首先把澳大利亚作为一个流放囚犯的地方。这年的 1 月，大英帝国的第一舰队抵达植物湾。澳大利亚的土著文化受到来自欧洲文化的挑战与打压。由于澳大利亚一开始是犯人的流放地，因此早期的文化有不少是与囚犯有关的。随着第一代澳大利亚土生土长白人的成熟，澳大利亚人自己的民族文化特色初见端倪。19 世纪 80 年代开始，澳大利亚自己独特的文化样式进入形成期。在 1880 年前后，澳大利亚文坛上出现了一大批探索本土文化的作品。文学艺术家开始注重发掘澳大利亚自己的题材、发展自己的文学艺术风格。具有标志意义的就是《公报》的诞生。1901 年澳大利亚联邦正式宣告成立。这种政治上的独立对日后澳大利亚形成自己的民族文化影响重大。经过两次世界大战，澳大利亚与英国的独特关系已经结束。二战后澳大利亚文化开始向美国文化倾斜。到了 20 世纪 70 年代，澳大利亚已经成为世界上人均收入较高的国家之一。除了在经济方面日趋成熟，在文学艺术上更是硕果累累。此阶段具有标志性意义的事件就是帕特里克·怀特获得诺贝尔

---

[1] 主要参考曲卫国主编：《世界文化史故事大系·澳大利亚卷》，上海外语教育出版社 2003 年版；新加坡 APA 出版有限公司编，薛正文译：《澳大利亚》，北京：中国水利水电出版社 2001 年版。

文学奖。进入20世纪80年代，澳大利亚在和世界各国的文化交往中日渐成熟，呈现出多元化的趋势。

澳大利亚早期移民的饮食比较贫乏，但是经过漫长发展后，这里成为地球另一端的美食天堂。无论是热带的水果、海产，还是农场产的奶制品、谷物和肉类，都可以在澳大利亚的餐桌上找到。澳洲产的葡萄酒也很畅销。澳大利亚土著人喜欢吃昆虫，比如澳洲丛林中大飞蛾的幼虫、蚂蚁、甲壳虫、蝎子、蜂蛹等。

但是澳大利亚普通人请客吃饭都比较简单。一般是一道汤、一道主菜、一道甜食水果，外加甜酒，之后是咖啡。因为他们认为请客的目的是联谊，而不是大吃一顿。

澳大利亚人既有西方人的爽朗，又有东方人的矜持。他们兴趣广泛，喜欢体育运动，如冲浪、帆板、钓鱼、板球、澳式足球、橄榄球及游泳。赛马、网球等是从欧洲大陆传来的长盛不衰的体育项目。澳式足球是诞生于19世纪50年代的本土项目，每年赛季时，球迷们会到现场观看比赛，或者收看电视转播，非常热闹。

2. 新西兰[1]

在公元950年，第一批玻利尼西亚人乘坐独木舟从亚洲大陆来到这块土地。他们被称作"日出海盗"，他们的后代被称作毛利人。这些人适应了这里的地理气候条件，生存了下来。他们将这里叫作"奥蒂洛阿"，意思是"状若狭长白云之地"。

毛利文化中有两个各自具有明显特征又相互关联的发展阶段。第一阶段是古毛利文化阶段。第二阶段叫作传统毛利文化阶段。这一阶段是由最早到达新西兰的欧洲航海者耳闻目睹并记录下来的。毛利人没有书面语，但是他们的口语发展得相当成熟。他们留下了大量的木雕、石刻、骨雕作品。此外，他们还用鸟羽、亚麻和其他材料编织式样复杂的礼服。毛利艺术的另一个特色是个人身上的文身装饰。

1642年，荷兰航海家阿贝尔·塔斯曼在此登陆，把它命名为"新泽兰"。1769至1777年，英国人詹姆斯·库克船长先后5次到新西兰并测量和绘制地图。此后英国向这里大批移民并宣布占领新西兰，把海岛的荷兰文名字"新泽兰"改成英文"新西兰"。1796年，英国海军上校詹姆斯·库克来到新西兰，成为第一个在此探险的欧洲人。1840年，约50名毛利酋长缔结了《怀塘基条约》，将主权让与英女王，作为交换，女王保证毛利人可以拥有土地、森林、渔场和其他财产。1907年，英国被迫同意新西兰独立，成为英联邦的自治领，政治、经济、外交仍受英控制。1931年，英国议会通过《威斯敏斯特法案》，根据这项法案，新西兰于1947年获得完全自主，仍为英联邦成员。现代，毛利文化逐渐在新西兰社会生活的各个方面受到关注。非毛利族人也越来

---

[1] 主要参考新加坡APA出版有限公司编辑，金铭译：《新西兰》，北京：中国水利水电出版社2002年版。

越尊重毛利人传统的观念和信仰。

帕克哈人在约 200 年前开始移居新西兰，其中大多数是英国人。19 世纪以来新西兰不断吸收移民。来自太平洋岛国的岛民、毛利人和帕克哈人共同创造发扬了独具特色的新西兰文化。文学艺术方面，珍妮特·弗雷姆、凯莉·休斯等是 20 世纪 80 至 90 年代新西兰文坛最有影响力的作家。新西兰的电影也有了一定的影响，女导演珍妮·坎皮恩的《钢琴课》获得巨大成功。

新西兰饮食风格多样，毛利、意大利、斐济、台湾、越南、泰国等饮食与传统的英国饮食融合在一起，形成了全新的食谱。新西兰还生产一些高质量葡萄酒，在全球供不应求。

五、非洲主要国家和地区文化习俗

1. 埃及[1]

位于非洲大陆尼罗河下游的埃及是世界上古文明的摇篮之一。公元前 5000 年左右，古埃及人逐渐向尼罗河谷地集聚，在这里开始了他们以农耕为主的定居生活。公元前 3200 年，美尼斯统一埃及，建立了第一个奴隶制国家。当时国王称法老，主要经历了早王国、古王国、中王国、新王国和后王朝时期。勤劳、智慧的古埃及人民创造了象形文字并将之发展为具有一定意义的表音符号。他们积累和创造了数学、天文、医学等丰富的知识。木乃伊的制作，说明他们很早就认识了人体结构及许多药物的效用。古埃及人民留下的金字塔及神庙建筑至今被誉为世界奇观。

公元前 525 年，埃及成为波斯帝国的一个行省。在此后的一千多年间，埃及相继被希腊和罗马征服。这一时期，埃及的原始基督教文化——科普特教文化十分繁荣。公元 641 年阿拉伯人入侵，伊斯兰教随之传入埃及，埃及逐渐阿拉伯化，成为伊斯兰教一个重要中心。伊斯兰教从此开始了对埃及文化的影响，并一直延伸到现代。1517 年被土耳其人征服，成为奥斯曼帝国的行省。1882 年英军占领后成为英"保护国"。1922 年 2 月 28 日英国宣布埃及为独立国家，但保留对国防、外交、少数民族等问题的处置权。1952 年 7 月 23 日，以纳赛尔为首的自由军官组织推翻法鲁克王朝，成立革命指导委员会，掌握国家政权。1953 年 6 月 18 日宣布成立埃及共和国。1958 年 2 月同叙利亚合并成立阿拉伯联合共和国。1961 年叙利亚发生政变，退出"阿联"。1971 年 9 月 1 日改名为阿拉伯埃及共和国。

---

[1] 主要参考杨孝柏主编：《世界文化史故事大系·阿拉伯卷》，上海外语教育出版社 2003 年版；日本大宝石出版社编，刘晓艳译：《埃及》，北京：中国旅游出版社 2001 年版。

埃及人的交往礼仪既有民族传统的习俗，又通行西方人的做法，两者皆有，上层人士更倾向于欧美礼仪。在埃及，一般正式场合穿西服，去朋友家中做客穿衬衣不系领带。埃及人见面时异常热情。一般情况下，见到不太熟悉的人，先致问候的人要说全世界穆斯林通行的问候语"和平降于你"。如果是老朋友，特别是久别重逢，则拥抱行贴面礼。异性之间通常是握手，只有亲戚之间行贴面礼。

埃及人不忌讳外国人来家中访问，甚至很欢迎外国人的到来，并引以为荣。但异性拜访是禁止的，即使在埃及人之间，男女同学、同事也不能相互去对方的家中拜访。

埃及人认为"右比左好"，右是吉祥的，做事要从右手和右脚开始，握手、用餐、递送东西必须用右手，穿衣先穿右袖，穿鞋先穿右脚，进入家门和清真寺先迈右脚。埃及人讨厌打哈欠，认为打哈欠是魔鬼在作祟。通常在埃及人面前尽量不要打哈欠或打喷嚏，如果实在控制不住，应转脸捂嘴，并说声"对不起"。

宗教方面，现在埃及90%的国民是逊尼派的伊斯兰教教徒。埃及饮食综合了地中海菜和中东地区菜肴的特点。埃及菜里大量使用西红柿糊这种地中海菜的特色。烤肉类中没有猪肉，多用羊肉、鸡肉和牛肉。此外，埃及人喜爱甜食，爱喝红茶。

2. 南非共和国[1]

南非的原居民是西部的科萨族、东部的祖鲁族等。1652年开始，荷兰人、法国人、德国人陆续移入，派生出一种以荷兰语为基础的阿非立加语。20世纪初，南非曾一度成为英国的自治领。1961年5月31日，南非退出英联邦，成立南非共和国。由于南非白人当局在国内推行种族歧视和种族隔离政策，南非人民在以曼德拉为首的非洲人国民大会的领导下，为推翻种族隔离制度进行了英勇的斗争，并最终取得胜利。1994年4月，南非举行首次由各种族参加的大选，曼德拉当选为南非首任黑人总统。

南非大部分的居民是天主教徒，其他有伊斯兰教、印度教、犹太教等教徒。传统饮食是一种被称作开普马来的用咖喱调味的食物。此外，典型的食物还有烤肉、玉米粥和奶制品等。酒类以葡萄酒、啤酒和果实酒为主。

【思考与练习】

谈谈你对所任教国的文化基本情况的了解，并结合实际说明如何尊重当地的风俗习惯。

---

[1] 主要参考日本大宝石出版社编，刘东妮、孟琳译：《南非》，北京：中国旅游出版社2001年版。

【参考文献】

毕继万主编:《世界文化史故事大系·英国卷》,上海外语教育出版社 2003 年版。

新加坡 APA 出版有限公司编,冯海颖、张志娟、宋春胜译:《法国》,北京:中国水利水电出版社 2001 年版。

何敬业主编:《世界文化史故事大系·法国卷》,上海外语教育出版社 2003 年版。

胡令远、邱岭、朱静雯主编:《世界文化史故事大系·日本卷》,上海外语教育出版社 2003 年版。

新加坡 APA 出版有限公司编,金铭译:《新西兰》,北京:中国水利水电出版社 2002 年版。

新加坡 APA 出版有限公司编,李萍译:《西班牙》,北京:中国水利水电出版社 2000 年版。

新加坡 APA 出版有限公司编,梁宝恒译:《意大利》,北京:中国水利水电出版社 2000 年版。

新加坡 APA 出版有限公司编,梁妍等译:《加拿大》,北京:中国水利水电出版社 2000 年版。

日本大宝石出版社编,刘东妮、孟琳译:《南非》,北京:中国旅游出版社 2001 年版。

日本大宝石出版社编,刘晓艳译:《埃及》,北京:中国旅游出版社 2001 年版。

马树德、[德]顾彬主编:《世界文化史故事大系·德国卷》,上海外语教育出版社 2003 年版。

新加坡 APA 出版有限公司编,莫苛、蒙和译:《泰国》,北京:中国水利水电出版社 2002 年版。

倪世雄、乔长森主编:《世界文化史故事大系·美国卷》,上海外语教育出版社 2003 年版。

曲卫国主编:《世界文化史故事大系·澳大利亚卷》,上海外语教育出版社 2003 年版。

王树英、张保胜主编:《世界文化史故事大系·印度卷》,上海外语教育出版社 2003 年版。

王勇:《日本文化——模仿与创新的轨迹》,北京:高等教育出版社 2001 年版。

新加坡 APA 出版有限公司编,翁妙玮、刘健译:《南美洲》,北京:中国水利水电出版社 2002 年版。

新加坡 APA 出版有限公司编,徐元铭、常烨、张艳丽译:《奥地利》,北京:中国水利水电出版社 1999 年版。

新加坡 APA 出版有限公司编，薛正文译：《澳大利亚》，北京：中国水利水电出版社 2001 年版。

杨孝柏主编：《世界文化史故事大系·阿拉伯卷》，上海外语教育出版社 2003 年版。

新加坡 APA 出版有限公司编，赵媛等译：《韩国》，北京：中国水利水电出版社 2002 年版。

张月明、赵泓主编：《世界文化史故事大系·俄罗斯卷》，上海外语教育出版社 2003 年版。

朱耀廷主编，司美丽编著：《欧美文化旅游》，北京大学出版社 2006 年版。

第七章
文化与跨文化交际

第一节 交际、跨文化交际与第二语言教学

一、交际与跨文化交际

1. 什么是"交际"

1.1 交际的含义

"交际"一词在汉语中自古有之。古时指接触往来:"际,接也。交际谓人以礼仪币帛相交接也。"(《辞源》),现代定义是"人与人之间的往来接触;社交"(《现代汉语词典》)。

在跨文化交际学中,外语教学界和对外汉语教学界将英语的"communication"译成"交际",国际政治界译为"交流",新闻界译为"传播",交通、通信界译成"沟通""通信""交通"。也有人将其译成"传通"。有人认为,不同译法源于"汉语中没有与communication相对应的词",我们认为,恐怕主要原因还是不同学科和不同领域根据自己的专业的要求和术语使用的习惯选用适合自己的译法。汉语的"交际"与英语的communication的基本含义是对应的,都有共同、共享和相互传递信息的含义。

1.2 交际信息交流的过程

交际是交际双方信息交流的动态过程,这一过程包括8个要素:信息源(source)、信息编码(encoding)、信息内容(message)、信息渠道(channel)、信息接收者(receiver)、信息解码(decoding)、信息反应(response)和信息反馈(feedback),即交际效果的检验。

1.3 交际的特点

(1) 动态性（dynamic）。交际是正在进行的过程，是动态的，而不是静止的。

(2) 互动性（interactive）。交际是双方互动的，信息发出者与接收者、编码与解码是交替进行的。

(3) 不可挽回性（irreversible）。一言既出，无法收回，只能修正。因此，交际中一个严重的问题是，无意识的言谈举止有时产生了负面的影响，讲话人却毫无觉察。

(4) 情境性（physical and social context）。包括交际活动的具体环境和交际者之间的关系。

2. 什么是"跨文化交际"

2.1 交际与文化

关于交际与文化之间的关系，中国相关学科虽有不少研究，但尚处于不成熟阶段。西方的研究，按照 Burrell & Morgan 的总结（1988），可以分为四类（four paradigms）：1. 应用派（Functionalist），依据社会心理学（social psychology）理论研究文化差异对人际交往的影响，探究文化与交际的因果关系；2. 认知（释义）派（Interpretive），依据人类学和社会语言学（anthropology and sociolinguistics）理论研究文化与交际之间的相互影响，着眼于理论认识的探索，重点探索言语群体内部的交际模式；3. 人本主义评论派（Critical Humanist），探究的是文化差异在教科书和大众媒体中的反映，研究社会角色变化和文化差异造成的交际冲突；4. 社会结构派（Critical Structuralist），将文化看成社会结构（societal structure），研究的是大众文化语境和文化产业，适用于大众媒体。前两类与跨文化人际交往有关：应用派理论着眼于跨文化交际行为的实际作用和效果；认知派注重的是理论认知的探索。

2.2 跨文化交际的界定

"跨文化交际"指的是来自不同文化的人（在此主要指不同国家的人）之间的交际。其主要特点是：文化不同，交际者的历史传统、生活习性、风俗习惯、交际规则、思维方式，乃至价值观念等各方面都会有所不同。这些方面所体现出的文化差异会造成跨文化交际中交际信息的失落、错位，甚至文化冲突，最终还可能导致跨文化交际的失败。

2.3 跨文化交际学的兴起与引进

跨文化交际学兴起于美国，美国人类学家霍尔（Edward T. Hall）是跨文化交际学的奠基人。霍尔在 1959 年出版的 *The Silent Language*（《无声的语言》）的序言中提出了两个名称：intercultural communication 和 cross-cultural communication，二者含义相同，都指旅居海外的美国人与当地人之间的交际。后来，跨文化交际所指的范围逐渐扩大到指称来自不同文化（国家）的人之间的交际。20世纪80年代初跨文化交际学引进中国，随之在我国外语教学界、对外汉语教学界、国际政治教学界、商业教学领域和大众传媒等领域迅速发展起来。以外语教学、对外汉语教学和商业领域的研究与教学的发展最为迅速。各个领域都将 intercultural 和 cross-cultural 译成"跨文化"，但对 communication 的译法不同（见上文）。Intercultural communication 和 cross-cultural communication 在我国都既译成"跨文化交际"，也译成"跨文化交际学"。

2.4 广义跨文化交际理论与狭义跨文化交际理论

从广义上看，"跨文化交际"是英语"cross-cultural communication"和"intercultural communication"的共同汉译名。因为这两个名称都指来自不同文化的人之间的交际。从狭义上看，"cross-cultural communication"(CCC) 与"intercultural communication"(ICC) 不同，在跨文化交际研究和教学中，需要加以区别。根据 CCC 与 ICC 之间的含义、理论和研究方法的差别，我们可以将 cross-cultural communication 译为"跨文化比较论"，将 intercultural communication 译成"跨文化交际"与"跨文化交际学"，并将 CCC 与 ICC 结合译成"跨文化交际"和"跨文化交际学"。

(1) CCC 与 ICC 之间的区别

CCC 与 ICC 研究的目的不同。CCC 研究旨在探索和说明人类不同的文化类型如何通过其不同的文化准则和规则（cultural norms and rules）直接影响和调节人们的交际行为，重在理论认知研究；ICC 研究的是跨文化交际的有效性（effectiveness）和合适性（appropriateness），注重跨文化交际双方相互文化适应和文化身份的调节，着眼于跨文化交际中实际问题的解决。

CCC 与 ICC 的含义与内容不同。CCC 研究的是不同文化之间的某种社会现象和某种语言形式的相互比较（comparison）。例如：不同文化之间结婚典礼的习俗比较、不同语言的比较（如词语、句子结构、修辞方式）、某种交际行为的静态比较，等等。但是，ICC 研究的是不同文化的人之间的交际，要求解决的是排除跨文化信息传递过程中文化差异的干扰，保证跨文化交际的顺利进行。简单地说，CCC 研究的是文化现象的比较，而 ICC 研究的是跨越文化的交际及其效果。所以，对不同文化现象与交际行为的静态认知比较研究和不同文化之间的交际行为过程和效果的动态对比研究是 CCC 与 ICC 的根本区别。

CCC 与 ICC 的研究方法也不尽相同。二者之间最大的不同是 CCC 采用的是比较法（comparison），研究的是不同文化之间某种现象或某种行为的同异点，是一种静态研究，而 ICC 采用的是对比分析法（contrastive analysis），研究的是文化差异对跨文化交际的干扰过程,是一种动态研究。

(2) CCC 理论与 ICC 理论的关系

ICC 理论是在 CCC 理论的基础上发展起来的。CCC 提出的文化差异论和文化比较论为 ICC 的对比分析法提供了理论基础;理解 CCC 理论是理解 ICC 理论的前提;CCC 理论又是 ICC 理论的有机组成部分。ICC 的许多研究都不能离开 CCC 理论,都是在 CCC 理论的基础上发展起来的。例如:人类文化存在差异;文化差异直接影响人们的生活方式、行为规范、交际规则、思维方式和价值观念。

2.5 跨文化交际与同文化交际的区别

跨文化交际不同于同文化交际(intracultural communication)。同文化交际是具有相同文化背景的人之间的交际,包括同种族、同民族、同语言文化群体之内的交际,是具有相同文化背景和文化习俗的人在共同的交际规则指导下进行的交际,解决的是不同语境中的交际问题。同文化交际基本上不存在文化差异和文化冲突问题。

跨文化交际指的是来自不同文化背景的人之间的交际,需要处理的是交际与文化之间的关系,解决的是跨文化语境(cross-cultural context/setting)中的问题。跨文化交际是在观念和信号系统不同的人群之间的交际,文化差异会导致交际信息的失落、误解,甚至文化冲突。此有彼无和此无彼有的信息就容易失落,交际规则、思维方式和价值观念不同的信息就易产生文化误解,甚至文化冲突。

2.6 跨文化交际学的内容

关于跨文化交际学的内容,西方著述甚丰,内容也不尽一致。根据 Gudykunst 2005 年对西方理论研究的总结,可以归纳为 7 大类理论:交际与文化之间关系的理论、交际中文化多样性的理论、交际效果的理论、交际适应的理论、文化身份协调与掌控的理论、交际网络的理论和对异文化环境适应的理论。[1] Gudykunst 于 2003 年对跨文化交际理论的总结中还讨论了跨文化交际能力以及交际与跨文化人际关系问题。[2]

关于中国跨文化交际理论研究,也有不少著作,其中关世杰与贾玉新的论述比较全面。

关世杰的《跨文化交流学——提高涉外交流能力的学问》[3] 将跨文化交流学的内容综合为 4 大部分,共 15 个问题:

---

[1] William B. Gudykunst, *Theorizing About Intercultural Communication*, Thousand Oaks, CA: SAGE Publications, 2005。

[2] William B. Gudykunst, *Cross-Cultural and Intercultural Communication*, Thousand Oaks, CA: SAGE Publications, 2003。

[3] 关世杰:《跨文化交流学——提高涉外交流能力的学问》,北京大学出版社 1995 年版。

第一部分是绪论，讨论的问题有：文化与交流；跨文化交流的模式与特点；构筑跨文化交流学的理论等。

第二部分讨论文化与交流的关系，包括文化与感知；文化与思维方式；跨文化交流与世界观、人生观和价值观；跨文化交流中的定型观念和归因；社会规范、物质文化与跨文化交流等。

第三部分谈从交流的过程看跨文化交流，包括跨文化交流中的信息、渠道和反馈；跨文化交流的语言符号系统；跨文化交流中的非言语；交流者之间的关系等。

第四部分讨论跨文化交流的不同层次，包括跨文化人际交流、跨文化组织交流以及国家之间的跨文化交流等。

贾玉新的《跨文化交际学》[1]分为10大部分，共讨论24个问题：交际、文化与跨文化交际；文化定势之对比分析；情景、人际关系与交际文化；规范、符号、代码及编译码；交际之文化差异；跨文化语用对比分析；跨文化语篇对比分析；情景（性别、场合）、交际文化与跨文化交际；非语言行为及其文化差异以及跨文化交际能力与多元文化时代的交际等。

他们的理论以介绍西方理论为主，但是注意结合中国实际和进行汉外对比，内容全面丰富。

二、跨文化交际学与第二语言教学

1. 研究语言与文化之间关系的几个学科

当前，在我国第二语言教学界研究语言与文化之间的关系的有数个学科，包括文化语言学、国情（国俗）语义学、语用学、对比语言学、跨文化交际学等。这些学科都从不同角度研究语言与文化之间的关系。文化语言学研究语言与文化之间的对应关系和语言与文化之间的相互影响；国俗语义学研究的是语言词语的文化背景意义；语用学研究的是语言的语境义，即在具体情境中理解和使用语言；对比语言学主要对比汉外语言的同异点，现在也涉及语言的文化含义对比；跨文化交际学则注重研究在跨文化交际中如何排除文化差异对跨文化交际（包括语言交际和非语言交际）的干扰，保证跨文化交际有效而又得体地进行。所有这些学科中，只有文化语言学是中国"土生土长"的学科，其他都是先后从国外引进的"舶来品"。跨文化交际学与其他各学科之间的相似点是都研究语言与文化之间的关系。对比语言学与跨文化交际学都注意对比（或比较），语用学与跨文化交际学都注意语言在具体语境中的运用。语用学中

---

[1] 贾玉新:《跨文化交际学》，上海外语教育出版社1997年版。

的"跨文化语用学"理论则更加靠近跨文化交际学。然而，跨文化交际学不是语用学。语用学与跨文化交际学的主要区别有四：一是只关心语言行为与注重全面交际行为和文化适应之别。语用学"是专门研究语言的理解和使用的学问"[1]，重在语言行为的理解与运用，跨文化交际学则不仅研究语言交际，也研究非语言交际，还研究跨文化交际双方在交际过程中的相互适应和外来者对异文化环境的适应，我们可以说，跨文化交际学的核心是文化适应理论。二是重理论与重应用之别。语用学重在语言行为的理解，是研究语言意义的理论，而跨文化交际学是"研究人们在跨文化交际过程中产生的问题和冲突以及如何解决这些问题和冲突的一门学问"[2]，研究的是具体语言交际行为、非语言交际行为和跨文化适应的有效性和得体性。三是重理论引进与重文化差异对比之别。语用学重在引进和研究国外理论及其对中国语言行为的指导作用，跨文化交际学则突出交际行为中的中外文化差异的对比和文化冲突的排除。四是语用学属语言学范围，即使跨文化语用学也未超出这一范围，而跨文化交际学则是由多学科结合而形成的综合学科，融入了人类学、传播学、心理学、社会学、哲学、文化学、语言学等多学科的相关理论，大大超越了语言学范围。

上述几个学科都在第二语言教学中发挥着重要的作用。可喜的是，各个学科都在发展和变化，都在不断地吸收其他学科的长处，都在不断充实和丰富自己。各学科之间的相似点不断扩大，相互重叠之处越来越多。这种互相学习和共同发展的正确趋势必然会大大促进我国语言与文化之间关系研究工作的健康成长。跨文化交际学就应当博采众长，不断丰富自己，充实自己，只有这样才能保持跨文化交际学的持续发展，创立起适合中国国情的跨文化交际学，并与其他各学科携手并进。

跨文化交际学在第二语言教学中有其独特的重要作用。这一作用关系到第二语言教学的目标、教学内容和教学方法等一系列问题。

2. 跨文化交际学与第二语言教学之间的关系

跨文化交际学与第二语言教学之间的关系主要体现在3个方面：第二语言教学的目标、关键和方法。

2.1 第二语言教学的主要目标是培养学生的跨文化交际能力

（1）第二语言教学的任务是架设跨文化交际的"桥梁"

成人第二语言学习者不论将来在什么地方做什么工作，其目的都是在跨文化交际中起到沟通交际双方的"桥梁"作用，也永远只能发挥这种桥梁作用。

---

[1] 何自然：《语用学与英语学习》，上海外语教育出版社1997年版。
[2] 胡文仲：《超越跨文化的屏障》，北京：外语教学与研究出版社2002年版。

第二语言教师的任务是"架桥",即将学生培养成沟通跨文化交际的"桥梁"。第二语言专业的师生所从事的专业或职业也决定了他们不仅必须而且可以起到不同语言和不同文化之间的"桥梁"(bridge)或"媒介人"(mediator)的作用。他们应当努力为这一作用创造条件,尽力精通本国和外国语言,尽量熟悉本国和外国文化以及二者之间的异同,尤其是不同点,在第二语言教学/学习中学会中外语言规则和交际规则的转化技能,也包括思维方式的转化和价值观念的文化适应的能力。

(2) 第二语言教学的主要目标是培养学生的跨文化交际能力

①跨文化交际能力不同于人们一般认为的"交际能力"

语言能力,即乔姆斯基(Chomsky)的 competence,指的是语音、词汇、语法等语言知识,现在人们加入了听、说、读、写、译等语言技能,没有涉及交际的能力。

交际能力,即海姆斯(Hymes)的 communicative competence,指的是在不同语境中正确而又得体地运用语言进行交际的能力,涉及的只是同文化语境中的交际能力。

这两种能力都不能满足跨文化交际的要求,因此不能将其作为第二语言教学的目标。

②只有培养学生的跨文化交际能力才是第二语言教学的主要目标

跨文化交际能力指的是跨文化交际环境中的交际能力,即来自不同文化背景的人之间进行交际时具有强烈的跨文化意识、善于识别文化差异和排除文化干扰,并且成功地进行交际的能力。它与同文化交际能力的根本区别在于:它解决的是跨文化语境(cross-cultural context)问题,是来自不同文化背景的人相互交往时,对同一语境中交际行为和交际信号的文化差异的识别和对文化差异干扰的排除能力。解决的是同一语境中不同文化之间交际规则的碰撞和冲突问题。

③跨文化交际能力的组成成分

跨文化交际能力是由语言交际能力、非语言交际能力、语言规则与交际规则的转化能力以及跨文化适应能力组成的综合能力。

语言交际能力(Verbal Communication Competence)。语言交际能力不仅指必须掌握的语音、词汇和语法知识,还包括对语言的概念意义和文化内涵意义的了解与运用能力,不仅指语言的正确性,还指在具体语境(什么人、什么时间、在什么地方、对什么人、说什么、如何说,以及为什么这么说。即英语的"5Ws")中运用语言进行交际的有效性和得体性。语言交际能力是跨文化交际能力的核心和基础。

非语言交际能力(Nonverbal Communication Competence)。非语言交际是语言交际行为以外的一切交际行为和交际方式,是一种不用言辞的交际。非语言交际包括体态语(body language)、副语言(paralanguage)、客体语(object language)和环境语

(environmental language)。非语言交际对语言交际起到配合和补充作用,它既是交际行为一个不可或缺的部分,也是第二语言教学不可忽视的重要方面。非语言交际能力指的是善于运用非语言交际行为和方式进行交际的能力。

语言规则和交际规则的转化能力 (Competence of Transformation of Two Rules)。语言规则 (linguistic rules) 指的是包括语音、词汇和语法的规则体系,而交际规则 (communicative rules) 则指人们相互交际的行为(包括语言行为和非语言行为)准则。在跨文化交际中,交际规则最根本的特点是规范跨文化语境中的交际行为和交际方式,处理的是跨越文化的交际中正确而又得体地应对风俗习惯、行为规范、交际准则、思维方式、价值观念等诸多方面的文化差异的干扰和文化冲突问题,指导的是在跨文化语境中交际准则的转化和交际行为的相互适应行为。在跨文化交际中,不仅要进行语言规则的转化,还要进行交际规则的必要转化。这是因为交际规则具有文化特性,在跨文化交际中照搬母语文化的交际规则就会造成文化误解,甚至文化冲突,最终导致跨文化交际的失败。

文化适应能力 (Competence of Cultural Adaptation)。文化适应能力指的是跨文化交际双方相互之间的交际适应能力和对异文化环境的适应能力。

2.2 第二语言教学中需要处理好三种关系

(1) 课堂教学与课外交际之间的关系

包括课本语言教学与课外实际应用之间的关系。需要大力加强学生课外实际交际能力的培养。

(2) 第二语言教学与第二文化教学之间的关系

第二语言教学不仅教授语言,也必须有计划、有针对性地介绍所学语言国家的文化和交际习俗,还要介绍目的语文化与学生母语文化之间的差异及其在语言中的体现,帮助学生认识和克服文化差异对语言学习和运用的干扰和障碍。

(3) 培养学生与不同文化的人进行交际的能力

这里所说的"与不同文化的人进行交际的能力"不仅指与所学外语国家的人进行交际的能力,更主要的是学会与不同母语文化的人进行跨越文化交际的基本能力,是一种基本功,而不只是应对具体文化中具体情况和具体问题的技巧。这种基本功就是在强烈的跨文化意识指导下的跨文化交际能力。

2.3 培养学生跨文化交际能力的关键是帮助他们不断增强跨文化意识

(1) 什么是"跨文化意识"

"跨文化意识"既不等同于"理解"(understanding),更不等同于"知识"(knowledge)。

"跨文化意识"(cross-cultural awareness)，也称"文化意识"(cultural awareness)，指的是在跨文化交际中，对不同文化之间的差异和冲突具有感觉的敏锐性（善于发现矛盾和问题）、理解的科学性（理智的分析和科学的判断）和处理的自觉性（主动积极地排除文化差异和文化冲突的干扰，有效和得体地排除文化误解）。

(2) 获取跨文化意识的阻力

第一，文化"冰山"对认知造成的困难。文化就像一座"冰山"(iceberg)，人们对于浮在"水面"上的语言、生活方式、交际行为等表面现象比较容易发现和识别。但是，对隐藏在"水下"的交际规则、思维方式、交际动机与态度，以及价值观念却难以发现和识别。然而，正是这些"水下"因素决定着外显的语言、行为举止和交际行为。不了解，或者认不清隐藏的那些因素，是难以认识和判别人们的交际行为的。

第二，获取跨文化意识的根本阻力来自"三大敌人"的严重心理干扰。对获取跨文化意识最大的干扰是"文化优越感"或称"文化中心主义"(ethnocentrism)、文化模式化（stereotype）和文化/民族偏见（prejudice）等"三大敌人"。

(3) 获取跨文化意识的过程

跨文化意识有4个层次，即：

第一层次：旅游者的心态。对新文化有一种新奇感，但其特点是从本文化的角度观察新文化，看到的往往是表面而又孤立的现象，而且易于将这些现象模式化，看成是新文化的特征和本质。

第二层次：文化休克。由于对新文化不适应而产生一种无所适从、惶恐不安和抵触心理，易于感情用事，与新文化的人容易发生矛盾和冲突。

第三层次：理性分析和愿意适应新环境。开始产生了解和适应新文化的愿望，并试图逐步适应新文化。

第四层次：主动了解新环境，自觉适应新环境。

获取跨文化意识的步骤如下图所示：

尊重与愿意 Respect and Willingness
　　　　＼
　　交际与参与 Communication and Participation
　　　　　　＼
　　　　理解与相信 Understanding and Believability
　　　　　　　　＼
　　　　　　灵活与移情 Plasticity and Empathy
　　　　　　　　　　＼
　　　　　　　　　适应 (Adaptation)

(4) 跨文化交际研究的根本方法是对比分析

强调实证研究（empirical study）是人们对科学研究方法的共识，国内常用的方法是定量分析（quantitative analysis）和定性分析（qualitative analysis）。这些方法都适用于跨文化交际和第二语言教学研究。但是，只有对比分析的方法才是跨文化交际学的根本研究方法，对比分析方法也是第二语言教学和第二语言教学研究的最重要的方法。

跨文化交际研究使用的对比分析方法指的是对不同文化之间的交际行为和决定这些交际行为的交际规则、思维方式与价值观念进行对比分析，从中揭示出文化的同异点，重点是文化差异及其造成的文化误解和文化冲突，并且追索其文化渊源，研究和提出排除文化差异干扰的有效方法，以促进交际双方的相互理解和彼此适应，保证跨文化交际的有效进行。

对比分析是跨文化交际研究的根本方法。这是因为：

第一，对比分析法的使用是由跨文化交际的"跨文化"性质所决定的。"跨文化"性质决定了学习和研究跨文化交际必须注重研究文化差异对跨文化交际的干扰，而要清楚认识文化差异并排除其对跨文化交际的干扰，就必须采用对比分析的方法，因为有比较才能有鉴别。"跨文化"性质决定了必须从跨文化交际者的视角观察问题，着眼于解决他们在跨文化交际中所遇到的文化冲突。对他们的看法和困难的了解才是对比分析的依据和基础。

第二，对对比分析方法的种种担心缺乏可信的依据。对比分析方法自诞生之日起，学术界就一直存在着争论，但是这一方法也一直在国内外普遍使用，而且发展势头越来越强劲。所以，人们需要对这一争论有足够的了解和清醒的认识。

国外的争论

20世纪80年代以来，在西方一直对对比分析(contrastive analysis)和偏误分析(error analysis)存在着争论，但是这两个方法又一直为人们难以舍弃。解开其中奥秘，就不难找到答案。在此只讨论对比分析问题。

国外有关对比分析的争论始于20世纪50年代，争论的焦点并不是对比分析方法本身，而是拉多的"对比分析假说"(Contrastive Analysis Hypothesis，简称CAH)。拉多等人认为，在第二语言习得中，与母语类似的成分易于学习，不同的部分则难以掌握；第一语言与第二语言体系差别越大，学习的困难也就越大，母语的干扰也可能越大。所以，语言差别可以用以预测学习的困难。据此，拉多提出了CAH：在两种类似的语言之间会产生正迁移，在两种不同的语言之间则会产生负迁移或干扰。拉多的这一根据语言习得的行为主义观点所提出的假说遭到了乔姆斯基等学者的批评，并引起了长期争论。批评者，如Stockwell，Bowen和Martin认为，许多事实证明，CAH理论缺乏事实的支持，许多对比分析并不是简单的相似则易和相异则难的事例的罗列，而是要复杂得多。这些学者经过调查发现，两种语言之间的最大差别表现为此无彼有(new)和此有彼无(absent)，但这两类差别并不是第二语言习得的最大困难所在。相反，困难最大者倒是此大彼小（split）方面。[1] 我们认为，这一看法是有其道理的。所以，问题不在于对比分析的方法是否正确，而在于如何正确地认识和使用这一方法。

国内的相关评论

国内许多人对对比分析的担心和批评颇多。这些担心与批评主要为"五怕"：一怕强调文化差异会忽视文化的共性；二怕绝对化，认为对比就要分类，而分类难免犯"定型化"(stereotype，我们将其译为"模式化"）的错误；三怕对比差异会人为地扩大差异，甚至制造差异；四怕在第二语言教学中过分强调母语和母语文化的负迁移作用而忽略甚至无视其正迁移作用；五怕随意褒贬和妄加评论，认为对比就难以避免褒此贬彼或褒彼贬此。这些疑虑与担心的原因主要是对跨文化交际的"跨文化"性质与目的缺乏了解。对这些担心的回答正是对对比分析必要性的说明。要正确认识对比分析方法，需要澄清几个问题：

第一，对比分析强调文化差异的对比，因为只有文化差异才会构成对跨文化交际的干扰。强调文化差异并不是否定文化的共性。相反，跨文化交际研究正是在承认人类文化共性的基础上研究文化差异，其目的也是排除文化差异的干扰，加强跨文化交际的共同基础。

第二，一种文化的特点只有通过跟别的文化比较才能显现出来，不同文化之间的同异点也只能通过相互比较才会显现出来。要揭示和研究文化差异就必须进行对比分析。采用对比方法，不引用大量理论也能充分说明问题；假如不用对比方法，引用再多权威理论也不一定具有说服力。

第三，分类对比与模式化没有必然的因果关系。对比分析必须分类，科学研究难以摆脱分类对比。归类对比与模式化不是一回事。文化模式化的显著特点是本着固有的文化偏见和先入为主的态度，事先设计好一种模式，主观地将某一文化硬性塞进自己事先设计好的模式之中，以说明自己的主观看法的"正确性"，而分类文化对比则是以客观实际为依据，在充分调查研究的基础之上，总结客观的事实和矛盾，不掺杂主观意志地进行对比分析；文化模式化采用的是过于简化，过于概括，甚至夸张的手法，以自己的文化偏见代替客观事实，分类对比却是着眼于揭示客观现象的文化特征，避免主观心理的干扰，注重实事求是，解决实际问题，避免过于简化、过于概

---

[1] Diane Larsen-Freewan & Michael H. Long, *An Introduction to Second Language Acquisition Research*, London: Longman Group UK Limited, 1991: 53-56.

括、脱离交际实际地空泛议论，注意具体问题具体分析，而且在分析对比时，一定要坚持科学态度，严防模式化的干扰。

第四，强调差异与扩大差异和制造差异也不存在必然联系。将"强调"等同于"只是"是"非黑即白"的绝对化的思维方法，也不了解跨文化交际的目的。

第五，强调母语和母语文化的负迁移不是否定正迁移。母语和母语文化的正迁移不少，不过那些地方不用特别注意，因为对跨文化交际不会构成问题。只有负迁移才会干扰或阻碍跨文化交际，因此也才是应当注意的地方。最需要警惕的是以附会代替对比。对比分析也不仅是为了排除母语和母语文化的干扰，还是为了不断提高对第二语言和第二文化的理解和认识，只有这样才能进行对比，也只有这样才能逐步适应第二语言和第二文化。

第六，对比分析与褒贬评论不是等值词。跨文化交际研究的对比分析方法与文化褒贬评论毫无关系，跨文化交际的对比分析只比异同不论褒贬，这是跨文化交际和跨文化交际学研究的指导原则；文化褒贬论是跨文化交际和跨文化交际研究深恶痛绝的"三大敌人"造成的恶果，只会对跨文化交际起到阻碍和破坏的作用。

对比分析的一般原则如下：
①对比分析要结合实际；
② 对比分析的重点是不同类型的文化差异，特别要注意对比那些有同有异、大同小异、同中有异、貌合神离的语言现象和文化现象；
③警惕用"比附"代替比较；
④对比分析不仅要知其然，还要知其所以然；
⑤使用对比分析方法要有严谨的治学态度。

对比分析的常用方法如下：
①只比异同，不论褒贬；
②对比的是每种语言国家的主导文化；
③对比的是交际规则，而不是社会现象；
④ 对比是共时对比和公平对比，着眼于解决现实生活与当前跨文化交际中的现实问题。严防用一种文化的现在对比另一种文化的过去，用一种文化的优点对比另一种文化的缺点；
⑤对比分析要追根溯源，发掘文化特征和文化差异的根源。

【思考题】
一、如何理解文化、交际、跨文化交际的含义及其与第二语言教学之间的关系？

二、第二语言教学的目的是什么？理由何在？

三、什么是跨文化意识？跨文化意识在第二语言教学中的作用是什么？

四、您认为跨文化交际研究与第二语言教学的最重要的方法是什么？为什么这样看？

【参考文献】

毕继万：第二语言教学的主要任务是培养学生的跨文化交际能力，《中国外语》，2005年第1期。

胡文仲：《跨文化交际学概论》，北京：外语教学与研究出版社1999年版。

胡文仲：《超越文化的屏障》，北京：外语教学与研究出版社2002年版。

关世杰：《跨文化交流学——提高涉外交流能力的学问》，北京大学出版社1995年版。

何自然：《语用学与英语学习》，上海外语教育出版社1997年版。

何自然、陈新仁：《当代语用学》，北京：外语教学与研究出版社2004年版。

贾玉新：《跨文化交际学》，上海外语教育出版社1997年版。

邢福义：《文化语言学（修订本）》，武汉：湖北教育出版社2000年版。

王菊泉：吕叔湘先生对我国语言对比研究的贡献，《外语教学与研究》2001年第5期。

喻云根：《英汉对比语言学》，北京工业大学出版社1994年版。

Gudykunst, William B., *Cross-cultural and Intercultural Communication*, Thousand Oaks, CA: SAGE Publications, 2003.

第二节　跨文化非语言交际研究与对外汉语教学

本节将讨论3个问题：什么是非语言交际和跨文化非语言交际？跨文化非语言交际与第二语言教学之间的关系是什么？校园跨文化非语言交际规则的文化差异对师生之间的关系有何影响？

一、非语言交际与跨文化非语言交际

1. 非语言交际

人类交际有两种渠道：语言的和非语言的。非语言交际指的是语言行为以外的所有交际行为和交际方式。

非语言交际在交际中的作用是不可忽视的。美国有的研究发现，在表达感情和态度时，语言只占交际行为的 7%，而声调和面部表情所传递的信息却多达 93%。对于西方学者所做的这些调查和统计数字，我们的信任程度有多大并不重要，但有一点是确信无疑的：人类交际是语言交际和非语言交际的结合，或者说，非语言交际是整个交际中不可缺少的组成部分。中国人常讲的"仪态、举止、谈吐"中前二者都属于非语言范畴。在交际中，一个人的仪态和举止所提供的信息量往往大大超过其谈吐所提供的信息量。何况，在谈吐中也还会含有大量的属于非语言行为的副语言信号，例如非语义声音、停顿、沉默、大笑或微笑、面部表情、手势和交谈中的话轮转换等。陈原先生说得好："人类进行交际活动最重要的交际工具当然是语言，但是交际工具绝不只是语言，例如还依靠许多非语言的符号。……实际上，社会交际常常混合了语言与非语言这两种工具。"[1] 当然，对非语言交际行为在交际中的作用及其与语言行为之间的关系应该有一个全面正确的认识。一方面要看到，在交际中，脱离非语言行为配合的孤立的语言行为往往难以达到有效的交际目的；另一方面也要认识到，非语言行为只能在一定的语境中才能表达明确的含义，而且一种非语言行为只有与语言行为或其他非语言行为相配合，才能提供明确的信息。因此，脱离语言行为或其他非语言行为，孤立地理解或研究某一非语言行为的含义常常是难以奏效的。

我们从跨文化交际和第二语言教学角度，借鉴西方学者比较统一的认识，将非语言交际粗略地分成四大类进行汉外对比研究：

（1）体态语 (body language)。包括姿态（姿势和身势）、基本礼节动作（如握手、接吻和拥抱、微笑、体触、女士优先的礼节动作等）以及人体各部分动作（如头部动作、面部动作、目光交流、臂部动作、手部动作、腿部动作等）所提供的交际信息；

（2）副语言 (paralanguage)，也称类语言和伴随语言。包括沉默、话轮转换和各种非语言声音；

（3）客体语 (object language)。包括皮肤的修饰、身体气味的掩饰、衣着和化妆、个人用品的交际作用、家具和车辆所提供的交际信息；

（4）环境语 (environmental language)。包括空间信息（如拥挤、近体距离、领地观念、空间取向、座位安排等）、时间信息、建筑设计与室内装修、声音、灯光、颜色、标识等。

前两类属"非语言行为"，后两类则是"非语言手段"。

2. 跨文化非语言交际

绝大多数非语言交际行为都是后天习得和代代相传的，都是长期历史和文化积淀

---

[1] 陈原：《社会语言学》，上海：学林出版社 1983 年版，177 页。

而成的某一社会的共同习惯。文化与非语言交际密不可分，绝大部分非语言行为和非语言手段都是文化习得的结果，人们的非语言行为的形成和效果都由一定的文化环境所决定。通过了解某一文化的非语言表现的基本模式，我们可以清楚认识人们举止态度所传递的信息，通过非语言行为模式可以了解一种文化的行为准则、思维方式和价值观念。跨文化非语言交际研究的不是天生的本能行为，也不是专业人员的特殊非语言信号，而是后天习得的通用交际信号；跨文化非语言交际研究的不是同一文化中的非语言交际行为和非语言交际方式，而是不同文化之间非语言交际行为和方式的同异点，重点是文化差异所在。在跨文化交际中，研究非语言交际与文化之间的关系最为现实的意义是排除跨文化非语言交际的文化误解和文化冲突。人们对本文化的非语言行为和手段往往习焉不察，对别种文化的非语言行为和手段却极为敏感，而且容易发生理解偏差，甚至文化冲突。值得注意的是，语言越流利，发出的错误或不得体的非语言信息所引起的文化误解或文化冲突就越严重。因为非语言行为常常是情感或情绪的表露，有的是下意识的或不可控制的情感或情绪的表露，因此可信度比语言行为高。

许多人认为，在跨文化交际中，要掌握的交际工具只是外语，他们十分注意语言交际行为的正确性、合适性和可接受性，却易忽略非语言交际行为和手段的文化差异及其影响。结果，在跨文化交际中文化误解和文化冲突频频发生。其实，在跨文化交际中，非语言交际行为和手段所起的作用绝不可忽视，因为它们在语言交际发生障碍或者需要强调时可以起到代替、维持、强调，甚至挽救交际的作用。非语言交际不仅贯穿于整个交际过程之中，而且最能反映一个人的真实态度、心理活动和价值观念。

二、跨文化非语言交际与第二语言教学

既然第二语言教学的主要目标是培养学生的跨文化交际能力，而且这一能力不仅是语言交际能力，还包括非语言交际能力，一般是语言交际能力和非语言交际能力的结合，第二语言教学就不仅要教授语言，还应进行非语言交际教学。否则，这种教学还只能是不完全的第二语言教学，学生学到的也只能是不完全的交际能力。在我国对外交往中出现的两种倾向就值得第二语言教师注意：一是外语呱呱叫，表情和动作不对号；二是盲目模仿外国人的非语言交际行为和手段，犯了邯郸学步的错误。

第二语言教学中的跨文化非语言交际教学包括3个方面：跨文化非语言交际教学需要达到的目标、跨文化非语言交际教学的内容和跨文化非语言交际的教学方法。

1. 跨文化非语言交际教学的目标

我们在进行第二语言教学时，希望学生注意模仿母语国家的人的语言，在语言正确的基础上越流利越好，越自然越好，母语味儿越少越好，外语味儿越浓越好。对非

语言交际的要求则不同：第一，主要要求学生全面准确理解所学外语文化的非语言交际行为和手段所传递的信息。第二，避免自己的非语言交际行为和手段在跨文化交际中产生文化误解和文化冲突。不必要求学生的一举一动都要"洋化"，也无法做到行为举止洋化，更不应该要求学生的行为举止洋化。第二语言教师最要关注的是两点：一是语言交际中非语言交际行为与手段配合和补充作用的文化差异，排除对交际信息的文化误解；二是了解和熟悉来自不同文化的学生课堂内外非语言交际行为的文化差异，排除非语言交际行为的文化误解和文化冲突。

2. 跨文化非语言交际教学的内容

2.1 将跨文化非语言交际教学纳入语言教学的课堂

第二语言教师应将跨文化非语言交际教学视为语言教学的有机组成部分，一要介绍和讲解第二文化的非语言交际行为与手段的表现、含义、功能及其与学生母语文化非语言交际行为和手段的差异和冲突，帮助学生学会正确、得体地处理文化差异和文化冲突的方法；二要注意语言教学内容中涉及的语言交际和非语言交际之间的关系及非语言交际的作用，帮助学生学会语言交际行为与非语言交际行为的正确而又得体的配合。

2.2 介绍与讲解非语言交际行为在语言中的体现

在此仅以体态语为例。

（1）体态的描摹

描摹指的是用语言文字表现人体各部位的形象和动作。中国文化是一种具象思维或直观思维的文化，注意用对具体形象，如用身体的姿势和动作的描摹来喻指某种意义。

体态描摹的方法主要可分为两种：

直接描摹。即直接用对身体的部位、状态或活动的描述方式喻指某一含义。例如：昂首阔步、俯首帖耳、红头涨脸、哭丧着脸、拉长脸、额上冒汗、额上冒青筋、愁眉不展、横眉冷对、愁眉苦脸、瞠目结舌、挤眼、眼珠一转、浑身哆嗦、嗤之以鼻、吹胡子瞪眼、泣不成声、捧腹大笑、手舞足蹈。

间接描摹。即不是直接用身体动作或状态喻指某一含义，而是借"体"发挥，引申出抽象的含义。例如：心宽体胖、摇头摆尾、贼眉鼠眼、闭目塞听、洗耳恭听、手忙脚乱、袖手旁观、首屈一指、勒紧腰带、戳脊梁骨、拉后腿、抱粗腿、打屁股。

（2）体态语义的引申

体态语义的引申是由体态语产生的新义。体态语义引申不同于体态的间接描摹，即不再用体态的形象表示抽象意义，而是在产生出最初的体态语意义之后，"接受词义发展规律的支配，按照本民族的文化传统和心理习惯产生出的新的意义"。[1] 体态语的词义引申可以分为：

根据人体器官部位的不同，引申出相关事物。 例如：耳是人的听觉器官，处在头部的边缘部分，由此引申出"附丽于物体两旁便于提举之物"的含义，如"有雉登鼎耳雊"(雊，鸟鸣叫)。又引申出"状似耳朵之物"，如木耳、银耳、虎耳草等。

根据人体器官作用的不同，引申表示相应的动作行为。 例如：手具有"执持"的作用，由此引申出"执持"的含义，又引申出"徒手搏击"。"题"指额，引申指"题目"，又引申指"书写、签署"。

根据人体器官性质的不同，引申或比喻相关的事物或概念。 例如："首"本指人头。人头是人体最高的部位，又是人出生时首先面世的部分，因而引申出"首先""首创""首倡""首义"等。"心"指人的心脏，古人以为心是主管思维的器官，并具有思维的作用，由此产生出思想、意念、情感的总称的含义。如"心灵"指内心、精神、思想等；"心路"指机智、计谋；"心胸"指志气、抱负；"心窍"指认识和思维的能力。"手足"意指兄弟，如"情同手足"。"骨肉"指父母、兄弟、子女等亲人，如"骨肉团聚"。"心腹"指亲信的人，又指深藏在内心不轻易告诉人的，如"心腹事"。"眉目"指(文章)纲要、条理。"口舌"指因说话引起的误会或纠纷，如"口舌是非"。[2]

耿二岭在其《体态语概说》一书中就体态语的描摹提出三种方法，其中第三种为"借物描摹"，即"借助其他事物的姿态特点来描写人的某些体态表现"。[3] 实际上归纳总结的是体态语义的引申。所举的37例也很能说明体态语义引申的特点。例表中的"转义"可以看成是"引申义"：

序号	词语	字面义	转义（引申义）
1	顾	转过头看	注意；照管
2	俯	头低下	旧时公文书信中用来称对方的动作
3	仰	脸向上	敬慕；依靠
4	进	向前移动脚步	收入；呈上
5	退	向后移动脚步	退还；把已定的事撤销
6	举	用手往上托；往上伸	推选；提出
7	挥	用手挥舞	散出

---

[1] 古敬恒:《人体词与人的秘密》,北京：团结出版社2000年版。
[2] 古敬恒:《人体词与人的秘密》,北京：团结出版社2000年版。
[3] 耿二岭:《体态语概说》,北京语言学院出版社1988年版。

(续)

序号	词语	字面义	转义（引申义）
8	坐	把臀部放在椅子、凳子或其他物体上，支持身体重量	枪炮由于反作用而向后移动；定罪
9	托	用手掌向上承受物体的重量	陪衬
10	拖	拉着物体使擦着地面或另一物体的表面	拖延
11	指	手指头对着；向着	指导；仰仗
12	回头	把头转向后方	悔悟；改邪归正
13	回首	把头转向后方	回顾；回忆
14	翻身	躺着转动身体	从受压迫的情况下解放出来
15	折腰	弯腰行礼；拜揖	屈身事人；倾倒；崇敬
16	走着瞧	一边走路一边看	暂时不与对方论高低，到最后再看胜负
17	高姿态	在高处做的姿态	对人宽恕，原谅，表现出高风格
18	小动作	幅度不大的姿态动作	为个人的某种狭隘目的，在人背后所作的不正当的活动
19	靠边站	靠到旁边站立	被撤职或不被重用
20	露一手（露两手）	显露出一只手	显示某种本事给人看
21	捏鼻子	用拇指和别的手指夹鼻子	不得不勉强做某事
22	卡脖子（掐脖子）	用双手紧紧掐住别人的脖子	抓住要害，对对方进行刁难
23	牵鼻子	拉着别人的鼻子	对人控制
24	缩脖子	脖子伸开了又收回去	在任务面前向后退缩
25	拭目以待	擦亮眼睛等待着	殷切期望或等待预言的实现
26	刮目相看	擦亮眼睛去看	别人已有进步，不能再用老眼光来看待
27	信手拈来	随手用指头捏取东西过来	写文章时，词汇或材料丰富，不用思考
28	投袂而起	甩动衣袖，站立起来	决心奋发
29	眉目不清	看不清眉毛和眼睛	事情的条理不清楚
30	步调一致	行走时脚步的大小快慢一样	做事情行动一致
31	拂袖而去	把袖子一甩就走	很生气地走了

(续)

序号	词语	字面义	转义（引申义）
32	促膝谈心	（古人席地而坐，或坐在床上）两人对坐时，膝盖靠近	亲热地靠近，坐着谈心里话
33	高抬贵手	把尊贵的手抬得高高的	对人宽容，原谅或饶恕
34	翻来覆去	来回翻动身体	一次又一次
35	跳摇摆舞	跳一种身体向左右方向来回摆动的舞蹈	立场不稳
36	戳脊梁骨（指脊梁骨）	用手指触碰，指画别人脊柱	在某人身后议论、指责或谩骂
37	抓手脖子（抓手腕子）（擎手腕子）	握住别人的手腕子	当场抓住罪证

（3）由体态语义引申出的成语典故

成语是人们长期以来习用的、简洁而又精辟的定型词组或短句。汉语的成语大多由四个字组成，一般都有出处。有些成语从字面上就能理解其义，有些成语则必须知道来源或典故才能懂得意思，而典故则是出自古书中的故事或词句。与人全身各部位及其动作有关的汉语成语浩瀚多彩。对这类词语的含义的理解往往是第二语言学习者的难点之一。其难处在于对成语典故的寓意与来源不甚了了。如果讲清来源和故事，第二语言学习者就不仅可以清楚了解其含义，还会从中学到不少文化和历史知识，学习者肯定会兴致勃勃地去学习，印象也会十分深刻。例如：

结发夫妻 元（原）配夫妻，即第一次结婚的夫妻，或初成年的夫妻。古代女子满15岁，把头发扎起来，插上簪，也叫"及笄"，是成人的标志。女子许嫁时，用五彩丝绳（称为"缨"）把头发束起来，成婚的当夕由新郎亲手解下，称为"结发"。如杜甫《新婚别》诗："结发为君妻，席不暖君床。"到了唐宋时代，新婚夫妇在饮交杯酒之前各剪下一绺头发，绾在一起表示同心，这称为"合髻"。

丫头与丫鬟 旧时称女孩子为"丫头"。"鬟"本指环形发髻。指女孩子头梳发髻，像树丫形。又可指婢女，称"丫鬟"。刘禹锡《寄赠小樊诗》："花而丫头十三四，春来绰约向人时。"

巾帼不让须眉 女子不让男子。"须眉"指男子。古时以为男子之美在须眉，故以须眉称男子。"巾帼"是以妇女戴的头巾代指妇女。"裙钗"也是妇女，即用裙子和金钗指代妇女。

东施效颦 比喻胡乱模仿，效果很坏。西施是春秋时越王勾践献给吴王夫差的美女。后来人们一直把西施当作美女的代称，也叫西子。美女西施病了，皱着眉，按着心口。同村的丑女看见了，觉得姿态很美，也学她的样子，却丑得可怕。后来人们把这个丑女称作东施。这个典故又被文学家转换成"丑女效颦""学捧心"等。西施因病而捧心皱眉，却显得别有一番风韵，于是又出现了"宜笑宜颦""宜颦宜笑"等词语称誉姿质佳美，笑嚬（皱眉）皆好；以"西施颦眉""西子颦""苎萝颦"（西施曾住苎萝山）"捧心颦"等词语形容别具风姿，或写女子病困愁苦的姿态。

上下其手 指玩弄手法，串通作弊，语出《左传·襄公二十六年》。春秋时期，楚国和郑国交战，楚国的大将穿封戌活捉了郑国的将领皇颉，可是楚国的王子围硬说是他俘虏了皇颉，两人争执不下，就请伯卅犁评理。伯卅犁有意偏袒王子围，就说："这事要问俘虏自己。"于是把皇颉带来，伯卅犁向上高举一只手示意说："这位是王子围，国君宠爱的兄弟。"然后向下指着穿封戌说："这位是外地的小官。到底是谁把你捉住的？"皇颉明白了他们的意图，就顺着说："我遇到了王子围，抵挡不住，就败了。"今天类似的词语还有"玩弄手法""耍手腕""使手段"等。

染指 《左传·寅公四年》记载：楚国有人向郑灵公进献了肥美的甲鱼，郑灵公非常高兴，立即让厨师杀了放进鼎里煮。这时，大夫子公用食指指着鼎，悄悄地对另一位大夫子家说："以前我只要食指这样抖动，一定能尝到特别的美味。"甲鱼煮好后，郑灵公召集各位大夫，请大家尝尝鲜味。可是，唯独不让想尝异味的子公尝。子公很气愤，也不顾君臣礼节，快步走近鼎旁，用食指蘸了一点甲鱼汤尝了尝，接着头也不回地走了。人们把这种行为称"染指"，常用来比喻沾取了不应得的利益。

抱佛脚 据张世南《游宦记闻》，古时一个被判了死刑的犯人弄断枷锁，逃出了死牢。县官派出了许多公差追捕。罪犯窜逃到今云南省境内，公差紧追不舍。罪犯自知难以逃脱，就一头撞进一座古庙里，抱住一尊大佛的脚，跪下哭泣，不断磕头表示悔过。公差看到这个情景，认为罪犯虔诚信佛，并有悔改之心，于是就赦免了他的罪。这就叫"平时不烧香，急时抱佛脚"，进一步简化成"抱佛脚"。

赤绳系足 据说月下老人有一根赤绳，如果把它系在男女双方的脚上，虽是仇敌或相距遥远也会结为婚姻。这个典故出于唐李复言《续幽怪录·定婚店》。说韦固年轻未婚，一日遇到一老人对月看书。韦问他，他说这是仙界的书。韦问他主管什么，他说："我主管天下的婚姻。"于是从口袋里掏出一根赤绳，说："用这绳子系在男女的脚上，即使是仇敌或相距遥远也必然成为夫妇。"后来人们就用"月下老人""月下老""月老"指主管婚姻的神，也作为媒人的代称。用"赤绳系足""赤绳系定""赤绳""红线"等指姻缘。[1]

---

[1] 古敬恒：《人体词与人的秘密》，北京：团结出版社2000年版。

2.3 体态语与语言交际的结合

在第二语言教学中,教师要帮助学生正确理解在语言行为与非语言行为相结合的话语结构中的非语言行为的含义和文化特点。文化不同,配合的方式可能不同甚至相反。例如,在俄语中有这样一个例子:娜塔莎正和一位老太太聊天。站在远处的科利亚先生向她使了一个眼色,然后用右手食指在太阳穴旁旋转了几下,于是,娜塔莎马上向老太太告别,迅速离开了。[1] 这段话中,"食指在太阳穴处旋转了几下"是什么意思?娜塔莎为什么见到这一动作后就离开了?不理解其文化含义的中国人是无法理解的。因为文化不同,身势动作的含义不尽相同。对于上述这一动作,中国人可能理解为"你要动动脑子",英语国家的人可能理解为"她简直是疯了"或"她太古怪了",可是在俄语文化中的含义是"她神经不正常"。中国人只有了解这一动作的俄语文化背景意义才会正确理解柯西亚先生示意的含义。

又如外国留学生"点头"与"摇头"的文化含义差异也常常被有的中国教师所误解,其根源是思维方式的文化差异。

在否定的话语命题格式中,英语文化着眼于事实,习惯于用否定的动作表示确认,用肯定的动作表示否认。然而,汉语文化的人注重的是对交谈对象的态度的认同,用肯定的动作表示对对方看法的赞同,用否定的动作表示对对方看法的否定。例如,有关模范汽车售票员李素丽的先进事迹介绍中有一例,说的是在公共汽车上一位聋哑女士堵住了车门,一位男士下不了车。李素丽回忆说:

我赶忙向男乘客做了解释,又用纸条写了一句话,举到(站在车门口的)女乘客的眼前:"对不起!他要下车,他问了您几声,您没听见吧?"女乘客**点了点头**,把道让开了。

英文译文则应为:

"Excuse me, but this gentleman wants to get off. He's asked you several times, but you didn't seem to hear him, did you?" She **shook her head** and made the way for him.

汉语中的"点了点头"译成英语变成了"摇了摇头"。

3. 跨文化非语言交际的教学方法

非语言交际如何教学在我国还是一个新课题,需要在提高认识的基础上进行相当长时间的探索。下面几点希望能起到一点参考作用:

(1) 将课文中涉及的非语言行为和手段列入生词、注释、例句和练习之中;

---

[1] 刘光准,黄苏华:《俄汉语言文化习俗探讨》,北京:外语教学与研究出版社1999年版。

(2) 充分利用电教手段(如电影、电视、录像)帮助学生在学习外语的同时也注意观察目的语文化的非语言交际行为和手段；

(3) 在教授两种规则的转化过程中也注意讲解非语言交际规则的转化；

(4) 组织专题讲座，专门进行有关目的语文化非语言交际知识教育；

(5) 引导学生有意识地从课外收集非语言交际的语料，进行对比分析讨论；

(6) 有条件的学校可以开设跨文化非语言交际课程，系统地进行跨文化非语言交际教育；

(7) 将非语言交际教学列入第二语言教学课程的关键在于不断提高第二语言教师的跨文化意识，他们必须熟悉所教学生母语文化的非语言行为表现与交际规则，认真研究第二语言国家的非语言交际行为特点和规则，并善于对比学生母语文化与第二文化之间非语言交际行为和手段的文化差异，教育学生学会排除非语言交际行为中的文化差异干扰的方法。

三、校园跨文化非语言交际规则的文化差异与师生关系

所谓校园非语言交际规则，主要指教师的仪态举止、教师课堂上的非语言交际行为、课外师生之间非语言交际关系等方面所遵循的规则。简言之，校园跨文化非语言交际主要研究的是第二语言教学师生之间的关系。第二语言教师需要清楚了解第二语言文化的非语言交际规则，还要了解教学对象母语文化的非语言交际规则，既做到严格要求自己，避免文化冲突，又能有目的地向教学对象介绍第二文化的非语言交际行为习惯和规则，帮助他们排除跨文化非语言交际的困难，培养全面的跨文化交际能力。解决好教师自身的问题是基础和关键。例如，教师的仪态举止和师生关系就极为重要。在美国一中学课堂上就曾闹过一个尴尬的"笑话"：一位年轻漂亮的女教师穿着非常性感的衣服走进课堂，结果因为自己的身体吸引了学生的注意力而使讲课无法进行下去。又如，中国个别对外汉语教师在留学生面前随地吐痰或随意折树枝或树叶，失去了留学生的信任。

【思考题】

一、什么是非语言交际？非语言交际与语言交际之间的关系是什么？

二、文化因素在跨文化非语言交际中的作用表现何在？

三、跨文化非语言交际与第二语言教学有什么关系？

四、请在教科书和教学对象中分别做一调查，看看非语言交际在第二语言教学和学习中的表现和作用，并提出应对的教学方法。

【参考文献】

毕继万:《跨文化非语言交际》,北京:外语教学与研究出版社1998年版。

耿二岭:《体态语概说》,北京语言学院出版社1988年版。

古敬恒:《人体词与人的秘密》,北京:团结出版社2000年版。

[美]莱杰·布罗斯纳安著,毕继万译:《中国和英语国家非语言交际对比》,北京语言学院出版社1991年版。

[美]朱利叶斯·法斯特著,孟小平译:《体态与交际》,北京语言学院出版社1988年版。

第三节 跨文化适应与对外汉语教学

跨文化适应包括文化休克和文化适应。文化休克和文化适应对于许多人来说,还是陌生的,至于文化适应与第二语言教学之间的关系,似乎更是鲜为人知了。然而,第二语言教学,特别是在目的语国家进行的外语教学,离不开对文化休克与文化适应问题的处理。

一、文化休克与文化适应

1. 文化休克的含义与表现

"文化休克"是英语culture shock的汉译,也有人将其译为"文化冲击""文化震荡",但是通用的译法是"文化休克"。

"culture shock"在西方已成为家喻户晓的常用词。其含义有广义与狭义之分。从广义上看,文化休克与文化冲突(cultural conflict)几乎可以成为通用的同义词。指身居异文化环境中的人与居住国家人们之间的各种文化冲突。人们一般从狭义上去理解该词,指的是初居异国他乡的人,由于脱离了自己土生土长的母语文化,突然置身于完全陌生的文化环境中所产生的心理困惑和文化冲突。所以,文化休克是一种心理病态,指的是初处异文化环境中的人,对陌生环境产生的一种不知所措(uncertainty)和惶恐不安(anxiety)的感觉,以及由此产生的抗拒新文化和留恋旧文化的病态心理(defense mechanism)。语言不通和交际困难更加剧了这一心理病态,甚至还会招致生理病态的出现。所以,不知所措、惶恐不安和对新文化的抗拒是文化休克的典型表现。

不知所措是初居异国他乡的人首先产生的普遍心理,新来者发现饮食起居和人际交往都遇到了困难。感到对周围的人和物都是一片茫然,行动失去了方向和准绳。由于语言不通,人地生疏,感到一切都无所适从。与当地人交际中,常常发现自己以为是对的事情原来却是错误的；对人采取的友好举动却被人视为不友好的表现；严肃认真的话语可能被当成玩笑，或者一句善意的玩笑话可能被当地人误解为恶意伤人的语言。新来者不知道如何与人交谈，如何礼貌接触，如何待客、做客，如何购物，甚至连问候和寒暄都难以把握。好像一切熟悉的行为准则和交际礼节几乎都已失效，长期养成的一切行为举止似乎都已失去效能，自己完全被隔离于当地社会和人群之外。衣食居行、学习、工作和交往都处于茫然不知所措的状态。

惶惑不安是由不知所措和身心不适应所导致的心理不安、失望和恐惧之感，是一种由于对陌生文化的惧怕和反感而产生的失望和厌烦心理，表现出心情压抑，性情孤僻，将新环境看成一无是处，认为周围的人对自己都不友善。自己的遭遇和"不幸"似乎也被人忽视。好像失去了所有人的关心和同情，深深感到孤独无援，就像鱼儿离开了水一样难以支撑下去。

抗拒心理指的是在遭遇文化休克危机时采取的一种无意识的自我保护心理与行动，而且往往难以自控。抗拒心理也受文化优越感左右。这种心理的第一种表现是，认为与本文化不同的一切人和物都是不好的，将文化差异视为对自己安全和生存的威胁，一概采取厌恶和拒绝的态度，将文化适应中的困难都看成是新文化的问题，对新的文化采取格格不入的态度；第二种表现是千方百计地将自己与新文化环境隔离，竭力寻求母语文化的支持和庇护；第三种表现是精神紧张，敏感多疑，甚至还会出现严重病态反应，个别人还可能采取过激行动。

文化休克的根源有三：失去了熟悉的行为习性、人际交往失灵和文化身份发生危机。

2. 文化适应的含义与种类

"跨文化适应"是英语"(cross-)cultural adjustment/adaptation"的汉译，一般将其译为"文化适应"。"跨文化适应"是一个对新文化环境适应的过程，指的是侨居一个新文化环境的人，不断克服文化休克的负面影响，从交际行为、生活习惯到思维方式与价值观念，甚至文化身份，做出相应的调整或改变，最终达到适应新的文化环境和学会在新文化环境中进行有效交际的能力。

跨文化适应可以分为几类：

（1）短期旅居者的文化适应。指因学习或工作而暂时旅居另一文化的人对新文化环境的适应。他们的居留时间短则数月，长则两三年。从文化休克到文化适应的过渡一般体现在第一、二年。

（2）长期文化适应。指长期侨居异国和移民国外者的文化适应。这种文化适应表现为永久移民在新文化环境中基本克服了短期文化适应过程中文化休克的阻碍，已经基本安定下来。在语言、生活、工作和交际等方面都已基本不存在困难，但是他们仍然难以融入到当地居民群体和文化之中。他们对当地语言的深层内涵和风格仍不得要领，对人们的生活方式和情趣仍难以认同，甚至感到自己已成为既未被新文化接受又不再为母文化认同的"边缘人物"(marginal person)。许多人身居一种新文化数十年，甚至一辈子，却仍然摆脱不了这种没有文化归属的困境。所以，移民要实现长期文化适应，只有跨越了长期"文化适应门槛"，实现了文化身份的完全改变，才能基本达到目的。

（3）在本文化大环境之中对异文化小环境的适应。指的是中国人在中国国内对外企、合资企业和驻华外国机构中工作环境和人际关系的适应。

（4）对本国一些特殊的多元文化环境的适应。如北京普通市民对国际大都市多元文化环境的适应。

（5）重归文化适应（re-entry cultural adjustment）。这是一个尚未引起国人注意却已越来越突出的问题，即留学或侨居他国数年甚至多年后回归祖国的人，在相当长一段时间内感到自己与祖国文化产生了距离感，对国内生活、工作和人际交往难以适应，"看不惯"的人和物甚多，有的人甚至只好再次移居国外，再也不愿回来。其实，这正是"重归文化休克"的典型反应。

3. 文化适应的过程

文化适应需要通过一个艰难的克服文化休克，逐步在语言、生活、交际和思维等方面由本文化转向目的文化的过程，文化适应过程也是价值观念和文化身份调整或改变的过程。文化适应成果的大小、时间的快慢，不仅取决于两种文化之间差异的大小，更重要的是本人的态度和适应能力。

文化适应过程是分阶段的。西方学者从不同的角度进行了富有成效的研究，相关论述甚丰。有的将这一过程分为三个阶段，有的分为四个阶段，也有人分为五个阶段。划分阶段的依据和角度也不尽相同。下面介绍莱文与阿德尔曼的五段论：

莱文和阿德尔曼从文化的角度以一年左右侨居期为例，将文化适应过程分为五个阶段，并用"W"加以图示：[1]

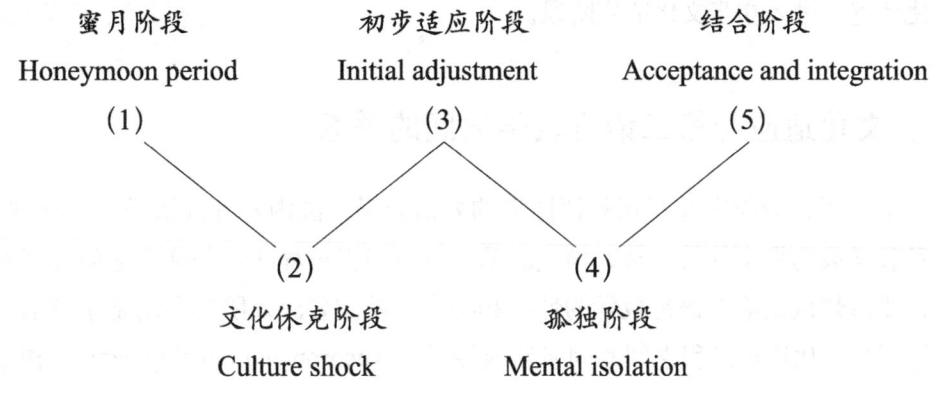

[1] Deena R. Levine & Mara B. Adelman, *Beyond Language: Cross-Cultural Communication*, Englewood Cliffs, NJ: Prentice Hall, Inc, 1982.

每个阶段都有其典型的表现：

（1）蜜月阶段。刚到一种新的文化环境，许多人对一切新的东西都感到新奇，情绪兴奋，他们为能来到这一新文化环境而感到兴奋不已。

（2）文化休克。有人感到一下子为许多问题所困扰：食宿、交通、购物、语言等都遇到了问题。特别是语言困难造成了严重的心理危机。

（3）初步适应阶段。日常生活困难基本克服。语言虽还不流利，但尚能使用第二语言表达基本意思和感觉。

（4）孤独阶段。已离开家乡故土良久，开始感觉孤独无助。感到自己还不能像使用母语一样自如地运用第二语言，进而开始慢慢感到心情沮丧，失去信心。有些人总难跳出这一阶段。

（5）结合阶段。工作、生活和学习都已走上正轨，对新文化的生活、习惯、风俗、饮食和人们的文化特征已经适应或接受，与朋友和同事之间相处也比较自然，语言也已习惯。

4. 来华外国留学生经历的是短期文化适应过程

短期文化适应是因公、因事（如到国外工作或学习）短期居留异国他乡期间的文化适应，也包括在本国对外国企业和机构文化的适应。目的是保证其在异文化环境中任务的顺利完成。这种文化适应就是人们所说的"工具性"(instrumental)的文化适应。短期文化适应是在暂居国期间对文化休克的克服，也包括在本国文化大环境中外国机构和与外国人交往的异文化环境的适应。解决的是工作或学习常规的建立，熟悉和适应新的人际交往关系，保证正常的生活、工作或学习能够顺利进行，使既定任务得以完成。短期文化适应不必达到文化认同，更不要求文化身份的改变，只求相互理解、友好合作、和谐共处。短期文化适应需要跨越的"文化适应门槛"是克服初始阶段的文化休克，进入初步文化适应阶段。

二、文化适应与第二语言教学之间的关系

第二语言教学在此指在外语国家的外语教学，国内对外汉语教学就属这一类型。这种教学最为根本的特点是，学生的第二语言习得过程永远与文化适应过程相伴。所以，要清楚认识第二语言教学的性质和特点，就需要深入研究和清楚了解第二语言习得过程与文化适应过程之间的同步发展关系（synchronized development），探索出行之有效的第二语言教学途径。

1. 讨论文化适应与第二语言习得之间关系的必要性

文化休克是在第二文化中第二语言学习者所普遍遇到的大问题。这是因为，语言作为每种文化中人们相互交往的最重要的工具，是文化的载体。这也因为，陌生的第二语言成为第二语言学习者在陌生的第二文化环境中赖以生存和与人交往的主要手段。第二语言学习者语言习得的困难与其所遭遇到的文化休克之间是相互作用的密不可分的关系：文化休克削弱了第二语言学习的积极性；第二语言学习的困难反过来又加剧了文化休克。所以，文化适应的过程也就是在第二文化中初学第二语言者艰难的第二语言习得过程。下面是1999年来北京语言学院（现北京语言大学）学习的美国某大学的一名学生的切身体会：

> （文化适应的）最大障碍是语言隔阂，表现为吃饭和购物时难以与人进行有效的交流。我花了数月时间才学会听懂别人谈话的意思。这一困难不是简单的语言问题，而是如何学会理解他人的礼貌方式并能够与人们交流。例如，如何正确理解与使用体态语，如何恰当使用词语，如何向人打招呼，何时用何种方法询问别人的姓名与年龄，等等。还表现在学习新文化过程中常犯意图表达的错误。所以，语言能力的不足就会让你难以摆脱文化休克的境地。
>
> 我看到经过四个月的语言学习所取得的进步时，惊喜不已。我现在购物不再有困难了，可以讨价还价，买到称心如意的商品了，我可以看懂城市地图和路标，知道如何找到重要地标了。能够用汉语叫出租车也让人兴奋不已。不过更让人欣喜的是，我学会了乘坐公共汽车随意去任何想去的地方，也学会了乘坐地铁的简单易行的方法。

第二语言教师不能不认真研究文化休克与文化适应，但是第二语言教师是从语言教学角度，或者说是从外国留学生学习汉语的角度和过程研究文化休克和文化适应的；第二语言教师研究的内容是学生第二语言习得过程与其文化适应过程之间的关系。

2. 文化适应过程与第二语言习得过程之间的同步发展关系

文化适应与第二语言教学之间的关系主要表现为文化适应过程与第二语言习得过程之间的同步发展关系。"文化适应"在此指的是Brown、Acton和Felix所使用的概念："acculturation"，即逐步适应外语文化但不必放弃母语身份（native language identity)[1]，也就是在第二文化中学习第二语言期间所需要的短期文化适应。

关于文化休克和文化适应问题，西方许多学者都是从在第二文化中学习第二语言的角度进行研究的，前面提及的莱文等人的理论就是针对第二语言学习者讨论的。但是，他们是，或者基本是从文化适应的角度讨论第二语言学习。另外，许多学者从第二语言学习的角度讨论文化适应问题。例如，有些学者就分别从语言学习与文化适应（acculturation）、认知的变化过程（cognitive development）、感情态度与文化适应过程（affection and acculturation）以及语言身份与角色的转变过程（personality and role development）等方面研究在第二文化中学习第二语言的过程。

2.1 第二语言习得的心理适应过程

Acton 和 Felix 总结了有关在第二文化中学习第二语言的一些理论，从语言习得与对第二文化的心理适应过程之间关系的角度将文化适应过程分为四个阶段：

（1）旅游者心理阶段（Tourist）。初到第二文化环境的第二语言学习者对新的文化感到几乎一点也不能接受，这一阶段在一定程度上涉及文化休克问题，所讲的语言只能算是词语拼凑，学习者基本上还是按母语的思维表达意思。

（2）生存需求阶段（Survivor）。这一阶段所学的是急用语言和适用的文化知识。只有通过了这一阶段，才能学到优雅的语言能力，然而许多人难以通过这一关，只能停留在第二阶段，学到的只是"洋泾浜"式的语言。

（3）移民心理阶段（Immigrant）。有文化的人通过较长时间的国外工作和生活可望达到这一阶段，不过绝大多数人难以越过这一阶段。

（4）公民心理阶段（Citizen）。到这一阶段就可达到第二文化的公民的语言水平，只会偶尔遇到一些语言和文化上的细微困难，其发音和体态语可望近似于侨居地本土居民。

后两个阶段已经超出了短期文化适应的要求。达到移民和当地公民的水平不是短期适应可以奢望的目标。

2.2 第二语言习得的认知变化过程

Wong-Fillmore 也是从语言技能提高过程的角度将文化适应过程分为与 Acton 等关于阶段划分类似的五个水平[2]：

第一阶段是初级阶段。新的语言学习者基本上完全依靠环境的提示（situational

---

[1] Joyce Merrill Valdes, *Culture Bound: Bridging the Cultural Gap in Language Teaching*, Cambridge: Cambridge University Press, 1986: 20.

[2] Joyce Merrill Valdes, *Culture Bound: Bridging the Cultural Gap in Language Teaching*, Cambridge: Cambridge University Press, 1986: 23.

clues），使用的是第一语言的词语与表达方法。这一阶段相当于 Acton 和 Felix 理论中的第一阶段。

第二阶段是提高阶段。第二语言学习者能听懂日常对话并且可以按语法规则组织语言，但一般只限于实用性交流（functional kinds of tasks and interactions）。这一阶段同 Acton 和 Felix 的第二阶段。

第三阶段是合格的交际者，同 Acton 和 Felix 的第三阶段。到达这一阶段的学习者已学会基本语法和对话，可以运用新的语言思维，很少出现大的语言错误。

第四阶段是语言运用熟练阶段，同 Acton 和 Felix 的第四阶段。到达这一阶段的学习者尽管还要依赖语法规则，但已有较好的语感，能够根据具体需求有效地选用不同的语言表达方式，已经学会遣词造句了。

第五阶段是专业水平阶段。语言已经达到专业水平，能够运用第二语言撰写诗歌。这一阶段是 Acton 和 Felix 理论中没有的。

Wong-Fillmore 划分的阶段中第一、二阶段基本上是依赖母语交际，运用母语思维方式组织第二语言词语或者干脆是母语的硬译。通过一段时间实践，第二语言学习者思维方式逐步转为第二语言方式。从第二阶段向第三阶段过渡时中间存在着一个"文化适应门槛"(acculturation threshold)。新来者跨越了"文化适应门槛"，语言就会有一个质的飞跃，开始摆脱母语束缚和负迁移，逐步学习地道的第二语言。

2.3 第二语言习得者的感情态度转变过程

许多学者强调，要学好第二语言，对第二语言的感情和态度至关重要。除了理解能力和学习天赋外，具备与目的语文化的人交往和结合的愿望可以促进第二语言习得。这些学者将第二语言学习者愿意和第二文化的人相处并逐步培养第二文化的习惯的这种愿望称为"结合意愿"(integrative orientation)。有人甚至认为，第二语言学习者还必须具有强烈的吸收第二文化的要求，否则是难以学好第二语言的。西方有些学者认为，只把语言当成某种需要的工具学习是不够的，只有具有强烈的结合意愿的人才能通过第三阶段并进入第四阶段。

2.4 第二语言习得与个性、角色的变化

"个性"在此指第二语言学习者的行为、态度、信仰、思想、动作和情感。西方学者认为，人的个性因素，如自尊、压抑、焦虑、冒险和外向，会影响第二语言学习，因为这些因素能够影响第二语言学习者的学习动机和策略的选择。"角色变化"在此指第二语言身份的培养过程。Acton 和 Felix 从心理学角度讨论文化适应与第二语言习得之间的关系（Valdes，1986），用 4 个有代表性的模式讨论第二语言习得问题：Guiora模式（1972）、Cope模式（1980）、Lozanov模式（1979）和Curran模式（1976）。

4种模式都注意到文化适应对第二语言习得过程的作用,都强调文化适应门槛在文化适应过程中的关键作用。以 Guiora 模式为例,Guiora 提出了"语言自我感"(language ego)的概念。所谓"语言自我感",指的是在第二语言学习中,人们对于自身的人格、特性及价值方面的看法(即自我感)与他们母语的某些方面的关系。Guiora 等人认为,一个人的自我感是在学习母语的过程中形成的。母语的某些方面,尤其是发音,会与自我感联系紧密,这种紧密关系会对第二语言学习起到障碍作用。Guiora 将第二语言身份(second language identity)看成是第二语言学习者获得的"另一人格"(another personality)。他从在第二文化中习得第二语言的角度将文化适应分成四个阶段:旅游心态阶段(Tourist)、生存需求阶段(Survivor)、移民阶段(Immigrant)和第二文化公民阶段(Citizen)。在前两阶段,第二语言学习者仍处于第一语言身份阶段,即依赖的仍是母语,到了第三、四阶段,第二语言学习者就应当对第二语言运用自如,基本上具备了第二语言身份,从第二阶段向第三阶段的过渡是关键(crucial),这两个阶段之间横越着文化适应门槛。文化适应门槛是这一适应过程中的紧要关头(the crucial juncture in the process)。[1]

这些学者从不同的研究角度得出了一些大同小异的结论:第一,在第二文化中学习第二语言会遇到文化休克和洋泾浜外语的干扰;第二,克服文化休克需要度过一个适应过程,这一过程存在明显的不同阶段,伴随文化适应过程,语言学习也有一个从母语向目的语转化的过程,这一过程与文化适应过程不仅密不可分,而且同步发展,在整个过程中二者都会相互影响,互相作用;第三,文化适应过程中需要越过一个"文化适应门槛"才能摆脱母语文化的羁绊,达到适应新文化的目的,第二语言习得也需要跨越这一文化适应门槛,由用母语交际的习惯转变为适应第二语言要求的运用习惯;第四,文化适应和第二语言习得成败的关键都在于学习者对第二文化和第二语言的态度,即是否有强烈的学习第二文化和第二语言的要求,是否对第二文化和第二语言持正面的态度。

三、第二语言习得的文化"关键期"

我们需要认真研究在第二文化中学习第二语言的"文化关键期",一要认真研究相关的理论,包括语言自我感(language ego)、第二语言学习的语境(2LL context)、社会距离和感知社会距离(social distance and perceived social distance)以及在这些理

---

[1] Joyce Merrill Valdes, *Culture Bound: Bridging the Cultural Gap in Language Teaching*, Cambridge: Cambridge University Press, 1986: 26-29.

论的基础上 Lambert 提出的"文化失落感"(anomie) 和布朗提出的文化"关键期"(a cultural "critical period") 理论；二要认真进行调查研究，提出符合实际的理论。下面重点评介西方一些相关理论。

1. 关于第二语言学习与语境

1.1 关于第二语言学习语境

第二语言学习的语境包括：①在第二文化中学习第二语言；②在本文化中学习第二语言以满足在本文化环境中某些职业领域的需要，如教育部门、政府部门、商业场合的应用。在印度、菲律宾等国这是某些职业人士的必须要求，但人们学到的是一种混合语（lingua franca，即母语与外语的结合，句子结构和词汇简单）；③外语学习环境，即在本文化中学习外语。我们在此讨论的是第一种情况，即外国人到中国来学习汉语的环境。这种学习环境使第二语言学习者遇到严重的文化适应问题。学习者必须完全依靠所学得的第二语言进行交际，同时还必须学会在一种陌生而又怪异的文化环境中求得生存。

1.2 关于第二语言学习环境与社会距离之间的关系

社会距离是第二语言学习中必须研究的问题。

布朗（Brown）认为"社会距离"(social distance) 指的是两种文化在一个人身上接触时所产生的认知和感情的距离感。两种文化之间差别越大，社会距离就越大，学习的困难也就越大。舒曼（Schumann）认为[1]，由于存在这种社会距离，第二语言学习者会遇到不同的学习环境，这些学习环境都可分为对学习有利和不利两种。有利的环境包括：

（1）第二语言学习群体受到第二文化的影响比反影响大时；

（2）第二语言学习者与第二文化人士都有同化的要求或至少第二语言学习者有适应新文化的愿望时；

（3）第二语言学习者与第二文化的人都不大在意文化圈子局限时；

（4）第二语言学习者与第二文化的人之间关系融洽时；

（5）第二语言学习群体小而且群体意识不太强时；

（6）两种文化的人相互都持积极态度时；

（7）第二语言学习者具有在第二文化中长期居留的愿望时。

---

[1] Joyce Merrill Valdes, *Culture Bound: Bridging the Cultural Gap in Language Teaching*, Cambridge: Cambridge University Press, 1986: 40.

对在第二文化中学习第二语言的不利环境，Schumann 的看法是[1]：

第一类不利环境包括：

(1) 第二文化的人和第二语言学习者都认为第二语言学习群体居主导地位；

(2) 两个文化群体的人都有维持第二语言学习群体与第二文化社会严格隔离的愿望；

(3) 第二语言学习群体庞大而又结合紧密；

(4) 两种文化之间不能融合一致；

(5) 两种文化群体都对对方持负面态度；

(6) 第二语言学习群体不愿长期居留在第二文化之中。

第二类不利的环境是第二语言学习群体认为本群体被两种文化都置于从属地位。

1.3 关于第二语言学习与感知社会距离

阿克顿提出的感知社会距离（perceived social distance）有别于舒曼的实际社会距离。[2] 这一理论中有两个观点值得注意和研究：

第一，人类经过自己的世界观"过滤"和"折射"的方法去认识文化环境，然后再按照这一认识去行动。按照阿克顿的看法，第二语言学习者接触到新文化后，其文化适应的过程就会使其从第一、二文化之间关系的角度去认识母语文化和目的语文化。这一理论启发我们注意到母语语言与文化对第二语言学习会起到负迁移的作用。我国学者张占一[3]、王建勤[4]将这一现象称为母语文化的"过滤"过程，也就是通过母语文化的过滤去消化目的语文化所提供的信息，其结果往往是将目的语文化所提供的信息通过母语文化的折射"变了形"，造成文化误解，甚至文化冲突，产生对新文化的适应过程和摆脱母语文化的负迁移过程之间的问题。我们只有通过语言与文化对比才能发现两种语言、两种文化之间的同异点，并恰当地处理语言与文化差异，避免用一种语言和文化的眼光观察和理解另一种语言和文化。

第二，阿克顿提出的最佳感知社会距离论 (the optimal perceived social distance) 将感知社会距离分为三种类型：①学习者与母语文化人群之间的距离；②学习者与目的语文化人群之间的距离；③母语文化与目的语文化人群之间的距离。认为在第二文化

---

[1] Joyce Merrill Valdes, *Culture Bound: Bridging the Cultural Gap in Language Teaching*, Cambridge: Cambridge University Press, 1986: 40.

[2] William R. Acton, *Second Language Learning and Perception of Differences in Attitude*, unpublished, Doctoral Dissertation, University of Michigan, 1979.

[3] 张占一：试论知识文化与交际文化，《语言教学与研究》1990 年第 3 期。

[4] 王建勤：跨文化研究的新维度，《世界汉语教学》1995 年第 3 期。

中学习第二语言期间有一个最佳感知社会距离时机。学习者感觉自己与母语文化之间的距离感或与目的语文化之间的距离感过近或过远都会不利于学习，而有利于第二语言学习的最佳时机是与第一、二文化都保持一定距离。

阿克顿提出的这一时机正是文化适应过程中度过文化休克阶段后进入的初步适应阶段。

2. 关于第二语言学习的文化"关键期"的理论

关于文化"关键期"(a cultural "critical period")的理论，布朗（Brown）做了简要但明确的论述[1]：

> 阿克顿的最佳感知距离论支持兰伯特（Lambert, 1967）的看法，即外语能力的习得与文化失落感(feeling of anomie or homelessness)之间关系密不可分。这种感觉发生在外语学习者已经远离了自己的母语文化，但又未完全融入或适应目的语文化之时。更为重要的是，阿克顿的模式提出了一个至关重要的难题，让我们开始思考应如何理解文化休克以及文化适应与语言学习之间的关系。将阿克顿的研究与兰伯特的理论结合起来，就会提出一个非常有趣的假说：在第二文化中，第二语言能力的熟练掌握时刻大约是在文化适应的第三阶段之初。这一假说的含义是，学好语言的最佳时机也许不是第三阶段到来之前，但如果过了第三阶段之初语言仍未学好，以后也就再也无法学好第二语言了。第三阶段不仅提供了最佳距离，也出现了最佳认知和情感压力。这种压力对第二语言习得是必要的，既不像文化休克期间那样严重，也不像第四阶段那样轻微。在第三阶段语言的习得反过来又会在心理上将文化适应过程从第三阶段最终推进到第四阶段。

根据布朗的假说，成年人在第二文化中不能同时学好第二语言和第二文化的原因也许多种多样。如果在第三阶段之前已经学会用不规范的语言行为代替规范的语言行为应对在第二文化中的要求，就会在通过第三阶段进入第四阶段时学到过多的僵化语言形式(fossilized forms of language)，以后就永远难以学好第二语言，因为他既已学会不用规范语言就可与人交际，就没必要学好第二语言了。他也许不必掌握正确的语法，只学一些实用的语言形式就足够了。反之，如果在第三阶段之前就过早地掌握了第二语言，就很可能无法达到正常的文化适应。因为尽管他的语言技能已经非常熟巧，他却无法对付心理上的文化适应困难。根据这一分析，布朗提出，不分年龄差

---

[1] Joyce Merrill Valdes, *Culture Bound: Bridging the Cultural Gap in Language Teaching*, Cambridge: Cambridge University Press, 1986: 42-43.

异，在第二文化中学习第二语言存在着一个文化关键期。[1]

布朗的文化"关键期"理论是在舒曼的"社会距离"、阿克顿的"感知社会距离"及其他相关理论的基础上发展起来的。他的"文化关键期"更是直接与Durkheim的文化失落感论[2]有关。文化失落感指的是无所适从之感和不满心理。这种感觉对第二语言学习与对外国文化的态度之间的关系影响极大。人们在开始失去与母语文化之间的联系而去适应第二文化时就会产生这一感觉，惶恐、失落感与害怕进入新文化的心理交错在一起。这种失落感也许可以称之为文化适应第三阶段的最初表现，这一感受的特点是无家可归或没有着落之感，既失去了与母语文化之间的紧密联系之感，又尚未完全适应新文化。兰伯特的研究支持的看法是，这种失落感最强烈的时候是在开始"学会"外语之时。到了完全进入第三阶段以后，这种失落感才会逐渐减弱。因为这时第二语言学习者"已经度过了由一种文化过渡到另一种文化的最艰难的时期"。[3]这里的"学会"(master)实际上指的是学会日常生活必需语（survival language）。布朗的文化关键期理论不仅与阿克顿的感知社会距离论、舒曼的社会距离论等理论有密切关系和共识之处，也与Gudykunst等学者的文化休克与文化适应论相呼应[4]：

> 如果要适应新文化，外来者并不想完全摆脱其无所适从和惶恐不安之感(Gudykunst, 1995)。如果无所适从和惶恐不安的感觉过强，他们就难以与居留国的人进行有效的交际。如果无所适从感太强，他们也会难以准确理解居留国人们行为所传递的信息，更无法准确预测居留国人们行为的含义。如果惶恐不安感太强，他们就会失去对交际的掌控，而用本文化的参照系(cultural frames of reference)去理解居住国人们的行为；同样，如果惶恐心情过强，也会对信息的加工过于简单化，导致其无法充分预测居留国人们行为的含义。但是，如果茫然之感太弱，又会过于自信，以为对居留国人们的行为理解不会有问题，而不考虑自己的判断是否准确；如果惶恐感太弱，就又会缺乏与居留国人士交际的能力。所以，外来者要谨慎地掌控自己的无所适从和惶恐不安的心理。

Gudykunst的这一理论说明的观点是：如果心理压力过大，身处第二文化之中的第二语言学习者就会被吓退，失去了学习第二语言的信心；但如果一点压力也没有，

---

[1] H. Douglas Brown, *Principles of Language Learning and Teaching*, Englewood Cliffs, NJ: Prentice Hall, 1987: 138-139.

[2] Joyce Merrill Valdes, *Culture Bound: Bridging the Cultural Gap in Language Teaching*, Cambridge: Cambridge University Press, 1986: 36.

[3] Joyce Merrill Valdes, *Culture Bound: Bridging the Cultural Gap in Language Teaching*, Cambridge: Cambridge University Press, 1986: 36-37.

[4] William B. Gudykunst, *Cross-Cultural and Intercultural Communication*, Thousand Oaks, CA: SAGE Publications, 2003: 182.

第二语言学习者又会失去文化适应和第二语言学习的动力。这一理论说明文化休克必须克服才能实现文化适应。然而，有点文化休克不仅不是坏事，反而会成为完全适应的动力，有了必要的压力，就会产生认真去了解和学习新文化的行为准则和要求；有了必要的压力，就会脚踏实地地探求各种行之有效的适应途径。所以，文化适应的动力只能在下述情况下才会最为强烈：无所适从和惶恐不安的心理既不过重也不是一点也没有，因为无所适从和惶恐不安的心理过重会失去文化适应的信心，毫无无所适从和惶恐不安之感又会毫无压力，缺乏文化适应的驱动力。Gudykunst等一些美国学者还纠正了对文化休克的消极态度。Gudykunst等认为，不应将文化休克只看成是文化适应的障碍，更应将其看成是文化适应学习的大好时机。其中也含有变压力为动力的意思。

无论是Gudykunst等人的文化适应论，还是布朗等人的第二语言习得的文化关键期论，谈的都是同一个道理：文化休克会给初居第二文化的人造成重大心理压力，这种心理压力既给文化适应造成了巨大困难，也是第二语言学习的重大障碍。因此必须努力克服，步步实现文化适应。但是，我们又不可忽视事物的另一面：文化休克造成的困难又会成为文化适应的动力，可以驱使在第二文化中的第二语言学习者不失时机地去习得第二语言。正确认识和恰当把握文化休克、文化适应与第二语言习得之间既相互矛盾又相互作用的辩证关系，无论对文化适应还是第二语言习得都至关重要，值得第二语言师生严肃对待和深入研究。

对文化"关键期"问题的研究对对外汉语教学和来华留学生管理工作都具有现实意义：第一，这一关键期发生在第二语言学习者跨越短期"文化适应门槛"之时，学生面临着文化适应和语言学习双过关的关键时刻，做好这一阶段语言教学和跨文化适应导向教育，学生就会度过文化适应难关，进入基本正常的第二文化学习和文化适应时期，留管工作也就较为主动和顺利；第二，留学生此时已经通过了基础语法学习阶段，渴望扩大词汇量并学习与中国人交际的技能。如果抓住了这一文化关键期，就会稳定学生学习情绪，充分调动学生持续学习的积极性，推动对外汉语教学。

西方学者研究的意义是发现了文化适应和第二语言学习成败的关键是对第二语言和第二文化的态度：对母语文化和目的语文化都持正确态度的学生外语学得最好；对第二语言持正面态度有利于第二语言学习，负面态度则会削弱学习动机，不利于学好语言。不过，教师应当了解，人人都有正面和负面态度，但通过具体情况的了解和与目的语文化的人的交往，负面态度是可以改变的。负面态度一般源于文化优越感（或其反动：文化自卑感），教师有责任帮助学生排除文化优越感的影响，真正了解文化差异并学会尊重目的语文化。

如何认识第二语言教学与跨文化交际之间的关系？如何将跨文化交际研究融入第

二语言教学研究范围？如何用跨文化交际教育推动第二语言教学？如何使第二语言教学服务于跨文化交际？这是中国第二语言教学界和跨文化交际学界面临的重大课题。

四、关于在第二语言教学中培养学生跨文化语言交际能力的理论

跨文化交际学的核心是跨文化适应问题，包括跨文化交际中交际双方的相互适应和对异文化环境的适应。这两种文化适应都有赖于第二语言能力。所以，跨文化交际与第二语言教学之间的关系实质上是跨文化适应与第二语言教学之间的关系。第二语言教师关心的是：如何既用跨文化交际学理论为第二语言教学服务，又让第二语言教学为跨文化交际服务；二者之间关系的具体体现是，运用跨文化交际学理论进行第二语言教学和通过第二语言教学培养学生的跨文化交际能力。英国 Durham 大学 Michael Byram 教授的 *Teaching and Assessing Intercultural Communicative Competence* [1] 就是从外语教学角度阐述跨文化交际能力的培养方法的。他的有关跨文化交际能力的理论体现了"三性"：实用性、可操作性和可检测性。

1. 第二语言教学要求的定位

我们当前面临的急迫任务是从对外汉语教学和学习的角度进行跨文化交际研究，尤其是外国学生跨文化交际能力的培养与汉语学习之间关系的研究。国内从引进跨文化交际学理论到自己进行系统的跨文化交际学研究已有 20 余年历史。可是，跨文化交际理论研究一直引不起更多第二语言师生的重视，跨文化交际学与第二语言教学仍是"两张皮"，其主要原因在于跨文化交际学研究脱离了第二语言教学研究，跨文化交际教学进不了第二语言教学的课堂。应当尽快摆脱这种不正常状态。第二语言教学中如何培养学生的跨文化交际能力就是一个亟待解决的大问题。

短期文化适应者第二语言学习的目标应当是什么？学习的主要要求有哪些？这似乎是一个普通常识问题。因为人们都会不假思索地回答：教会第二语言学习者运用第二语言与操第二语言的人进行交际，即培养学生的第二语言交际能力。那么，什么是第二语言交际能力？如何才能培养学生的第二语言交际能力？人们则众说纷纭，莫衷一是。下面几点都是不能不倍加注意的问题：学生所表达的语言信息需要在第二文化语境中或跨文化语境中得到理解；教学要以学生为中心，站在学生立场上去了解教学的需求和学生在学习中的困难所在；学习效果不只是看学生的语言信息交流能力，更应当关注他们对交际双方关系的沟通与适应的能力，也就是说，跨文化交际的成败更

---

[1] Michael Byram, *Teaching and Assessing Intercultural Communicative Competence*, Clevedon: Multilingual Matters Ltd., 1997.

有赖于交际双方的跨文化交际愿望和克服文化障碍与相互适应的能力。例如，教师要帮助学生认识到，如果要学会跨文化交际，就必须了解和学会决定礼貌语言和交际行为的跨文化规则，就必须了解和学会处理思维方式和价值观念的文化差异和文化冲突，就必须了解和学会克服文化优越感和文化偏见的干扰，在跨文化交际中善于正确而又得体地处理文化差异和排除文化障碍的方法，达到相互理解和彼此适应的目的。所以，交际的跨文化语境、师生的换位思维和跨文化意识是第二语言师生在语言教学和语言习得中必须关注的问题。

2. 第二语言教学的目标

许多人，包括不少学者（如 van Ek）和一些第二语言教师都认为，第二语言学习应以第二语言国家人士的语言水平为标准，确定第二语言教学的理想目标。如认为学习英语的人的英语水平要以英语国家的人的英语能力为奋斗的终极目标，在学习过程中要全力模仿他们，争取讲出的英语与英语国家的人一样准确地道。Byram 不同意这一观点，他的理由是：第一，这一目标不仅不可能实现，还常常会导致第二语言学习的失败。因为持这种看法的人忽略了第二语言学习者与母语学习者的语言习得环境和条件的根本差异。第二，即使这种模仿模式有成功的可能，习得的也只能是一种错误的能力。因为那将意味着第二语言学习者与自己的母语断裂，以放弃一种语言为代价去屈从于另一语言环境，求得操第二语言的人将其纳入他们的母语圈子；以与自己的母语文化分离为代价换取地道的第二文化的社会文化能力和第二文化的"社会文化身份"(sociocultural identity)。Byram 认为，第二语言教学比较理想的要求应当是培养学生的理解和处理两种文化之间关系的能力。使学生在运用第二语言与第二文化的人交际时，能够清楚认识和得体处理两种文化在信仰、行为和语言含义等方面的关系。

Byram 提出了"intercultural speaker"（文化过渡语使用者）的概念，认为第二语言教学的目标应当是培养学生的文化过渡能力。所谓"文化过渡语使用者"，指的是这样一种人：他既了解母语文化，又了解第二语言文化，并且能在两种文化相互交际中起到平等对待双方文化的"协调"(mediation) 作用。了解两种文化和跨文化交际双方的社会身份是发挥这种作用的决定因素。外交官、驻外新闻记者、访问教师和大部分留学生都属于这一类人。严格地说，出于适用目标的短期文化适应者所学的语言只是一种"混合语"(lingua franca)，其特点是语音、词汇和语法不能完全摆脱母语的影响，而且词汇量较小，语法结构比较简单。Byram 认为这一目标既现实，也便于操作。

Byram 否定以操第二语言的人的母语水平为在第二文化中学习第二语言的目标，认为应将培训目标定位于培训"文化过渡语使用者"。因为这一目标既现实，又便于第二语言教师操作，国内的对外汉语教学就是这一类型教学。Byram 否定以操第二语言的人的母语水平为目标的两个理由中第一个理由是符合实际的。成人到国外学习外语的语言环境，显然与从儿时学说话时起就学母语的人的语言学习环境是不同的，效果也难以相同。他提出的第二个理由有点耸人听闻，而且缺乏依据。正确的看法应当是，要学生的第二语言达到第二语言母语国家的人的语言水平，超出了第二语言教学课程的能力范围。因为这种水平只能是移民长期文化适应的结果，即成为文化身份完全改变以后的一个标志。将其作为短期文化适应期间第二语言教学的目标既不现实，也会损害第二语言学习者的信心，还会误导第二语言学习的方法：只会盲目模仿外语国家的人的语言而忽略了语言差异和文化差异的比较，让学生难以找到外语学习的正确途径，也难以学到标准的语言。

Byram 的跨文化交际能力 (ICC) 概念不同于美国跨文化交际学者的概念。他是从第二语言教学的角度提出的。Byram 的 ICC 包括语言能力 (linguistic competence)、社会语言能力 (sociolinguistic competence) 和跨文化能力 (intercultural competence)。他集中讨论的只是跨文化能力。他在该书中使用的 ICC 实际上指的也只是"跨文化能力"(intercultural competence, 简称 IC)，或者说跨文化语言交际能力，是针对第二语言课堂教学提出的语言交际能力的培养。Byram 的"文化过渡语使用者"，习得的是由母语向外语过渡的动态过程中外语学习者的外语运用能力。这一能力的提高过程就是逐步接近以外语为母语的国家人士的口语水平的过程，但永远难以达到外语国家的人的语言水平，尤其是口语水平。

3. 跨文化语言交际能力的培养

3.1 外语能力习得门槛

Byram 提出的"跨文化交际能力习得门槛"(a threshold of intercultural communicative competence) 也叫"外语能力习得门槛"(a threshold in foreign language competence)。后一名称是由 Council of Europe 团队提出的，van Ek 将这一门槛视为达到外语国家的人的语言水平之前必经的一道关卡，至于这一"门槛"是什么，西方学者认识并不一致。Byram 认为这一门槛实际上只是在一定语境中具备跨文化语言交际能力的一个可以达到的目标，而不是通向无法实现的目标（操第二语言的人的母语水平）途中的一个阶段。Byram 的这一看法有两层含义：第一，外语能力习得包括知识 (knowledge)、态度 (attitude) 和技能 (skills) 等三个方面，达到了这三方面的培养目标（文化过渡期语言水平）就算达到了跨文化语言交际能力培养的目标。第二，达不到这三方面的既定目标就不具备跨文化语言交际能力。

3.2 跨文化语言交际能力的衡量标准

Byram 将在第二语言教学中衡量学生的跨文化能力的三个标准的内容做了明确而

又具体的界定。

(1) 态度

Byram 用三个词概括态度所包含的内容：curiosity（求知欲）、openness（开放态度）和 willingness or readiness（愿意或乐于放弃只相信自己的文化却不信任别的文化的态度）。他认为，人们在跨文化交际中常常会受到文化偏见和文化模式化的干扰，需要摆脱以自我为中心的态度，要从交际对方角度观察问题和认识问题。Byram 提出的态度方面的具体要求 (objectives) 是：

①愿意以平等的态度探索和实践与他人的交际。他们与旅游者的猎奇心理和商人的利益追求态度不同，愿意了解他人的日常生活。

②有兴趣了解别人对双方熟悉和不熟悉事物的看法和处理方法。

③愿意对本文化环境中文化行为体现出的价值意图提出质疑。主动了解别人对自己想当然的现象的看法，并将他们的评价与本文化的看法进行比较。

④乐于在异文化中居留期间体验不同阶段的文化适应和与他人交际的环境，学会应对居留期间遇到的各种困难。

⑤乐于在与他人之间的语言交际和非语言交际中遵从对方的文化习俗和礼仪规则。留意采取那些别人认为合适的行为，认真考虑别人对旅居的外国人行为举止的期求。

(2) 知识

了解和比较交际双方的文化以及群体与个体交际的一般过程。例如：可以通过比较了解两种文化之间在下述方面的同异点。

①了解双方国家的历史和当前关系，熟悉重大历史事件、人物和双方的不同理解、看法及其历史影响，了解当前政治经济状况。

②了解与不同文化的人之间进行有效交往的方法，了解两种文化之间通信、旅游、商业、文化、休闲方面的组织机构。

③了解不同文化群体之间误解的原因与过程，了解双方交际习俗、非语言交际行为的差异和礼俗规范的不同。

④了解本国重大事件、这些事件与交际对方国之间的关系以及交际对方的看法。

⑤了解交际对方国家的重大事件及交际双方的看法。

⑥了解国家领土面积的界定及交际对方的看法，了解国家与地区的情况、方言。

⑦了解交际双方国家中社会生活与制度。

⑧了解交际双方国家社会特色及主要标志。

⑨了解影响日常生活的制度和观念及其对交际双方关系的影响。

⑩了解在交际对方国家中的社交过程。

(3) 技能

技能指的是对另一文化的发现 (discover) 和解读 (interpret) 的能力。具体的能力要求为：

①能够识别文化优越感表现并解释其根源。

②能够识别交际中的误解和失误所在，并能给予文化差异解释。能辨别误解和失误的根源，并能运用交际双方文化的知识加以解释。

③能够调解对事物理解的文化冲突及交际双方的关系。能够向有关人士解释误解和失败的根源，帮助他们消除误解，克服冲突。

这些技能可以使得第二语言学习者能够迅速理解新文化环境，能够应对交际对象文化中复杂多样的交际环境与交际行为。

除了知识、态度和技能等三要素以外，Byram 还提出了另一重要因素：文化评析意识 (critical cultural awareness) 或政治教育 (political education)，指的是依据双方文化中明确的标准、观念和创作进行评价的能力。具体标准为：

①判别和解读双方文化中文字和具体事件的价值，能运用各种分析方法揭示其相关思想意识。

②能够用明确的评判方法评析文字表述和具体事件，了解本文化的观点和价值观念，如对人权、社会主义、自由、穆斯林、基督教等的看法，而且以此为依据进行评析。

③依据明确的标准进行和调节文化交往，运用自己的知识、技能和态度与交际对方协商交流中可接受的程度。了解交际双方的潜在冲突并能用协商一致的标准给以解决，或者求同存异地加以处理。

3.3 跨文化语言交际能力的测试

Byram 理论的另一大特点是将跨文化语言交际能力加以量化，进行测试，以检查第二语言教学的成绩，满足颁发学生职业资格证书的要求。Byram 认为，外语教学是一种社会现象，要注意语境的作用。要做好测试工作，需要注意两个重要问题：第一，测试的内容就是跨文化语言交际教学的内容，即 Byram 所说的"目标"(objectives)。第二，测试的标准要由语境决定。语境包括教育制度、社会和地缘政治对教育的要求，突出表现为培养目标要满足社会职业资格的要求。

测试的基本要求是能力的量化显现，即行为表现 (performance)，可以看得见，摸得着，可以用成绩衡量。Byram 主要采取的是选择题、问答题和撰写文章等方法进行测试。测试内容就是教学的三方面内容：

(1) 态度

对于"态度"所包括的五条标准的测试可用选择题回答态度的具体表现(evidence)：

①对于"意愿"的检测可以用选择题："如果我可以选择，我会……"，还可让学生说明选择的理由。

②"兴趣"的选择不是内心意愿的选择，而是外在行动的解释。例如，怎样才能更加适合对方的看法。

③了解外语文化的人对学习者文化中习以为常的现象的评论。

前三项是相互关联的，可以放在一起进行测试。

④此项标准牵涉的是文化休克问题。Byram 认为，这一项无法直接观察，只能采用了解第二语言学习者的反映的方法进行测试，让学生自己反映心理感受。我们认为，Byram 的这一看法并不全面，因为文化休克是有外在的表现的。当然也需要了解学生的心理反映。

⑤这一条涉及交际习俗问题。Byram 注意到了交际习俗的文化特征及其复杂性。除了礼俗规范本身的文化特性的复杂性以外，还存在旅居者和居留国的人的态度问题，例如：主人不一定要求旅居者完全按自己的一套礼俗办事，特别是非语言交际行为更为复杂。旅居者也不一定完全接受居留国文化的习俗规则。但是，对于这一条的测试，Byram 似乎办法不多，而且态度比较悲观。其实，礼俗规范和交际行为是可以测试的。

所以，态度部分教学和测试包括五方面内容，测试的内容就是教学的内容。但是具体内容不同，测试的方法有别：

①强调的是平等的与人交往，可用选择题。

②了解别人对同一事物的不同看法，也可用选择题。

③愿意了解别人对本文化价值观念的看法，也可用选择题。

④文化休克，可以用问答方式了解别人的心理反映。

⑤对于交际习俗与礼貌规范，可以自己分析适应的过程，了解居住国文化对自己行为的期待。

(2) 知识

Byram 对跨文化交际中的知识的看法是，知识可分为三类：有关外国文化的知识、有关本国文化的知识以及二者之间的关系。前两种知识是文化比较的基础。学习者需要了解另一种文化的人是如何认识自己文化的，也需要了解两种文化之间的关系和相互影响。关于知识学习的测试应当比较易于操作。例如，对于两种文化之间历史和现代的关系和对两种文化之间相互误解的表现的原因分析，都可以用问答题和案例分析进行测试。

(3) 技能

技能在此指理解和解释的技能。Byram 指出，理解和分析的技能要以知识为基础，以事实为依据。对交际中遇到的问题要有辨别力和理解能力、评析能力以及调解文化误解和文化冲突的能力。Byram 将技能的测试分为以下几个方面：

理解与关联能力（Interpreting and relating）的测试

包括对文化优越感的识别、对文化误解和交际失误的识别以及调解理解差异的技能。可以通过事实分析和交谈情况分析进行测试。

发现和交流能力（Discovering and interaction）的测试

可用交谈的方法向母语国家的人进行调查；

可用交谈方法鉴别相关现象；

可参考相关著述，阐述自己的看法；

可用回顾历史的方法探索习俗的共同点；

可以检测应对文化差异的方法；

检查文化交流的制度；

检查对不同文化之间交际的调节技能。

文化评判意识（Critical cultural awareness）的测试

这是一种比较和评价能力的测试。检测的目的不仅是交际效果，更主要的是考查学生如何讲清本文化的思想观点和按照另一文化观念与之交际的能力。这种能力不仅包括和谐交际关系的建立，还包括对观念的冲突的处理能力。具体检测包括3个方面：

①价值观念的辨别(Identifying values) 能力。有理有据地对书面材料或具体事件进行鉴别和解读的能力；

②按标准进行评估(Evaluating by criteria) 的能力。用明确的标准对书面材料和具体事件进行评估分析的能力；

③交谈与调解(Interacting and mediating) 的能力。依据明确的标准对跨文化交流中交谈与调解能力进行测试。检查学生是否能够运用自己的知识、技能和态度通过协商寻求可接受的程度。可以采用评论和分析的方法进行测试。

Byram 将第二语言教学与跨文化交际相结合，注重比较方法的运用，还注意到排除文化优越感和文化偏见的干扰的重要性。他的理论最有研究价值的是将跨文化交际教学引入课堂，并提出了具有实用性、可操作性和可检测性的尝试措施。这些都对跨文化交际教学，尤其是对跨文化交际教学与第二语言教学之间关系的研究具有启迪意义。

Byram 的理论重在对文化知识的了解和对文化差异的理解与解释，也未讲清跨文化交际理论与第二语言教学的结合问题。尽管如此，这一理论对跨文化交际教学和第二语言教学仍具有不可忽视的参考价值。

【思考与练习】

一、什么是文化休克？什么是文化适应？

二、文化适应与第二语言教学之间的关系是什么？

三、Brown 的文化"关键期"和 Byram 的"跨文化能力"理论对对外汉语教学有什么意义？

四、可以开展一次较大的课堂讨论或做一科学研究，探讨如何将跨文化交际学理论引进对外汉语教学课堂。

【参考文献】

毕继万：中国文化介绍在对外汉语教学中的作用，《第一届国际汉语教学讨论会论文集》，北京语言学院出版社 1987 年版。

Brown, H. Douglas, *Principles of Language Learning and Teaching,* Englewood Cliffs, NJ: Prentice Hall, 1987.

Gudykunst, William B., *Cross-Cultural and Intercultural Communication*, Thousand Oaks, CA: SAGE Publications, 2003.

Gudykunst, William B., *Theorizing About Intercultural Communication*, Thousand Oaks, CA: SAGE Publications, 2005.

Levine, Deena R. & Adelman, Mara B., *Beyond Language: Cross-Cultural Communication*, Englewood Cliffs, NJ: Prentice Hall, 1982.

Valdes, Joyce Merrill, *Culture Bound: Bridging the Cultural Gap in Language Teaching*, Cambridge: Cambridge University Press, 1986.

【思考练习】
一、什么是交际风格?有几种文化差异?
二、不同足球运动员的语言行为有何差异?给我们什么启示?
三、Brown 的文化"关键期"与 Byram 的"跨文化能力"理论各有什么启发?有什么参考?
四、下列课题一定范围内的实地调查或文献、资料分析:普通市民的跨文化研究学习(或非英语外语的跨越)等等。

【参考文献】
毕继万:《中国文化水平与文化语言学中的问题》,《第一届国际汉语教学讨论会论文集》,北京语言学院出版社,1985 年版。

Brown, H. Douglas. *Principles of Language Learning and Teaching*, Englewood Cliffs, NJ: Prentice Hall, 1987.

Gudykunst, William B., *Cross-Cultural and Intercultural Communication*, Thousand Oaks, CA: SAGE Publications, 2003.

Gudykunst, William B. *Theorizing About Intercultural Communication*, Thousand Oaks, CA: SAGE Publications, 2005.

Levine, De-ra. R. & Adelman, Mara B., *Beyond Language: Cross-Cultural Communication*, Englewood Cliffs, NJ: Prentice Hall, 1982.

Valdes, Joyce Merrill, *Culture Bound: Bridging the Cultural Gap in Language teaching*, Cambridge: Cambridge University Press, 1986.

第八章
语用学与交际能力

第一节 语用学与对外汉语教学

一、语用学的研究对象

1. 符号学的三个领域与语用学

符号学包括三个领域：句法学、语义学、语用学。句法学研究符号与符号之间的关系，语义学研究符号与所代表的事物之间的关系，语用学研究符号与解释者之间的关系。交际目标能否成功实现，往往取决于对符号如何进行解释。符号的解释，属于言语交际编码、解码过程中的重要环节。

同样的语言符号，顺序不同，含义可能不同。如"屡败屡战"和"屡战屡败"一褒一贬；"小王跟小李过不去"和"小李跟小王过不去"责任在谁完全不同；"中国人像日本人"和"日本人像中国人"主、从地位完全对立。可见，同样的语言符号，排列组合顺序上的差异，会带来语用含义的不同。

不仅如此，同样的语言符号在不同的语境中可能会有不止一种理解和解释。如"明天他要来这里"的时间、地点、人物都会随着语境的变化而变化；"送货上门"究竟送到哪个门取决于双方的解释；"汽车前边有一束花"，一束花可能在车上也可能不在车上；"男人就是男人"，可能是褒扬也可能是贬抑，往往取决于语境。

语用含义一方面与符号有关，同时也会超出静态的符号自身的意义，产生发话人意想不到的语用失误。"五一游行，女同志一律不许穿裤子"，发话人忽略了"裤子"

的否定用法可能获得"下身着装"的意义;"此地无银三百两"否定了"三百两"的同时预设此地有些银两;"该来的还没来"蕴含"已来的不该来";"某某没纳税三十万"根据重音位置不同,否定的可能是预设,也可能没有预设。可见,在言语使用过程中,语用规则制约着发话人的意图是否能够在解码过程中准确还原。这实际上就涉及语用学的研究领域。

2. 语用能力

语用能力以语言能力为基础,但是语言能力强并不一定意味着其语用能力也强。外语教学要注重培养学生使用目的语的交际能力,交际能力的核心是语用能力,包括知识和技能。语用能力分为语用语言能力和社交语用能力,前者以语法为基础,涉及语言的使用规则,正确地运用语法规则遣词造句,在一定语境条件下正确地使用语言形式实施某一交际功能。社交语用能力指根据社会文化规则进行得体交际的能力,尤其是在跨文化环境中的语用差异。应引导学生正确理解和运用语用知识获取话语字面意义以外的语用含义和间接信息。例如,面对一个交际者,采用什么称呼语来称呼对方,涉及交际双方的身份、年龄、职业、熟悉程度、社会地位、性别、交际场合等,这就牵涉到语用能力的问题。此外,邀请、拒绝、批评、寒暄、请求等言语行为的实施所采取的方式都涉及语用能力。

二、语用学与对外汉语教学

1. 语用学知识是正确理解疑问句的必要条件

语用学知识在汉语作为第二语言教学和学习过程中必然遇到而且大量出现。在言语交际环境下能否正确地理解和运用语言,并不一定完全取决于语言本身的结构或语义的问题,而是取决于交际双方的关系以及交际环境,并据此推断对方的交际意图和言语行为。

人类交际的基本单位是完成一定类型的言语行为,如叙述、解释、请求、提问、命令、感谢、祝贺、道歉、问候等。同一个言语形式,可以产生不同的言语行为。然而教科书和课堂教学往往忽视了这一点。以语法为纲的教材和教学设计给学生的误解是,一种语法形式只对应一种语用功能,比如要"叙述""解释",就用陈述句;"请求""命令"就用祈使句;"提问"则用疑问句。大多数情况下这是有效的。但它会使学生们误认为疑问句都是有疑而问,疑问句的最终目标就是提出疑问。由于对疑问词语的多种语境意义不熟悉,导致学习者对于某些疑问句的理解缺乏必要的语用知识而产生障碍或误解。如:

*学生：老师，你的汽车是什么牌子的？
　　老师：我哪有汽车呀？
　　学生：在停车场吧。
　*老师：你正在学汉语，还学什么英语？
　　学生：我想学美国英语，不想学澳大利亚英语。
　*老师：他那么忙怎么能学汉语？
　　学生：他跟中国老师学汉语。

　上述例子需要引导学生理解疑问词能够在某些情境中从"提问"的功能引申出无疑而问的否定意义。

2. 礼貌原则是恰当选择礼貌用语的必要原则

　礼貌原则遵循抬高对方让对方受益的原则，但是在不同文化环境中抬高对方的方式和手段不尽相同。汉语中往往有特定的敬称、敬语和谦称。在不同交际场合，要选择恰当的敬称和礼貌用语，否则就会失礼。

　*留学生：老师，明天你老婆在家吗？我想去你家看看你和你老婆。

　这个学生的话语基本符合汉语的语法结构规则，问题在于词汇选择上不符合学生对师长应有的礼貌。"老婆"和"看看"在话语当中所承担的特定语用功能，与师生交际所应遵循的礼貌准则不协调。"老婆"不能用于下级对上级、晚辈对长辈的夫人的称呼。"夫人""太太""师母"较为符合这一交际场合。词语的语用功能是恰当表达的必要条件。"看看"用于较为随意的平辈之间尚可，对老师或长辈、上级，用"拜访"比较正式和礼貌。

　汉语中有大量的敬称、敬语和谦称，此外还有面称和背称，在非正式场合常使用家族亲属称呼语，如"大伯""大叔""兄""大哥""打工妹""军嫂""的哥"等。学生毕业后大多是以工作身份在正式场合运用汉语，交际当中往往涉及敬称、敬语和谦称。教学当中应引导学生正确理解和运用。

3. 词语的语用功能是恰当表达的必要条件

　词语往往带有特定的语用功能，语用功能制约着该词语适合在什么场合使用，不适合在什么场合使用。

　近义词的意义侧重于某种侧面，要根据语境选择近义词，并充分考虑所选择的词语要符合特定语境的语用功能。例如：

　*教师：广田同学，请你给大家介绍一下这本书。
　　学生：这本书的作者是个女人，她善于描写女人的感情生活。

"女人"在这里不恰当。"女人"多带有性别歧视意味。在较为正式的交际语境中用"女性"或"女士"较为尊重。意义比较接近的相关词语之间的语用功能差异,在词典和教科书当中一般不会被正面提及和区分,因为中国人依靠语感无需对这些语用特征上的差异加以区分。汉语作为第二语言课堂教学应该将这些容易混淆的词语之间的语用功能差异补充出来,让学生充分区别和正确运用其语用功能的微妙差异,避免在将来的实际交际中出现语用失误。

值得注意的是,词语的语用功能往往在近义词语的对比当中更为明晰,所以汉语作为第二语言教学,在条件允许的情况下应当适当地对近义词语的意义和功能(句法、语用、文化、认知)加以对比说明。

三、言语行为理论

1. 言语行为

言语行为理论基于下列假设:语言交际的基本单位不是通常人们所认为的语句,而是在一定条件下以特定动机为目的的言语行为。如陈述、请求、提问、命令、致谢、道歉、祝贺、批评、拒绝等。

言语行为的特点是说话人通过说一句话或者若干句话来执行一个或者若干个行为,而且,这些行为的实现还可能给听者带来某些结果。例如孩子说"饿了",可能会得到妈妈弄来的食品。政府宣布某个路段在某个时段交通限行,那么某些车辆就不能在某个时段在某个路段行驶。某个人或国家向另外一个人或国家道歉,可能会带来双方关系的改善,等等。

2. 间接言语行为

美国哲学家 Searle 提出了间接言语行为(indirect speech act)这一特殊的言语行为类型。一个人直接通过话语形式的字面意义来实现其交际意图,这是直接的言语行为;当我们通过话语形式取得了话语本身之外的效果时,这就称作间接言语行为。简单地讲,间接言语行为就是通过做某一言外行为来做另一件言外行为。这另外一个行为往往隐藏在第一个行为之中,具有暗示性和隐蔽性。例如,邀请行为包含了承诺和指令两种言语行为。某种条件下,邀请可能还隐藏着威胁,转化为恐吓行为。譬如,曹操邀请孙权"会猎于江东",暗示在曹操和孙权之间,一是猎物,一是猎手。孙权不携江东前来投降,那么江东将从猎场变成血流漂橹的战场。这名义上是邀请,实际上是威胁劝降。

在某种条件下,失礼的馈赠和施舍可能隐藏着侮辱,从而使馈赠和施舍转化为侮辱行为。例如,"嗟来之食"的目的本来是施舍、让对方在物质上获益,但是却因语言带有轻蔑意味间接导致施舍行为被解读为侮辱行为,导致对方的反感和拒绝。

间接言语行为在言语交际中是非常普遍的,陈述句不是陈述,祈使句不是祈使,疑问句不是疑问的情况比比皆是。有时候,发话者说出一句话,借此表示该句字面意思,但同时又表达字面之外的其他意思,也就是说,话语意义与语句本身意义不完全一致。如:"出租车里真热"字面意思是陈述车里的温度,但其间接行为是请求打开空调。将请求和指令行为隐藏于间接相关的陈述性抱怨行为后面,为对方拒绝或同意提供了足够的空间和回旋余地。对方可以假装不解其间接行为而随声附和,也可以解释空调坏掉,让双方最大程度地保全面子。

应该让学生懂得按照中国文化在特定场合实施"间接言语行为"的常用模式和间接言语行为礼貌、得体的策略,并学会在各种类型的交际中运用特定间接言语行为的手段。如基于中国文化"贵和尚中"原则,拒绝行为倾向于采用得体、含蓄的策略和方式,免得在跨文化交际中出现误解。

四、合作原则和会话含意

1. 合作原则

美国语言学家 Grice 认为,为保证会话的顺利进行,言语交际中谈话双方都共同遵守一些基本原则。人们总是互相合作,谈话双方都抱有共同愿望:双方的话语都能互相理解,共同配合。因此他们都遵守某些合作原则,以实现这个愿望。这种基本原则是"合作原则":根据会话的目的或交流的方向,使自己讲出的话语在一定的条件下是交际所需要的。

它包括 4 个范畴,每个范畴包括一条准则和一些次准则:量的准则,质的准则,关系准则,方式准则。

但是实际交际中出于礼貌或别有用意,人们并不总是严格遵守合作原则,当对方意识到这一点时,就会越过对方的表面意义推导、推测隐藏于话语符号之外的含意,产生会话含意。

2. 会话含意

违反合作原则中的某条或多条准则所传递出来的超出语言符号之外的意义就是会话含意。对于受话人而言,重要的不在于对方说了什么,而是他为什么这么说,其动机和意图是什么。话语当中的词语的意义不是词典当中的意义,而是说话人当下的意义。

合作原则要求发话人根据会话的目的或交流的方向，使自己讲出的话语在一定的条件下是交际所需的。包括以下准则：

(1) 数量准则

①所说的话应该包含交际目的所需要的信息；

②所说的话不应超出所需要的信息。

信息量不足可能产生会话含意。如：

甲：听说你昨天晚上和妻子吵架了，后来结果怎样了？

乙：她最后双膝跪着爬到我跟前。

甲：真的？她说什么了吗？

乙：她说："从桌子底下给我滚出来！像个男子汉那样跟我打！"

信息发出者根据对方的需求提供必要的信息量，否则不能满足对方的需求。如：

甲：请问，这里有厕所吗？

乙：有。

结果甲找遍了一楼，没有发现。回来后又问。

甲：你不是说有厕所吗，哪里有厕所？

乙：在三楼。

之所以会产生语言交际上的障碍，是因为甲没有提供必要、足够的信息，没有采取合作原则。

超信息量也会产生会话含意。《西厢记》中张生对红娘的自我介绍："小生姓张，名珙，字君瑞，本贯西洛人也，年方二十三岁，正月十七日子时建生，并不曾娶妻……"

这些有关婚姻的信息超出了首次见面所需的信息量，实则暗示张生对小姐有意。所以红娘马上抢白他："谁问你来？"

(2) 质量准则

①不要说自知是虚假的话；

②不要说缺乏足够证据的话。

(3) 关系准则

话语要有关联。

甲：我唱歌唱得怎么样？

乙：音调很准确。

唱歌的目的是用来欣赏，音调准确是最起码的指标，一般不在评价指标之内。美感是评价的最显著指标。乙的回答与评价指标关联过远,超出常态关联度,暗示其唱歌水平一般。

(4) 方式准则

① 避免晦涩;

② 避免歧义;

③ 要简练;

④ 要井井有条。

甲:小王象棋下得怎么样?

乙:还下不过胡荣华。

把胡荣华作为象棋水平的参照,暗示小王象棋水平接近国家级棋手的水平。

甲:请问,你读过《红与黑》吗?

乙:法文版的还没读。

给人的印象好像中文版的读过,而实际上很可能任何版本的《红与黑》都没读过。

3. 会话含意的类型

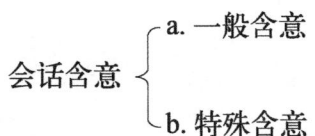

一般会话含意:遵守合作原则而推导出来的超出字面意义的含意。与话语中某一语言成分有关的含意。如有定、无定,不定冠词和定冠词的对立,可能会产生一般会话含意。如:

一个男子被谋杀,那把刀子就在他身旁。

虽然没有直接说出那把刀子就是导致男子被杀的凶器,但是有定成分"那"暗示出:那就是杀死男子的凶器。

特殊含意:违反合作原则的某项准则,在特定语境中推导出来的含意。

甲:小王象棋下得怎么样?

乙:还下不过胡荣华。

把小王与象棋大师胡荣华相提并论,让对方推导出小王的象棋水平可以与大师相媲美。但是妙在特殊含意含糊其辞,没有正面做出肯定的判断,只是引诱对方做出推导,进退自如。

五、话语结构语用分析

广义的话语结构语用分析包括含意、言语行为、指示、预设等，狭义的话语结构语用分析指"预示序列 (pre-sequences)""插入语列 (insertion sequences)""轮流发话 (turn-taking)"以及"模糊限制语 (hedges)"。

"预示序列 (pre-sequences)"是在以言行事前，先用某些话语试探可否实施某种言语行为。例如邀请前语列：

A：晚上有安排吗？

B：没有安排。

A：出去喝一杯？

A 先试探可否邀请对方。B 的回答为 A 进一步明确提出邀请铺平了道路。如果 A 直接邀请对方，则显得突兀。对方的自由选择空间被压缩，如果已有安排，一旦拒绝就显得失礼。而预示序列则通过预先试探，双方的意图在若隐若现中排除了遭遇拒绝的危险引信，可以有效地避免将对方陷于被动之中。

"插入语列 (insertion sequences)"是在始发语和应答语之间添加新的提问或缓答，以便在回答之前获取或确认某种必要信息。如：

A：我取 1000 元钱。

B：带身份证了吗？

A：没有。

B 的提问为应答 A 提出了条件。

多重内嵌插入语列较为常用。尤其是学生感到提问的问题太难，不好回答，或者回答不理想时，教师可以把难题化解为更容易回答、难度更小的问题插入语列，或者增加更多的已知信息引导启发学生利用已知信息的启示，在话轮反复互动的过程中做出令人满意的回答。

"轮流发话 (turn-taking)"，谈话双方遵循 A——B——A——B 的模式延续下去。轮流发话中发话人的话语从开始到结束看作一个话轮。话轮重复，直至结束。话轮之间的转换常出现在会话的"转换关联位置"上。

【参考文献】

陈忠：《信息语用学》，济南：山东教育出版社 1999 年版。

邓恩明：语用学与对外汉语教学，《世界汉语教学》1996 年第 3 期。

何自然、冉永平：《语用学概论》（修订本），长沙：湖南教育出版社 2002 年版。

何自然：什么是语际语用学，《国外语言学》1996年第1期。

何兆熊：《新编语用学概要》，上海外语教育出版社。

徐盛桓：《会话含意理论的新发展》，开封：河南大学出版社1994年版。

[比利时] 耶夫·维索尔伦著，钱冠连、霍永寿译：《语用学诠释》，清华大学出版社2008年版。

Austin, John L., *How to Do Things with Words?* Oxford: The Clarendon Press, 1962.

Grice, H. Paul, Meaning, *The Philosophical Review*, Vol. 66, No. 3, July, 1957: 377-388.

Searl, John R., *Speech Acts: An Essay in the Philosophy of Language*. Cambridge: Cambridge University Press, 1969.

第二节 礼貌语言与汉语礼貌语言教学

在人际交往中，人们都遵循约定俗成的礼俗规范，调剂人际关系，这是世界所有文化的共性。但文化不同，礼俗规范也不尽相同。在跨文化交际中，人们对本族文化的交际习俗习焉不察，对其他文化不同的交际习俗却极为敏感，而且常常不自觉地以本族文化的习俗和规范作为标准，去衡量和判断他种文化的交际行为，得出褒此贬彼的结论。初学外语的人只注意词典的翻译释义，却忽略了礼貌交际规则对词语运用的制约，导致误用本族文化的礼貌规则套用其他文化，结果造成不必要的误解。

跨文化交际规则在跨文化交际中会造成文化误解和文化冲突，甚至导致交际失败。在教学（学习）中必须深入了解礼貌语言的文化特征并学会交际规则的跨文化得体转化。

本节拟从四个方面进行讨论：礼貌言语行为文化特征研究的必要性、礼貌的文化共性与文化个性、汉语文化礼貌原则的特征及其表达方式以及汉语礼貌语言的翻译与教学。

一、礼貌言语行为文化特征研究的必要性

在中外跨文化交际中，汉语礼貌语言常常为西方人所误解。这些文化误解和文化冲突源于中西交际习俗和礼貌原则的文化冲突。西方相关语用理论构成西方人对汉文化礼貌行为误解的理论依据。这些理论涉及西方有关礼貌行为的三大理论：格赖斯（Grice）的"合作原则"(Cooperative Principle，简称CP)和"会话含意"(Conversational Implicature)、利奇（Leech）的"礼貌原则"(Politeness Principle，简称PP)和"反语原

则"(Irony Principle，简称 IP)，布朗与列文森（Brown & Levinson）的"面子挽救论"(Face-saving Theory）或称"面子威胁论"(Face-threatening Acts，简称 FTAs)。在汉英跨文化交际中，这些理论却常常与汉语的礼貌言语行为发生文化冲突。

1. 合作原则与汉语礼貌言语行为的冲突

英国学者 Alan Maley（梅雅量）[1]指出，中国人在下列五种场合讲的英语常常违背格赖斯的合作原则，容易让西方人误解：

(1) 初次见面 (Initial Encounters)；

(2) 告别 (Leave-taking)；

(3) 拒绝要求 (Refusals)；

(4) 对信息要求的答复 (Responses to Requests for Information)；

(5) 在会议和较长时间的会见中信息的组织 (Structuring of Information in Longer Encounters, such as Meetings)。

例如，与来华工作的英国人初次见面时，中国主人爱说一些不切题的问候语：

"You arrived here yesterday." or "Did you arrive here yesterday?"

("您是昨天到的吧？"或"您是昨天到的吗？")

作者认为这句话违背了 CP 的量的准则。

"Your Chinese is very good."（您的汉语说得很好。）违背了 CP 的质的准则。

"The weather in London is very foggy, I think."（伦敦的雾气很大吧？）违背了 CP 的关系准则。

"We have heard you are very capable and hardworking."（听说您能力很强，也很肯干。）则违背了 CP 的所有四项准则（量的准则、质的准则、关系准则和方式准则）。

合作原则的核心是质的准则，即讲话要真实。梅雅量认为，中国人常常不讲真话，对人不真诚。一个典型例子是中国人习惯于将告别的责任推给别人：

"You must be very tired."（你一定很累了。）实际是发话人希望早点休息。

"Tomorrow you will have to get up early."（明天早上你还要早起。）实际是发话人希望早点休息，却将原因推给对方。

梅雅量的看法提出了值得研究的几个问题：

中国人使用英语进行礼貌交际时错误何在？为什么会犯这些错误？其次，如何对待与自己不同文化的交际行为？能用合作原则指导汉语的礼貌语言或者能将汉语的礼

---

[1] Alan: Maley, The Sad Fate of Good Intentions，《跨文化交际与英语学习》，胡文仲编，上海译文出版社，1988.

貌语言直译成外语吗？原因何在？第三，应当如何认识梅雅量的评论？

2. 利奇的礼貌原则与汉语礼貌言语行为的冲突

英国人奥迪（Helen Oatey）通过调查研究发现中西之间的误解并不是单纯的语法错误或用词不当，还源于在具体语境中具体说法的习惯和得体性的差异。她从姓名 (Personal Names)、问候 (Greetings)、交谈 (Starting and Developing Conversation)、交谈话题 (Conversation Topics)、拜访外国人 (Visiting a Foreigner)、宴请 (Dinner Invitation) 和告别语及其他 (Leave-taking and Other Points) 等多方面对比汉英礼貌语言，总结中国人运用英语进行交际出现的错误，并且对汉英礼貌语言的指导原则的文化差异做了总结，指出这一区别表现在 3 个方面：

（1）关于隐私问题

哪些问题属于他人不可随便问及的个人情况，中西文化就不同：中国人喜欢询问他人的年龄、工资、所购物品的价格等，西方人对此难以接受。

（2）关于直率问题

在批评人、受到邀请和馈赠以及在回答别人的要求时，西方人都直截了当，中国人却有意见不当面提，而要通过第三者转达；在受到邀请或馈赠时喜欢谢绝；拒绝别人的要求时不给予明确的答复。然而，在某些涉及他人个人的问题上又喜欢直率地做出评论：如当面讲某人胖了、某人住房不如别人宽敞等。这两种态度都会引起西方人的不解甚至产生抵触情绪。

（3）关于谦虚问题

中国人喜欢做否定表态。例如邀请客人吃饭时，主人爱说："只是一顿家常便饭""我不会做"；受到赞扬时习惯给予否定的回答。有人说："听说你昨天在……做了一个报告"，回答则往往是"瞎说一通"。这些都出于谦虚，但在西方人看来却显得不诚实，在英语中是难以听到的。

奥迪指出的三大差别的理论依据是利奇的礼貌原则，这三点的确是汉英礼貌语言的几大区别，当然还有面子问题。这些差别反映的是汉语文化礼貌原则与英语文化的 CP、PP 和 FTAs 之间的差异和冲突。

利奇对礼貌原则的定义是："在其他因素均等的情况下，尽量减少对受话人不利的说法，尽量加强对受话人有利的说法。"包括 6 条准则，下属 12 条次准则：

（1）策略准则（Tact Maxim）：尽量少说有损他人的话
　　①尽量少说让别人吃亏的话；
　　②尽量多说让别人受益的话。

（2）慷慨准则（Generosity Maxim）：尽量少说有利于自己的话
　　①尽量少说有利于自己的话；
　　②尽量多说让自己吃亏的话。

(3) 赞扬准则（Approbation Maxim）：尽量减少对他人的贬损
　①尽量少贬低他人；
　②尽量多赞扬他人。
(4) 谦虚准则（Modesty Maxim）：尽量少赞扬自己
　①尽量少赞扬自己；
　②尽量多贬低自己。
(5) 一致准则（Agreement Maxim）：尽量少说与别人意见分歧的话
　①尽量少说与他人意见分歧的话；
　②尽量多说双方意见一致的话。
(6) 同情准则（Sympathy Maxim）：尽量少说感情对立的话
　①尽量少说与他人对立的话；
　②尽量多说对他人同情的话。

利奇的礼貌原则的主要特点：

第一，礼貌是人际交往中采用的均衡双方利益的策略，是达到既不损人也不伤己的目的的施为行为。所以，PP 最为重要的准则是策略准则，即尽量少说有损于人的话，尽量多说有利于人的话。最不重要的准则是谦虚准则，即讲话不能伤害他人但也不可有损于己。谦虚准则与其他准则发生冲突时都服从其他准则。

第二，人际关系的协调主要依靠"消极礼貌"(Negative Politeness)，以不损害他人利益和不伤害他人自尊心为原则，通过尽量减少让听话人利益受损的策略达到避免双方关系不和的目的，而不是"积极礼貌"(Positive Politeness)：以积极态度寻求双方关系的一致。

第三，人际关系的协调重于交际的实际内容，所以婉转的话语是礼貌的最重要的策略。就是讲话不强加于人，尽量多给人以自由选择的余地。

第四，礼貌必须遵循求真的原则（即合作原则的质的准则），不论话语如何婉转，讲话人所要传递的信息必须清楚无误。但这种"真"不是讲话人的真实意图，而是外在的策略，甚至可以通过"反语原则"(IP) 达到以礼貌的方式实现不礼貌的意图，即攻击别人时，既让听话人清楚理解真实信息，又无法以牙还牙进行反击。

利奇的礼貌原则与汉语文化的礼貌观念有许多不同之处，有不少地方还存在文化冲突。上述奥迪指出的汉英礼貌差异和冲突的原因，就在于中英文化差异。

礼貌言语行为是有文化差异的，文化差异会造成文化冲突，要排除文化差异和文化冲突，就必须研究礼貌言语行为的文化特征。

二、礼貌的文化共性与文化个性

1. 承认和尊重礼貌言语行为的文化特性

礼貌是人类共有的文明行为，不能简单地断言一种文化礼貌，另一种文化不礼貌，也不能说一种文化比另一种文化更礼貌。不同文化之间礼貌言语的共同点和相似点不可忽视。然而，由于不同文化群体相互之间的历史进程和生活环境不尽相同，礼貌的含义和形式也有区别，这些差别反映了礼俗规范和深层价值观念上的文化差异。西方有关礼貌的理论对其他文化具有参考价值，但是这些理论不可能成为放之四海而皆准的真理。不能将跨文化交际中文化差异所引起的文化误解和文化冲突归咎于某一种文化。我们需要充分了解中外文化之间的异同点，在对外汉语教学中以语言与文化对比的方法教好汉语礼貌言语。

2. 汉英礼貌原则的相同和相似点

（1）礼貌是调剂人际关系的文明行为，是人们相互尊重的表现。

（2）委婉语在各种文化中都是不直白本意，委曲含蓄的言语表达方式。

（3）"面子"(face)体现的是自尊和尊人，在各种文化人际交往中都存在。

（4）谦虚(modesty)在每种文化中都是体现尊重他人和避免骄傲自夸的应有态度。

（5）隐私观念(privacy)每种文化都有，人际交往中避免干涉他人的私事是各种文化共同的要求，程度略有差异。

（6）经济全球化带来文化多元化趋势，各种文化在交流中互补交融，相互学习。文明程度越高，对于不同文化中各种礼貌表现方式的容忍程度也越高。对其他文化鄙弃和排斥是缺乏文明的表现。

3. 汉英礼貌行为的文化差异

3.1 "求真"倾向与"同情"情结

"合作原则"中关于"质的准则"讲求"真"，指的是符合事实。"求真"被作为礼貌理论的基础。汉语文化中人际交往注重的是"同情"，是一种"合乎礼貌的情感，表现为自谦尊人和相互关切之情。强调"同情"不是否定"求真"，而是注重"体谅"。例如，在汉语文化中，应邀做客时会说"给您添麻烦了"，得到别人的帮助之后会说"让你受累了""对不起，浪费了您不少时间"。西方人不理解这些客套话的含义，甚至产生文化误解，他们考虑的是事实的真假：是不是累了，是不是浪费了自己的时间，认为这些话触犯了英语文化个人独立自主的原则。他们不理解这些话体现了汉语文化的相互关切之情。又如，在英语文化中，下面对话中B的回答是礼貌的：

A: Beirut is in Peru, isn't it? 贝鲁特在秘鲁吧?
B: And Rome is in Romania, I suppose. 这么说，罗马就在罗马尼亚啦。

格赖斯认为，这是B利用违反CP的质的准则的方法暗示A犯了荒唐的错误。话语婉转，却让A清楚了解B的意思，即"真"的信息的传递准确无误：A搞错了，因而是礼貌的。然而，汉语文化的人对B的回答会极为反感，会认为这是讥讽嘲笑A太无知，缺乏"同情"的品德，因而毫无礼貌可言。

3.2 汉语文化"克己待人"与礼貌原则的"利益均衡"

(1) 汉英之间"相互关切"与"利益均衡"

利奇的PP的特点是以对立利益的均衡为标准。认为礼貌行为本来是对立和不均衡的：对别人礼貌就是对自己不礼貌，反之亦然。他提出要用婉言法等策略手段调节和平衡交际双方的利害关系。他甚至将交际行为商业化了，借贷化了：利益均衡得到恢复或维持就达到了礼貌交往的要求。他还列了一个表，说明各种交际行为的利益得失的表现。例如，对某人表示感谢就是承认对方向自己提供了某种商业服务，双方已失去了利益均衡，现在通过自己表示感谢要求恢复得失均衡；对某人道歉，是表示自己要求改变双方利益失衡的状态。如果道歉奏效，对方原谅了自己的失礼行为，失衡状态就得到了调整，至少缩小了二者之间的失衡程度；要求、告诫、恳求、请愿、祈求等也要从利益均衡的角度去理解。

汉语文化礼貌的特点是以相互关切为原则。汉语文化中虽然也有"欠人情"和"还人情"之说，但并不把人际交往关系看成是交际双方相互对立的利益得失的均衡关系，而是站在对方的角度观照和约束自我，强调通过自我克制来成全他人；交际双方不是对立关系，而是彼此和谐的利益共同体，不是"利益均衡"，而是讲究克制自己和礼让他人。汉语文化中表达关切之情的许多说法在西方人看来是干涉他人私事或给人下命令，因而伤害了他人的自尊心。例如，询问别人行动去向的问候语，寒暄语中询问个人情况的问题，朋友、亲人、同事之间嘱咐式的告别语，关心式寒暄语，朋友和同事之间对需办的事情的提醒，亲人、朋友、同事之间经常使用的建议、规劝、忠告，等等。

利奇提出的"礼貌的语用悖论"(pragmatic paradoxes of politeness)就谈到如何看待其他文化的礼貌行为问题。利奇用其礼貌原则对下面一句话做了文化对比分析：

"Let me carry your suitcase."（我来帮你提箱子吧。）

利奇认为，帮助别人就是自己吃亏，所以这种表示很难让人相信其真实性：第一，你怎么甘愿自己吃亏，要主动帮助我？这是诚心诚意还是假意礼貌？第二，你怎么不问我本人的能力是否胜任就贸然表示要帮助我？你是不是对我的能力有怀疑？第三,你怎么不问我是否愿意接受就一定要提供帮助?这岂不是强加于人?也许我虽有困难但并不愿意接受别人的帮助,因为接受了你的帮助就欠了你的债,失去了你我之间利益的均衡。

所以,在这种情况下,B出于维护自己的尊严(面子)而不会轻易接受别人的帮助,A也出于尊重对方的自尊心(面子)而不会不征求其意愿就主动提供帮助。利奇认为,适当的说法应当是"Can I help you?"(我可以帮助您吗?)或"Do you need any help?"(您需要帮助吗?)这样,既可表达出自己愿意助人的良好愿望,又不会强加于人。

汉语文化的人难以理解利奇的这一推论。汉语文化遵循的是群体利益至上、个体依靠群体和人与人之间彼此关切,相互帮助的道德要求。所以,人们不必征求别人的意愿就主动提供无偿帮助,甚至别人表示谢绝后也坚持给予帮助,被助人也只会产生感激之情而不会产生反感。

利奇的下述结论无疑是错误的:"类似的行为悖论在有的文化中已经约定俗成了:施人以惠时对方必须没完没了地拒绝后才会接受。这样实际上谁也未做到真正礼貌。"其错误就在于忽视了文化差异,将一种文化的理论作为所有文化礼貌行为的指导原则。

(2)"谦虚"的自谦尊人与"modesty"的维护自尊

汉语的"谦虚"与英语的"modesty"的文化含意并不完全相等。对比汉语文化的"谦虚"与利奇的礼貌原则中的"modesty",二者之间的区别主要表现为:

①英语文化的"modesty"强调自我约束,尽量避免自吹自擂和贬低他人,但决不可自贬。认为自贬不仅失真,还表现出没有自信心和自尊心。汉语文化的"谦虚"却是从修身和习礼的角度将"谦虚"视为自谦尊人,甚至贬己尊人。

②英语文化的"modesty"是礼貌交际中的一种避免人际冲突或不和的策略,可以不必表里一致;汉语文化的"谦虚"作为做人待人的道德要求,必须诚于中而形于外,做到言为心声。

③"modesty"在英语文化的礼貌原则中处于最不重要的地位,"谦虚"却是汉语文化礼貌的灵魂。

(3)价值观念上的策略应对与道德追求之别

第一,汉英对人际交往的看法不同。CP、PP和FTAs都将人际交往视为策略的应对。"会话含意"讲的是人们在交际中常常用故意违反CP中某一准则的方法达到既不触犯人,又能传递真实意图的目的;利奇和布朗与列文森的理论都是通过故意违反CP的准则,采用婉转的策略达到礼貌的目的。汉语文化将人际交往和礼貌行为主要看成是道德修养的外在体现,在处理人际关系时突出道德的约束,认为"习礼的目的是培养道德人格"。强调严于律己，宽厚待人。善于自我修养才能礼貌待人，自谦才能尊人，虚怀若谷才能宽宏大度。

第二，汉英对人际交往的态度不同。西方礼貌的策略最突出表现是 IP 和 FTAs 中的隐晦策略（Off-record）：利奇认为，如果想触犯某人，起码不要公开和礼貌原则发生冲突，要让听话人通过会话含意间接地得到真实信息。这样，既可达到对人的触犯，又可让对方无法以牙还牙地给予反击。布朗与列文森认为，采用隐晦表达的策略让听话人得到的信息不止一个，因而可以提供数个防御性的解释以给自己留后路而不会让人抓住把柄。例如：

  Teacher: Where is Tehran?   老师：德黑兰在什么地方？
  Student: In Egypt.   学生：在埃及。
  Teacher: London is in the U.S.A.   老师：伦敦就在美国哪。

按照这两个理论，老师明显违反了 CP 质的准则，是一种反语，但学生悟出了自己的错误。老师既逃避了批评学生的责任，也给学生留了面子。

汉语文化则依据礼貌是道德要求和与人为善的待人原则，认为讽刺的方法违反了真诚待人的道德要求，也违反了教师的职业道德，是对学生的侮辱，因此只会激起学生的反感。中国教师此时考虑的是，如何既能纠正学生的错误，又不伤其自尊心。如说："你可能搞混了，其实……"或"你真会开玩笑，……"。

（4）出于礼貌的"回避不和"与"寻求和谐"

CP、PP、IP 和 FTAs 都强调，礼貌的目的是回避不和。会话含意对策略应对的强调、IP 原则和 off-record 策略的确定，都是为了突出回避不和的交际目的。以利奇的 PP 为例，利奇的 PP 中每条准则都包括两条次准则，a 项准则都是从消极方面表示礼貌，即回避不和；b 项准则都是从积极方面表示礼貌，即寻求一致。利奇认为，重点应是 a 项次准则，即回避不和，而不是寻求一致：减少而不是真正避免自己与他人观点的不一致；减少而不是避免与他人感情上的对立。回避不和还要以维护自身利益为前提，即得体准则要求的是减少而不是不要表达有损于他人的观点；慷慨准则是减少而不是不要表达利己的观点；赞扬准则是减少而不是不要对他人贬低；谦虚准则是减少而不是不要对自己表扬。利奇还明确指出，PP 以消极礼貌为主，积极礼貌位居其次，也就是说礼貌的重点是回避不和而不是寻求一致。

汉语文化礼貌强调的是积极礼貌，即主动寻求交际双方和谐一致，主张和为贵。在利害关系上，主张少计得失，慷慨待人；在人际交往中，主张谦虚谨慎，自谦尊人；在对待他人的态度上，主张和谐共处。

礼貌语言是一种社交行为，交际行为是受一定的交际规则和礼俗规范指导的。文化不同，礼俗规范和交际规则也不尽相同。不能以一种文化的交际理论和指导原则代替另一种文化交际行为的指导原则，更不能认为一种文化的交际理论是放之四海而皆准的理论。拒绝学习他人是错误的，盲目仿效他人也是错误的。吸取他人之长，立足于自己和建立自己的理论体系才是正确的。

三、汉语文化礼貌原则的特征

汉语文化不是把礼貌视为人际利益关系的公平调整，而是看成做人的道德要求。这种道德要求在礼貌上的表现是"仁者爱人"，也就是在处理人际关系时重视伦理关系和人情的作用。所以，在汉语文化中，不把礼貌看成是处理人际关系的策略手段，而是将其提高到表达情感的言行准则和社会道德规范的高度；礼貌的标准不是个人权利的互不侵犯和彼此利益的均衡调整，而是突出情感的交流和人情的体现。情感交流不是用量的均衡可以计算的，而是以克己待人和相互关切为尺度的；情感交流强调的是感情的真诚，反对表里不一的态度。

关于"礼貌原则"，人们可以从不同的角度加以界定。在第二语言教学中，针对跨文化交际中的文化误解，可以将汉语文化的礼貌特征，或者说礼貌原则归纳如下：

1. 自谦尊人

这一特征也可以说成互相尊敬，彼此谦让。这是汉语文化礼貌的灵魂和核心特征。它源于《礼记》中的"毋不敬"和"夫礼者，自卑而尊人"。"自谦"和"尊人"是两个不可分割的统一体：做人要谦虚谨慎；待人要互相谦让，相互尊敬；在人际交往中，说话、处事要注意自己在交际关系中的身份和地位，做到长幼有序，地位有别，亲疏不同。不了解这一特征，就无法理解汉语文化在称呼、介绍、问候、邀请、授受礼品、感谢、赞扬以及繁杂的敬辞和谦辞运用时的文化心理。

2. 相互关切

汉语文化的人在人际交往中，视朋友如亲人，以热情关心为礼貌。招呼语和寒暄语中询问他人情况、告别语中的嘱咐语以及朋友和亲人之间的关心话语、嘱咐语和提醒、劝告、建议，甚至诚恳的批评，体现的都是对别人的体贴和关心。

3. 互相体谅

互相体谅也就是重视移情（empathy）的作用，做到宽厚待人。在人际交往中不计个人得失，多为他人着想；遇到矛盾和冲突时要设身处地，严于律己，宽厚待人，主动排除分歧，求同存异，从而达到互相谅解、和谐相处的目的。汉语文化的人表达不同意见时的模糊、含蓄的语言，批评人时的婉转言辞，提要求时的委婉词语和对别人的要求一时无法满足时模棱两可的回答……都是为了尽量体谅别人的难处，避免伤害他人的感情（而不只是为了表面上的"面子"）或尽量不让他人失望。说话是否合乎礼貌，核心是能不能尊重、体谅他人。

4. 以诚待人

只有在思想感情上尊重、体谅他人，才会在言谈举止上合乎礼貌。所以，这一原则可以说是"表里一致"或"诚于中而形于外"。汉语文化认为，外在的礼是内在的仁（爱人）的体现。如果内心缺乏对他人的敬重，对自己缺乏严格的要求，不能以诚待人，那就无法做到礼貌待人。所以，强调的"情"并不是西方人认为的"为了礼貌宁可不真诚"或"把礼貌看得比诚实更为重要"。

四、汉语礼貌语言的教学

礼貌语言教学的关键是清楚认识和清晰讲解礼貌语言的语言意义与交际价值之间的关系、交际价值的文化特征以及交际规则的转化。礼貌语言交际规则的转化主要体现为礼貌词语文化含义的转化和礼貌表达方式的转化。

1. 汉语礼貌词句教学需要注意的几个问题

（1）礼貌词句的释义要清楚认识双语词典与教科书词汇表中翻译法的局限性，帮助学生尽早摆脱对翻译法的依赖，尽快学会利用原文词典。只有这样才能准确理解词语的含义。

（2）不能只注意词典中的语言意义，还要注意词语的语境意义，注意词语在跨文化交际语境中的交际价值。

（3）要运用语言与文化对比的方法对比分析交际规则的文化差异和文化冲突，清楚了解和解释交际规则的文化差异和文化冲突在词句运用中的表现。

（4）要帮助学生学会交际规则的转化，严防交际规则的生搬硬套。

2. 汉语礼貌表达方式的转化

汉语礼貌语言表达方式在此指敬谦辞的运用和体现汉语文化特征的独特的礼貌说法，包括称呼语、介绍语、问候语、寒暄语、告别语、要求语、赞扬语、感谢语、道歉语、批评语，还包括交谈、请客、授受礼品等礼貌交往中的礼貌语言。文化不同，这些表达方法也不尽相同，文化冲突也不少。只有进行必要的交际规则的转化才能克服文化差异的障碍和文化冲突的干扰，汉英礼貌语言在这些方面的文化差异和文化冲突就是一个明显例证。汉英之间交际中,运用汉语进行交际,就要遵循汉语文化的交际规则;译成英语时,就要变为遵循英语文化的交际规则。反之亦然。

【思考与练习】

一、请认真研究格赖斯的合作原则与会话含义、利奇的礼貌原则与反语原则、布朗与列文森的面子威胁论等西方理论,了解其含义并与汉语礼貌语言做一仔细对比,指出二者之间的同异点。

二、谈谈在学习与借鉴国外理论时应持何种态度?

三、研究礼貌的文化特征对汉语礼貌语言教学有什么意义?对外汉语教师应当如何进行这一研究?

四、总结一下自己在汉语礼貌语言教学中的经验教训,看看所学过的理论能否有所帮助。

五、进行一项科学研究,提出汉语礼貌语言教学的有效方法以及应当注意的问题。

【参考文献】

毕继万:"礼貌"的文化特性研究,《世界汉语教学》1996年第1期。

毕继万:1996~1998年在《语文建设》上发表的10篇有关礼貌语言的小文章。

顾曰国:礼貌、语用与文化,《外语教学与研究》1992年第4期。

Brown, Penelope & Levinson, Stephen C., *Politeness: Some Universals in Language Usage*, Cambridge: Cambridge University Press, 1987.

Fraser, Bruce, Perspectives on Politeness, *Journal of Pragmatics*, Vol. 14, No. 2, 1990: 219-236.

Grice, H. Paul, Logic and Conversation (1967), in H. Paul Grice (ed.), *Studies in the Way of Words*, Cambridge, MA: Harvard University Press, 1989: 22-40.

Leech, Geoffrey N., *Principles of Pragmatics*, London: Longman Group Limited, 1983.

Maley, Alan(梅雅量), The Sad Fate of Good Intentions,《跨文化交际与英语学习》,胡文仲编,上海译文出版社,1988.

Oatey, Helen, *The Customs and Language of Social Interaction in English*《与英美人交往的习俗和语言》,上海外语教育出版社,1987.

Wolfson, Nessa, Rules of Speaking, in Jack Richards & Richard Schmidt (eds.), *Language and Communication*, London: Longman Group Limited, fifth impression, 1990.